海之子风采录 第四辑

——中国海洋大学2017~2018年国家奖学金、国家励志奖学金
获奖学生事迹选编

主编 吴强明

中国海洋大学出版社
·青岛·

图书在版编目（CIP）数据

海之子风采录. 第四辑 / 吴强明主编. —青岛：中国海洋大学出版社，2020.6

ISBN 978-7-5670-2515-8

Ⅰ.①海… Ⅱ.①吴… Ⅲ.①中国海洋大学—模范学生—先进事迹 Ⅳ.①K828.4

中国版本图书馆CIP数据核字（2020）第098730号

出版发行	中国海洋大学出版社		
社　　址	青岛市香港东路23号	邮政编码	266071
出 版 人	杨立敏		
网　　址	http://pub.ouc.edu.cn		
电子信箱	zhanghua@ouc-press.com		
订购电话	0532-82032573（传真）		
责任编辑	张　华	电　　话	0532-85902342
印　　制	青岛国彩印刷股份有限公司		
版　　次	2020年6月第1版		
印　　次	2020年6月第1次印刷		
成品尺寸	170 mm × 230 mm		
印　　张	18.25		
字　　数	308千		
印　　数	1—2500		
定　　价	48.00元		

编委会

主　编　吴强明

副主编　林旭升　刘　贺　许玲玲　李秀光

编　委　（以姓氏笔画为序）

于小悦　马亚宸　王宁宁　王淑洁　边　洋

安　星　李文慧　李晓彤　宋平平　陈　宁

秦瑾晖　崔　琪　董　朝　霍明云

前　言

　　我校分别于2013年、2015年、2017年从历年国家奖学金、国家励志奖学金获奖学生中遴选优秀事迹材料编辑出版了《海之子风采录》第一辑至第三辑，刊出后得到了广大师生的充分肯定。

　　近年来，学校积极创新资助模式，强化育人导向，充分发挥国家奖学金、国家励志奖学金优秀获奖学生的示范引领作用，坚持由"点"及"面"，努力影响和带动更多的学生播种梦想、点燃梦想、成就梦想，激发了广大学生勤奋学习、专心科研、积极探索实践的热情，坚定了广大学生求真务实、追求卓越、立志成才、报效祖国、服务社会的信念。

　　信念指引人生方向，理想影响价值追求，行动决定事业成败。为进一步展示中国海大学子积极进取、奋发有为的精神风貌，学校继续着手组织人员编写了《海之子风采录》（第四辑）。编者从我校2017—2018年国家奖学金、国家励志奖学金获奖学生中择优选取了81篇优秀事迹材料，经反复精心打磨后汇编成集出版。这些获奖者是中国海大优秀学子的一个缩影，更是广大学子身边的榜样。他们年轻，却拥有坚定的理想和信念；他们稚嫩，却不乏青春的朝气和激情，他们怀着青春的梦想，在海大园中茁壮成长，以自己的实际行动谱写着一曲曲不畏困境、立志图强、攻坚克难、奋发拼搏的青春之歌。他们在学业上求知求新，探索不止；在生活中知恩感恩，乐观向上；在学术和实践探索中孜孜以求，谦虚慎行；在逆境中坚忍顽强，矢志不渝。他们的成长经历和感悟能够给同行者以及后来人以启示和启迪。希望广大学生从这一个个生动、鲜活、真实的成长故事和心路历程中,感受他们自强自立、积极进取、追求卓越的青春正能量,体会他们在取得一个个荣誉和光环背后付出的艰辛努力,并以此为激励和鞭策,进一步树立高远志向,勇担起自我成长与发展的重任,踏实走好自己的成长之路。

习近平总书记在党的十九大报告中指出,青年兴则国家兴,青年强则国家强。青年一代有理想、有本领、有担当,国家就有前途,民族就有希望。中国梦是历史的、现实的,也是未来的;是我们这一代的,更是青年一代的。中华民族伟大复兴的中国梦终将在一代代青年的接力奋斗中变为现实。希望广大中国海大学子坚定理想信念,厚植爱国情怀,勇于砥砺奋斗,锤炼过硬本领,弘扬奉献精神,做勇担时代重任的弄潮儿,在实现中国梦的生动实践中放飞青春梦想,在为人民利益的不懈奋斗中书写人生华章。

目　录

海洋与大气学院

不让现在成为我的巅峰 …………………………………陈文青 / 1
浩海无涯,扬帆起航 ……………………………………王卓群 / 6
孜孜不倦,探秘海洋 ……………………………………袁庆国 / 9
浩海求索,立言济世 ……………………………………谭沛森 / 12
乘风破浪,逐梦远航 ……………………………………杨　琛 / 16
不忘初心,砥砺前行 ……………………………………张秋实 / 20

信息科学与工程学院

"非典型"学霸的成长之路 ……………………………崔晓宇 / 23
三笔财富 …………………………………………………徐　爽 / 26
不积跬步,不至千里 ……………………………………郑作武 / 29
道路漫长,笃定前行 ……………………………………周　康 / 32
不忘初心,砥砺前行 ……………………………………刘　旗 / 35
四年海大路,一生感恩情 ………………………………苏庆帅 / 38
省身 ………………………………………………………王蕴茹 / 42

化学化工学院

悉心浇灌,静待花开 ……………………………………董洪哲 / 46
那年,那人,那海 ………………………………………朱禹澄 / 50
迷茫与重生 ………………………………………………刘　敏 / 55

海之子风采录 第四辑

○ 海洋地球科学学院
每一次转折都是一次成长 ············· 缪红兵 / 59
走自己的路,做最好的自己 ············· 汪佩瑶 / 63
一粒沙子的成长 ······················· 高梦瑶 / 66

○ 海洋生命学院
人在征途 ···························· 霍彦慧 / 70
不忘初心,砥砺前行 ···················· 伍　洋 / 73
但行己路,无问归期 ···················· 陈宇卿 / 76
心怀家国梦想,创造出彩人生 ············ 管　见 / 79
大学三步走 ·························· 张丽靖 / 83

○ 水产学院
我的人生剧场 ························ 邵之卓 / 86
人生中的困惑与坚守 ···················· 王　琨 / 89
鱼与熊掌不可得兼？ ···················· 张　雪 / 92
不惧过往,不畏将来 ···················· 李晓悦 / 96
扣好我人生的第一粒"扣子" ············· 丁　一 / 99
与命运共舞 ·························· 高炜烨 / 103
在迷茫中奋进 ························ 苗钰奇 / 107
我的青春我奋斗 ······················ 徐杨冰 / 110

○ 食品科学与工程学院
博观而约取,厚积而薄发 ················ 李小双 / 114
沉潜之心,静待绽放 ···················· 陈艳菊 / 118

○ 医药学院
学在海大,筑梦远航 ···················· 陈梦婷 / 122
星光引路,寻梦而去 ···················· 刘亚萍 / 126
寄诗和远方于当下,寄理想于现实 ········· 欧美彤 / 129
走在这条路上 ························ 刘雪忻 / 133

工程学院

北海虽赊,扶摇可接 ············· 何垚垚 / 137
最重要的,是你能为自己感到骄傲 ········ 赵思远 / 140
及时当勉励,岁月不待人 ············ 周　媛 / 143
心种工程,花开海大 ·············· 葛　超 / 146
我的未来我做主 ················ 李尹硕 / 150
立德立言,无问西东 ·············· 张小行 / 154

环境科学与工程学院

选择 ····················· 刘美燕 / 158
珍惜当下,拥抱未来 ·············· 苏　垚 / 161
追梦赤子心 ·················· 毕研栋 / 164
不畏将来,不念过往 ·············· 王恒琪 / 168

管理学院

未能如愿,幸未如愿 ·············· 李晓宇 / 171
迈入海大,走向成功 ·············· 魏先昌 / 175
回首无悔 ··················· 吴　婷 / 178
不负内心渴望,不惧未知前路 ········· 李俊彦 / 182
学海泛舟意遄飞,书山踏石悟真知 ······ 李沐春 / 186
雪路 ····················· 钟林生 / 188

经济学院

世界以痛吻我,我要回报以歌 ········· 董美霞 / 191
翻山越岭,逐梦远方 ·············· 杨依佳 / 194
以青春之我,创青春之国家 ·········· 丛　菡 / 197
追逐幸福 ··················· 曲晓婷 / 200
Be Growth-oriented ············· 王　畅 / 203

外国语学院

在追逐小目标的道路上 ············ 石　珺 / 206
山的那边,是海 ················ 宋晓涵 / 209
人生的意义在于坚持 ············· 孙昕潼 / 212

文学与新闻传播学院

守望海洋，静水深流 …………………………………… 冯一鸣 / 215
与海的约定 ………………………………………………… 蒋　治 / 218
幸逢新闻 …………………………………………………… 陆嘉敏 / 221
以赤子之心，行逐梦之路 ………………………………… 柴　旭 / 224
坚定方向，慎独行远 ……………………………………… 黄　睿 / 227

法学院

仰望星空，甘做工匠 ……………………………………… 孟　超 / 231
风物长宜放眼量 …………………………………………… 孙　瑜 / 234
不知足而常乐 ……………………………………………… 李　睿 / 237

国际事务与公共管理学院

用四年完成一次小"逆袭" ………………………………… 赵丹阳 / 240
不畏严寒，不负春光 ……………………………………… 陈肖涵 / 243
姑娘，希望你能永远不甘心 ……………………………… 史　楠 / 247

数学科学学院

如果还有梦，就追 ………………………………………… 李喆民 / 251
众人皆言数学难，我道数学确实难 ……………………… 谭嘉伟 / 254
努力的蚕茧，终能化蝶 …………………………………… 刘倩倩 / 259
仰望星空，不忘脚踏实地 ………………………………… 杨倩倩 / 262

材料科学与工程学院

一路荆棘，一路高歌 ……………………………………… 孙　宇 / 265
越努力，越幸运 …………………………………………… 高　寒 / 269
青春，向上的信念 ………………………………………… 孟　刚 / 272

基础教学中心

勿忘初心，奋勇前行 ……………………………………… 甄园宜 / 276

后　记

………………………………………………………………………… / 280

不让现在成为我的巅峰

海洋与大气学院　陈文青

陈文青,男,汉族,1995年11月出生,海洋与大气学院海洋科学专业2014级本科学生。曾获国家奖学金、山东省优秀学生、优秀学生标兵、校文苑奖学金、春华奖学金、赫崇本优秀学生奖学金,五四青年奖荣誉称号。

大四上学期,我参加研究生面试时,导师问了这样一个问题:"即便是同样优秀的人,他们身上也总会有一个与众不同的核心特质,这决定了他们会以不同的方式面对逆境、顺境。陈文青同学,你的简历很出色,但你最与众不同的优秀特质是什么?"我快速地回顾了自己的大学生活,回答他:"逆境不害怕、顺境不满足,来您这里后,我不会让大学的优秀成为我的巅峰。这就是我的特质——永远不会让现在成为我的巅峰。"

不让高考成为我的巅峰

2014年高考,我以全班最高分的成绩考入海大录取分最高的海洋科学专业。送走我的是所有老师的各色夸奖和亲戚的轮番美誉。在很多人眼中,十年寒窗只为高考,考上一个好学校,就是盆满钵满、人生赢家。但正是在这个时候,我意识到自己有颗永不满足的进取之心。在选定海大的第二天,我来到海大图书馆,在厚实的红木桌椅旁看着大学里川流不息的人群,心里忽然间闪过一句话:不让高考成为我的巅峰。

有了想法就去行动,那天我就坐在图书馆,静静地删完了手机里所有的游戏和收藏夹里所有的剧集。第二天就针对我相对薄弱的英语进行专项提高,在人生第一个没有作业的假期，每天早八晚五地上了19天英语课。大学正式报到当天，我只用了10分钟就获得了大学第一个绰号——"学霸"，因为我收拾停当就开始看英语分级考试内容的行为震惊了所有舍友。经过充分的准备，曾经在高中全班英语成绩倒数第二的我，顺利通过了分级考试，成为我大学里的第一次成功体验。

然而开学后我却发现，自己远远不属于年级里最优秀的那一批人。有的人开学前就自学完了线性代数，有的人无论多难的高数理论都能"秒懂"，有的人从来不做练习册高数就能考98分。现实无情，即便斗志满满，上课我还是常常反应不过来，下课挤不到老师身边咨询问题，甚至连前五排的座位都占不到。

高数期中考是大学的第一次考试，我94分的成绩在80人中仅排第20名。那时候的课间，看着这群优秀而努力的人拿着一个个晦涩难懂的问题向老师讨教，而我却只能站在人群的外围落寞。励志鸡汤故事告诉我们，努力却达不到自己的目标，只需保持努力就能等到命运的青睐。我站在人群外围两个月的经历让我明白，不改变努力的方向，就无法实现前进的目标。

经过反复思考，我发现自己有个会提问题的优点，不明白的地方能一下子抓住理解偏差的核心，可以一眼看出跟老师争执不休的同学与老师的分歧到底在哪儿。带着这份自信，我勇敢地挤进人群，在一次讨论时大胆地说出了自己的见解。

直到现在我还记得高数老师惊异的眼神，我的学习仿佛从此加速，发生了翻天覆地的变化，从此我每节课都第一个与老师探讨，每节课都能当堂消化吸收，每节课后都会有大批同学主动和我交流。我可以很骄傲地说，在我上过的全部课程中，如果老师只记住了一个学生，那么那个学生一定就是我。

凭借着扬长避短和敢于表达、沟通的勇气，我在大一结束后以不俗的成绩获得了年级唯一的国家奖学金。

不让国家奖学金成为我的巅峰

拿下国家奖学金后，我激动了一个星期，甚至上课都能听到身后有同学议论：听说，这就是今年拿海科国奖的。但是我不甘现状的心又一次沸腾。虽然拿到了国家奖学金，但我知道自己除了学习，科研、实践全都是零，我要超越现状，全面发展。

说干就干，我站上了班长的竞选台，凭借我大一跟同学课下交流和考试前毫不犹豫地拿出全部资料所建立的信任，我成功地从"平民"当选为班长。上任后，我充分利用自己的学习经验，大胆又务实地提出了11项学习活动，将选课、各科学习法、四六级、复习资料、补考辅导，乃至竞赛、科研、保研、就业一并包圆。我所组织的四六级模拟考实行不到一周就被其他班级模仿，我所创立的"学霸来了"学习交流会已经成为海洋学院每年两次的传统活动。我怀着"要做就做最好"的决心，带着班级一路杀进全校最优秀班级的行列，最终成为全校6个省先进班集体之一和2个全国活力团支部之一。

此外，我担任院"自强社"志愿者部的部长，带领志愿者分赴青岛6所小学和初中义务讲授海洋知识，每年义教200班次，成为"阿克苏诺贝尔·大学生社会公益项目"全国20个银奖团队之一；担任三下乡"星海海洋调研队"队长，调研了青岛71所小学的海洋教育现状，向许多小学和教育局提交了大量有效建议，填补了国内海洋义教的研究空白，最终荣获省大中专学生志愿者暑期"三下乡"社会实践活动优秀服务队的荣誉；担任"学霸讲堂学业帮扶团队"团长，精细设计、大胆推广，帮助学院各年级同学提高学习效果，为团队成功拿下了10000元的春华奖学金。

学习实践的同时，我并未遗忘自己的科研梦。即便同时担任班长、部长、队长、团长，我还是坚持拿出一半精力投入中国海洋大学本科生研究发展计划（OUC-SRDP）五人团队，研究南海西边界流受海气相互作用的影响。我在大家对编程退避三舍时主动承担了80%的编程工作，每次在大家都不愿做报告时都挺身而出。就这样，在论文看不懂、程序总出错、报告挑战身心的艰难中摸爬滚打，但始终没有因为困难而轻言放弃。最终我带着团队一年的心血站上了结题答辩的讲台，以全场答辩最高分拿下了OUC-SRDP优秀项目。

学习和科研过程激发了我对数学建模等科技竞赛浓厚的兴趣。为了给将来的学术做好铺垫，我又挤出了大量精力学习数学模型，凭借不拘一格的创新、不让一步的韧性成功拿下了全国大学生数学建模竞赛国家级二等奖、美国大学生数学建模竞赛国际级二等奖，中国大学生物理学术竞赛校级第一名。

就这样，大二、大三两年，我像"希尔伯特的无穷旅馆"一样重新组合排列手上的时间，疯狂地学习、实践、科研。努力总有回报，我在做好班、部、队、团的工作和OUC-SRDP、科技竞赛的同时，成功保持大二、大三成绩均为年级第一，蝉联了国家奖学金，并在大三结束后有幸获得了被誉为海大本科生最高荣誉的

校文苑奖学金并被评为优秀学生标兵。

不让标兵成为我的巅峰

获得标兵后,访谈、推送、事迹报告的邀请蜂拥而至,但在我看来,标兵只是前三年的一个记录,我不会满足于所谓的"最高荣誉",因为我不想要一个别人口中"安逸的大四"。

随着科研训练中不断阅读大量英文文献,我对国外物理海洋的研究水平赞叹不已,渐渐萌生了赴美深造的想法,因为只有这样我才能更好地投身我国的海洋事业建设。因为计划得较晚,进入大四前我只通过了托福考试,更为困难的 GRE 还未解决。由于 GRE 要求有两万词汇量,我几乎每天要背 100 个新词,这意味着即便每个新词平均只用 6 分钟,100 个新词也会花费整整 10 个小时。对于原本英语薄弱的我来说,每天都背到昏天黑地。

但是我很快发现,内在的阻力才是真正的困难。我大三时曾经和几个想要出国学习的同学组过一个学习小组,随着各种困难的出现,我的小伙伴们相继脱团,最终全部离开。原以为内心足够强大就不会为任何纷扰所动摇,但当你真的置身这样一个团队,看着曾经最好的朋友离开,保研结束就玩遍天南海北的状态,心中不禁暗想:"我觉得我过的生活还不如保研的同学。"这种打击真的是莫大的。

有一天,我和一个在美读博的学姐聊天说我准备放弃了,我罗列了很多种原因去证明自己不适合这个选择。在我满屏抱怨过后,我看到学姐沉思良久后发来的回复,很短,但是一下子直抵心房。"你为什么说这些理由,你自己心里其实也是清楚的吧!什么也别说了,明年美国见!"这是我大学唯一一次落泪。那一刻我感觉到了自己真正的心声——我,绝不放弃!

就这样,我在大四开学后继续坚持准备,同时每周去上选修课"海气相互作用"。自 OUC-SRDP 时我就对此深有兴趣,善于跟老师交流的我,很快就跟老师们打成一片。一次偶然的机会,老师提及了他留美期间的导师谢尚平教授。谢尚平是目前世界上唯一获得斯维尔德鲁普金质奖章的华人学者,而该奖则是有着"海洋界诺贝尔"之称的海洋界最高奖项。最终,通过老师的推荐,我在完成出国申请各项条件的同时,成功获得了谢老师抛出的橄榄枝,研究生期间将赴全球规模最大的海洋所——美国 Scripps 海洋所深造。

我锻炼跟老师交流的能力，我从 OUC-SRDP 中产生对海气的兴趣，我选修课程并与老师们探讨……这种种都并非怀着怎样的目的，但无心插柳柳成荫，曾经的每一次努力，都成为铺在将来前行路上的石板。将这些石板堆砌起来的，是我不怕困难、不断超越的心，正如我获得文苑奖学金时，文圣常先生亲笔给我写下的赠言："要不断攀登和超越。"

此时，申请出国时的那段对话又在我耳边重现："陈文青同学，你的简历很出色，但你最与众不同的优秀特质是什么？"我答道："逆境不害怕、顺境不满足，来您这里后，我不会让大学的优秀成为我的巅峰。"

浩海无涯,扬帆起航

海洋与大气学院　王卓群

王卓群,女,汉族,1996年10月出生,海洋与大气学院海洋科学类(中外合作办学)专业2014级本科学生。曾获国家奖学金、校学习优秀一等奖学金,山东省大学生数学竞赛一等奖、美国大学生数学建模一等奖,校优秀团员、优秀学生、优秀团干部、优秀学生干部等荣誉称号。

当我第一次来到海洋与大气学院时,注意到门口石碑篆刻着"浩海求索、立言济世"8个大字,作为学院中外合作办学的第一批学生,自身基础薄弱,入学成绩与学院其他专业相差近百分,我的大学就是在这种"珠玉在侧,觉我形秽"中龃龉前行的。随着时间的不断推移,大四的我再看到这8个字时有了全然不同的体会,如今"立言济世"在我眼中更加真切笃实。

立言不朽,志并天高

人有逃避痛苦的本能,但青春没有回头路。"笨鸟先飞""后来居上"的故事我们都懂,而我决心要成为那些故事的主人公。由于专业对于数学与物理的严格要求,大一学年更像是高中的一部续集,同学都戏称身为海洋科学的学子却学了数学专业的数学和物理专业的物理。除此之外,作为中外合作办学专业,每天两小时的英语课时量陪伴了我整整两年的大学时光。开放的教学模式,全英文的外教授课形式,再加上繁重的 daily routine,英语"短板"迫使我只能更加努力。没有学长的指导,一切只能靠自己摸索,不断地回看外教课视频,说着不够流利的英文却也能与老师讨论到废寝忘食。晚间熄灯不再是睡觉的标志,清晨的日出则成为伴我行动的力量。耕耘、拼搏,才会有收获,不知道从何时起外教课的英文不再那么痛苦,而我也在不知不觉中成为别人眼中的"学霸"。除此之外,对于班级工作我也不掉以轻心,入学起我就主动肩负起班内学习委员和团支部书记的双重责任,将自己对学习的热情带入班级,将对专业的认同感和自豪感传递给每一名同学,立志让中外合作办学专业从此与同院的其他专业一样成为众人口中皆赞的"王牌"。

未知总是驱动着好奇,传统海洋科学教学模式下的专业课程主要针对中国及周边海区,而我们秉承着中外合作的宗旨,进一步探索更广阔的世界。通过外方专业课,我了解到南极这一片令人神往的土地,于是南极就成为自己独立科研的第一个对象。大三上学期,我在一个月的时间内自学了经验正交函数分解方法(EOF),利用卫星数据分析了南极海冰密集度空间模态分布和时间序列年代际变化特征,并与SOI指数、NINO34指数的年际震荡信号进行对比。从对编程一窍不通,到现在熟练掌握两种编程软件,这些都来自无数个凌晨在键盘前的不断探索和重复修正。

成功不是一蹴而就的,从大一学年仅取得校学习优秀三等奖学金,到获得全国大学生奥林匹克数学竞赛山东省一等奖,我认识到了自己的潜能。不能否认,作为中外合作办学项目的第一批学生,我们承受了很多期待,因为初来乍到和缺乏经验,若是差强人意也情有可原。但我的内心告诉自己"我可以做到更好""我想赢得更多人的尊重与喝彩",于是便有了初生牛犊不怕虎之势。第一次接触数学建模就参加了"高教社杯"全国大学生数学建模竞赛,最终获得山东省二等奖。尽管成绩不够理想,但我并未气馁,同年又参加了美国大学生数学建模竞赛,4天的赛程仅睡了不足10小时,只因为不想辜负当初的梦想。"世上无难事,只怕有心人",最后团队获得了全专业唯一的"Meritorious Winner"。我一步一个脚印地行走着,为后人开拓道路,为自己披荆斩棘。"要有最朴素的生活和最遥远的梦想",这是入学时我许给自己的愿望,现在我依旧坚守着承诺,追逐更高更远的志向。感谢自己的不足让我成为更完美的人,感谢自己的努力让最初的怯弱成为如今的骄傲。

济世之心,长风破浪

随着国家"一带一路"倡议的提出,社会各界对于海洋的探索也越来越重视,内波现象在中国南海广泛存在且被称为"水下魔鬼",严重威胁着潜艇等海洋交通的安全。因此,大三时我与同学组队申报了本科生研究发展计划(OUC-

SRDP），通过实验室模拟不同层结下内波的生成与能量耗散机制。每次实验从准备到结束耗时七八个小时，再加上后期对数据的处理和成像分析，每周都必须拿出两整天的时间来完成任务，这耗费了我和队友的大量精力，但我们依旧保持每周一次或每两周一次的实验频率，力求通过多次重复的方法来减少实验的偶然性与误差，并不断尝试将研究投放于应用。

科学源于讨论，实践才出真知。怀着对于海洋资源发展的探索热情，我于2016年寒假期间组织了为期一周的社会调研，集结不同专业的同学，结合对应的专业优势，从海洋经济研究出发，深入基层，了解海洋资源现状。我们的实践地点在远离大陆的小岛，出行极易受到天气影响，甚至有被困孤岛的危险。但为了能够得到第一手资料，我们义无反顾地选择踏上这个艰难之旅，舟车劳顿，火车、汽车、游船等多种交通工具的转换，长达4个多小时的船程使我身心俱疲，但最后取得的成果却令人欣喜。由我主笔撰写的调研报告以第一名的成绩获得校级优秀实践报告称号。在这期间最令我动容的是当地人的热情。由于村落偏远孤立，当地年轻人大多外出打工，并且极少有外人来此做客，特别如我们这般年纪的大学生更是从未有过。当我们走在小岛上，那些在广场上休闲的老人都用新奇的眼光打量我们，负责接待的当地村委也极其热情，虽然生活条件和基础设施有限，但仍尽全力给我们无微不至的照顾，临走之前还特意叮嘱我们务必将完成的报告寄到村委以供学习，就是这份实实在在的淳朴与热情令我久久不能忘却。一路艰辛，一路感动。我深知实践中每个数据的取得都来之不易，即使在现阶段高科技手段的支持下，仍然需要海洋工作者出海进行辛苦的实地调查，而我辈也将前赴后继、乘风破浪，不辜负那些关心与期待的目光。

"吾生也有涯，而知也无涯。"海洋广袤无涯，但只要每个人去突破一点，我们就会离真知更近一些。面对未知时碰撞出的观点不分对错，因为伟大的观点在发现之初总会伴随着一些质疑与嘲笑。从"日心说"到自由落体，从"永动机"到能量守恒，这些不朽的理论都是在被排斥中一步步成长被世人接纳。即使我们进一步发展了非惯性系，但牛顿的思想依旧是人类历史上不可抹去的辉煌。我们能否同前人一样，站在巨人的肩膀上，去俯瞰整个海洋，这就需要依靠我们新一代青年人的力量。不习惯让自己待在一个舒适区，便去探索更多的可能，从海大到保研北大，我愿背负起这份使命，为自己的好奇找到归宿，为国家的发展尽心竭力。

热爱生活、追求卓越是我的名片。就像我的名字一样，卓群——卓尔不群，不与自己的平凡为敌，但不甘于平凡的人生。

孜孜不倦,探秘海洋

海洋与大气学院　袁庆国

袁庆国,男,汉族,1996年9月出生,海洋与大气学院海洋科学专业2014级本科学生。曾获国家奖学金、青岛银行优秀大学生奖学金、校学习优秀奖学金、校社会实践奖学金,2017年美国大学生数学建模竞赛一等奖,校优秀学生、优秀学生干部等荣誉称号。

在我上高中的时候,每次大型考试全市排名前100的学生可以进入中心考场,我只进过一次中心考场,而那恰好也是市里组织的最后一次大型考试。与其说那是一场考试,不如说是一场参观。我端详着考场里那些优等生,仿佛他们的一言一行都代表着权威和智慧。考试过去三年多后,我的这些优秀的老乡们,他们当中有的顶着优秀毕业生的头衔;有的迈进全球最优秀学府的大门……不过相较三年前,我的内心少了些许焦躁和羡慕,多了几分平和与理性,因为我幸运地选择了海洋科学专业,一门给予我快乐和力量的学科,让我可以沉浸其中并不断探索这片领域的奥秘。

浩海无边,做一条小鱼畅游其中,也有几分自在悠闲,可如果我整日徘徊在舒适的区域,也许直到死亡来临,我也说不清楚这片海的宽广和深厚,这与一辈子生活在鱼缸里有何不同呢?我的专业海洋科学就是这样一片海,过去三年来它带给了我太多欢乐,但获取的知识越多,我越了解到它的复杂,那些尚未被探索的海洋地带,像是黑夜里的一束光吸引着我去一探究竟。在我来到中国海洋大学之前,我一直跟奶奶生活在一起,朝夕相处让我有了和奶奶差不多的倔脾气。记得小学的时候,面对一个陌生的汉字,我常常会和奶奶争执它的意思,争到最后我不争气地掉眼泪的事情也时有发生。到了中学的时候,奶奶成了唤醒我起床和提醒我早睡的闹钟。可以说,是奶奶的倔强改变了我的懒散,使我养成了对自己严格要求的习惯,这份从奶奶那里遗传来的骨子里的倔强,也正塑造着现在的我。

2016年9月,我成为班级新一任的团支部书记。开始工作后我才知道工作没有我想象中的那样简单,班里每一位同学的政治面貌,成为入党积极分子和预备党员的各种节点日期,每一份报告应该按照何种形式书写,都是刚成为团支部书记的我所必须要清楚和了解的问题。为此,我从上一任团支部书记那里要来了班级所有同学的党团信息和班级过去党团活动的文件,从最简单的信息核对开始,我慢慢开始了这份工作。在那期间,已经记不得自己向团委的老师和其他班级的团支部书记请教过多少次,最终我逐渐适应了这份工作。2017年春季学期,在我们全体班委和班级同学的共同努力下,2014级海洋科学团支部荣获红旗团支部的荣誉称号。回顾过去一年的工作,虽然走了许多弯路,但坚持良好的学习习惯和认真的工作态度,让我逐渐成长为一名称职的团支部书记,也收获了同学们的一致认可。

2017年1月,是临近学校放假的日子,我和另外两位同学选择留在学校,备战美国大学生数学建模竞赛。天气的寒冷、身体的疲惫都没能浇灭我们对于比赛的热情。我们选择解决的问题是"高速公路收费口外的道路设计问题"。为此,我们将不同类型的汽车简化为不同的格点,在设计好车辆离开收费口的规则以及车辆加减速、变道等的规则后,观察车辆的分布密度,以此来优化公路设计,使道路尽可能通畅。短短的4天时间,每解决一个小问题,都能带给我无比强烈的兴奋感,仿佛是在没有任何限制的原野里行走,思绪到哪儿,我就走到哪儿。可以说,这是我第一次真切地体会到用知识解决实际问题的快乐,我想,这次比赛的经历也会成为我未来研究生岁月里不断前进的动力。

大三学年,我和几位同学共同申请了学校本科生研究发展计划项目(OUC-SRDP)"内波射线演化的实验研究",课题是在内波水槽中进行经典的安德鲁十字架实验,通过PIV技术对内波流场进行测量,并进一步分析内波射线的能量特征。这个实验原理并不复杂,但每次实验准备都是一次对耐力的考验,从准备实验用水,到放分层水,再到静置,每一步都要花费几个小时才能实现。那段时间,我经常会整个白天都泡在实验室里,晚上披着星光离开,甚至有几次因时间太晚,差点被锁在楼内。但付出总会有收获,经过无数次的重复,我们获得了不错的数据，也将原来的一层线性分层水升级为两层线性分层水继续实验。这次 OUC-SRDP 的经历让我感受到了实验的魅力，让我对实验产生了浓厚的兴趣。我也相信在我未来从事科研的路途上，钻研实验的好习惯一定会带给我许多意想不到的帮助。

  大学时光荏苒，一转眼已临近毕业，大学生活中类似的故事还有很多，这些经历，让我更清楚地认识自己，让我不断对自己提出新的要求。未来几年我还将继续留在海大攻读研究生，我将努力在属于自己的领域里做出更加有趣、深入的研究。

  在我身处的海洋科学这片大海里，还有太多黑暗之处未被探寻，虽然我只是一条渺小的鱼，但我依然可以顺着洋流在这片海洋里勇敢遨游！

浩海求索,立言济世

海洋与大气学院　谭沛森

谭沛森,男,汉族,1997年6月出生,海洋与大气学院海洋科学专业2015级本科学生。曾获国家奖学金、校学习优秀一等奖学金、基地班一等奖学金、社会实践奖学金、文体奖学金,第十一届驻青高校英语演讲比赛冠军、"外研社杯"全国大学生英语演讲比赛国家三等奖,校优秀学生干部、优秀学生、优秀毕业生等荣誉称号。

漫漫求学路,莘莘学子心。浩渺的知识恰似一片广阔的海洋,乘风破浪会有时;当你闯过了一场又一场风暴,才发现这片海洋是如此的美丽壮阔。求索的脚步永不停息,一叶扁舟也将畅游大海,驶向成功的彼岸。

海洋强国梦初现

2015年8月,正值青岛酷热的季节,我来到中国海大这所充满魅力的学府。开学第一课,令我印象格外深刻。管长龙院长向我们讲述了人类海洋的发展史:大海胸怀之宽广可容纳百川,尺度之浩瀚可孕育万物,她为人类带来了无穷的宝藏和财富,也为人类提供了无尽的机遇和挑战。探索海洋、为祖国和全人类的海洋事业做出一番贡献是每个海洋科学家的使命。从那时起,"海洋强国"的理想便深深地扎根在我心底,我渴望着能将未来的事业扎根于那片蔚蓝的"土壤"。然而,随着大学生活步入正轨,每学期十几门课程扑面而来。这对于刚刚脱离高中的我是一个极大的挑战,我一度被压得喘不过气,甚至怀疑自己是否选对了专业。然而万幸的是,我遇到了一群认真负责的老师和亲切可爱的师兄师姐,我开始积极地向他们请教学术问题,寻找最适合自己的学习方法。同时,我在每一门课程的笔记本上都写下了"勤于思考,敢于求索"这8个字,而正是这种"求索"的精神,伴随了我本科前三年的学习过程:我的成绩直线上升,同时取得了托福113分、GRE 330分的优秀成绩,并在2018年10月获得了国家奖学金。

浩海求索志坚毅

科研的道路并不总是一帆风顺,我自认为完美的论文曾经被杂志社多次"枪毙",无数次投稿被拒、修改投稿又被拒的经历,让我屡战屡败、屡败屡战,最终成功地在国家级乃至世界级刊物上以第一作者或第二作者的身份发表中文论文3篇和英文论文1篇。

这其中,最令我印象深刻的是那篇英文论文。因为杂志社的审稿周期较长,我决定将这篇论文投给国际会议。于是我将文章递交给计划于2018年5月份在日本神户举办的海洋峰会。然而,不到1个月我便收到了拒信,这击碎了我对这次国际会议的全部憧憬。在这封拒信中,编辑指出了我写作欠佳的地方,建议我重新组织思路。我不想让自己大半年的努力付之东流,于是我认真对文章进行修改,并重新投稿。2018年6月,一封美国的电子邮件通知我:我的文章被IEEE主办,NASA、NOAA协办的国际峰会OCEANS—2018收录,并将发表在IEEE论文集中。同时,美国主办方邀请我于2018年10月底赴南卡罗来纳州查尔斯顿市参加此次会议并做报告,我也受邀成为此次会议的环球大使和物理海洋分会会长,负责主持物理海洋分会。

这是一个振奋人心的消息,对我来说,OCEANS—2018神秘又令人激动,这将是我第一次参加并面对杰出的科学家们做报告,这其中不乏桃李遍天下的世界名校教授、各个领域的精英和学界泰斗。我不断地问自己:如果被人抓住了漏洞怎么办?会不会丢人现眼?

会议伊始,主办方与正在执行深潜任务的"阿尔文"潜水器上的海洋学家以及正在国际空间站工作的宇航员进行了连线,以便使我们与这些英雄们交流互动。针对会议中像我这样的年轻学生和未来的准科学家们,这位宇航员说道:"也许你们的学历比其他人低,但是永远不要因此感到自卑。当你遇到自己感兴趣的课题和报告,大胆地去听、勇敢地去提问吧。相信我,不会有人感到烦扰,

因为这就是国际会议的精神所在,也是科学界经久不歇的原因所在。"这些话打消了我的顾虑——学术会议不正是思想交流和碰撞的绝佳机会吗?

当轮到我做报告时,我勇敢地走上台,紧张不安的情绪被自信心所取代,我成功地完成报告,回答了台下听众的提问,也积极旁听其他报告,提出自己的见解,并顺利主持了物理海洋分会。

一路走来,体味了被拒稿的痛苦,品尝了被收录的喜悦,而最让我记忆深刻的是从被拒稿到被收录的过程:无数次的反思、修改和斟酌。这些经历,磨炼了我的意志,提高了我的水平。闲暇时回想起那封来自日本的拒信,我深深地感谢那位审稿人对我的批评和指正,感谢一直帮助我的老师和师兄师姐,也感谢这种求索的精神,帮助我一步步向理想迈进!

立言济世情永存

伦琴发现了X射线,为开创医疗影像技术铺平了道路;巴斯德钻研微生物学,其发明的巴氏消毒法直至现在仍被应用;费莱明发现了青霉素,结束了传染病几乎无法治疗的时代;近代无数科研先驱者在自己的领域做出了巨大贡献,为人类社会的发展贡献了自己的力量。为此,我坚信科学是无国界的,爱心更是无国界的。2017年8月,我在美国波士顿参加义卖和慈善工作,义卖所得尽数捐献给联合国儿童基金会,让战乱地区的孩子们也有学可上,有书可读;回到学校,我担任校英语俱乐部副会长和多门专业课的课代表,在服务老师和同学中不断锻炼自身组织协调能力。此外,我还主动担任胶州湾海上实习组长,实习期间,我所在的团队负责连续站位观测,每小时便需观测一次温度、盐度、流速等海洋数据。那时,暑气虽未完全消散,但海上的夜晚依然寒气逼人,胶州湾的漫漫长夜注定充满挑战,我们在狭窄的船舷旁下放海洋仪器,借助手电筒发出的微弱光芒整理数据,"功夫不负有心人",最终我们团队的实习报告得到了大家的一致认可。我很庆幸能够选择自己最热爱的领域作为未来的奋斗方向,也深刻认识到"谋海"并不是为了更好地从海洋中索取,而是为了更好地了解海洋,找到人类与海洋和谐共处的方法。波士顿新英格兰水族馆中的一句话刺痛了我:"海洋在我们的掠夺下已经危机四伏,地球在我们的摧残下已经千疮百孔。曾经地球上有20万头蓝鲸,而在人类半个多世纪的捕杀下现在剩下不到200头。"保护海洋,刻不容缓。谋海济世,势在必行!

浩海求索，立言济世

文圣常院士曾教导我们"浩海求索，立言济世"。从进入中国海大开始，这句箴言就成为我的座右铭。在中国海大的本科四年中，我有幸结识了无数杰出的科研工作者，他们艰苦奋斗、乐于奉献的精神一直是激励我不断前进的动力，我渴望像他们一样，在浩海中求索以提升能力，在济世中奉献以升华灵魂。我坚信，如果能够始终怀揣着对海洋的热忱，为人类的海洋事业添砖加瓦，那么此生便不虚此行。

乘风破浪，逐梦远航

海洋与大气学院　杨琛

杨琛，男，汉族，1996年10月出生，中共党员，海洋与大气学院海洋科学专业2015级本科学生。曾获国家奖学金、校杰出学生奖学金、校学习优秀一等奖学金、赫崇本奖学金、社会实践奖学金、科创奖学金，世界大学生超算竞赛二等奖、全国大学生数学竞赛一等奖、全国大学生数学建模竞赛山东赛区一等奖，山东省优秀学生、校优秀学生标兵、优秀学生、优秀团员、优秀毕业生等荣誉称号。

大航海时代的海面上从来不缺乏为梦想冒险的人，他们扬起白色的风帆，顺着洋流向着目的地前行，满怀希望地将一生都奉献给浩瀚的海洋。人生就如同这广阔的海洋，每个人都是探险者，循着自己的航线向着未知的远方前进。没有人知道远方等待自己的是梦想的宝藏还是失望的漩涡，也没有人能因为畏惧就止步不前，能做的只有让自己的小舟变得强大，在风浪中一边摸索，一边前行。

2015年9月，我登上了一页小舟——"中国海大号"，开始了为期四年的远航。

以书为阶，潜心学识

和身边的很多同学一样，刚刚进入大学的我感到十分迷茫，不知道自己要做什么。幸运的是，在一次讲座中，一位优秀的学长分享了一句话："如果尚未明确你想要什么，那么就认真对待每一件事情，或许会有意想不到的收获。"受到学长的启发，我有所领悟——我要认真地对待专业课的学习，并尽力做到最好！

为了提高听课质量,我总是会提前到达上课教室以保证坐在前排的位置,并在课堂上认真听课和记笔记,下课及时整理笔记。在不断举一反三的摸索中,我总结归纳出属于自己的学习秘诀——做课堂上的有心人,做课堂下的践行者。我在课堂上注重逻辑分析的过程,形成完整的逻辑思维体系,实时标注疑惑,下课后第一时间进行解决,防止自己的问题越积攒越多。

临阵磨枪、挑灯夜战大概是许多人考试周的常态,但与其突击性地彻夜苦读,不如自始至终持之以恒地学习。我在复习阶段并不会盲目地埋头苦读,而是会注重效率和时间规划;把时间交给自己安排、效率至上一直是我学习的准则。

除了专业课的学习之外,我还注重其他方面知识的扩展,充分利用图书馆以及网上MOOC资源,自学"文化差异与跨文化交际""世界华文文学经典欣赏"等人文课程以及"C语言程序设计""Python语言程序设计"等计算机类课程,不断拓展自己的知识面,不断提高自己的综合素质。

"非学无以广才,非志无以成学。"日积月累的学识不是让行舟寸步难行的累赘,而越是充实自我则越会让人生航船平稳于波涛汹涌中,任凭风雨袭来,我自无忧亦无惧。

勇于尝试,勤于实践

通过自己的努力,我在专业课上取得了优异的成绩,但我并不满足于此。我逼迫自己走出舒适区,开始在本专业之外的领域积极探索,并寻求突破,努力把自己变得更加优秀。

学习课本知识的最终目的是学以致用,而参加科研训练是加深对专业知识理解的好方法,因此我抓住机会,通过参加科研训练来不断提高自己。过程中经历过好多次失败,但对我来说,失败并不可怕,只要有所收获,就是成长,就是进步。

2017年9月,我和计算机专业的两位同学组队参加了全国大学生数学建模竞赛。我们首先结合实际情况选定了题目,之后开始查找文献,构建数学模型,经过讨论决定出最终采用的方法。在那三天里,我们不分昼夜、争分夺秒,利用掌握的知识,发挥每个人的专业优势,努力用最有效的方法去解决问题。期间,我们遇到了不少挑战,曾因为想法与实际结果不同而陷入僵局,也一度怀疑使用的方法是否正确,但最终我们选择坚持自己的想法,完成了19页的论文,取得了山东赛区一等奖的好成绩。通过这次参赛,我深刻地体会到数学在现实世界中有着广泛的应用,利用数学知识可以解决生活中很多实际问题。

此外,我还积极参加了海洋知识义教、志愿者和"学霸讲堂"讲师团等活动,拓展了自己的视野,提升了自己的实践能力。的确,大学生活会有无数条分岔路供我们去选择,也许我们会半路知返,抑或择一路行一生,每条道路、每个岔口的风景,都是我们人生的收获。

坚持不懈,永不言弃

"千淘万漉虽辛苦,吹尽狂沙始到金",没有谁可以随随便便成功,每一个人成功的背后都离不开付出与坚持。成功的路并不拥挤,只是坚持的人太少;且行且坚持,方能遇到更好的自己。

在大二时,我作为负责人,组队参加了大学生创新训练计划(OUC-SRDP),研究"海冰对太阳辐射能吸收的时空特征",在老师的指导下分析北极第五次科考的海冰光学数据。在研究初期,我们每个人按照分工认真地负责好各自的部分,但到了后期由于还没有学习数据处理的相关知识,我们的研究陷入僵局。我有些动摇、有些怀疑,甚至萌生出放弃数据处理的念头,转向其他较为简单的方向。尽管挑战重重,但我们最终没有服输,而是越挫越勇,继续坚持走下去。我们上网查询资料、去图书馆翻阅文献,一遍又一遍地向老师请教遇到的问题,经过不懈努力,我们成功解决了此问题,并在结题时被评为"优秀",收获了在场老师的一致好评。庆幸当时的自己没有放弃,相信当我们回忆起这次经历时,我们会永远记得当时的那份坚持以及用坚持换回的果实,这次经历也会在我今后的科研之路上不断激励我、警醒我:不要轻言放弃,要持之以恒!

航海路上必有风雨的冲刷,唯有坚持不退缩,小舟才能抵达胜利的港湾。只有在失败后勇敢地站起来,不退缩、不惧败、不放弃,才是最后的胜者!

志存高远,展望未来

在人生的路途中,我们时常会遇到迷雾,一时间不知方向,分不清自己是在前进还是原地打转,而只有那些心系远方的人才能看清远方的路。

大学前三年的辛勤付出让我获得了推免研究生的资格,我顺利地通过复试,被录取为中国海洋大学物理海洋学的硕士研究生。但我知道这并不是结束,而是另一段漫长旅途的开始。2018年6月,习总书记在青岛考察时提出要建设海洋强国。是的,建设海洋强国,符合我国发展规律、世界发展潮流,乃是实现中华民族伟大复兴中国梦的必然选择。

作为一名准研究生,要想在海洋科学领域与时俱进,就必须要大量阅读文献资料,紧跟学术前沿,同时积极参与科研项目,争取参加各种学术会议和海外交流活动。对我来说,自己依旧像在山谷之中,高山之上有群峰,吸引着我去不断攀登。成为优秀海洋人的梦想尚未实现,我定会不懈努力,勇往直前!

生活如航行,我将乘风破浪,逐梦远航。

不忘初心，砥砺前行

海洋与大气学院　张秋实

张秋实，男，汉族，1997年11月出生，海洋与大气学院海洋科学专业2015级本科学生。曾获校社会实践奖学金、基地班奖学金，校优秀学生、优秀团员、军训优秀教官等荣誉称号。

苏东坡说："古之立大事者，不惟有超世之才，亦必有坚忍不拔之志。"生活中不如意事十之八九，遇到困难不抛弃、不放弃，这才是一个大学生应有的精神。

爱党爱国　修身立德

犹记得幼时，爷爷抱着我站在祖国地图前，看着那只昂首的"大公鸡"，一遍又一遍地教着我"中华人民共和国"，那时的我并不懂这几个字的含义，只是觉得爷爷神情庄重，于是就一遍又一遍地跟着读。长大后，我在地理课本上学到了我国幅员辽阔、山河壮丽，在历史课本上看到了中华民族文明的璀璨绚丽和近代史的屈辱艰辛，我才明白"中华人民共和国"这几个字背后包含的光荣与辛酸。从那时起，我便下定决心投身军营，成为祖国的守卫者，不再让祖国受到任何侵犯。

随着科技强军、人才强军的观念深入人心，战争的模式也向着高新技术方向发展，依托地方高校培养军队现代化建设急需人才的国防生培养模式给了我报国机会。拿到中国海大录取通知书的那一瞬间，我的心情无比激动，我那拳拳报国之志终于可以化为爱国之行！当我真正穿上军装、踢着正步，看着新闻播报中的政治新闻，心情由起初的好奇与兴奋转变为沉重与笃定，沉甸甸的责任压在肩头,而眼前遇到的第一关就是体能考验。由于中学时忙于学习,体育锻炼少,加之本来就弱的体质,第一次跑5000米的经历就给我留下了惨痛的回忆。刚跑了2000米,我就开始上气不接下气,在同学的推拉下勉勉强强又跑了1000多米,后来实在撑不住,就打报告出列慢慢跑,却和大部队越拉越远。当时的我心中埋怨自己太不争气,暗自下定决心:"如果这样上了战场,肯定连累别人,我一定不能拖整个队伍的后腿。"在那之后的一个月,每天晚上我都会去操场跑步,一跑就是5000米,每次跑完全身都湿透了,有时一阵凉风吹过,整个身体都不由得打哆嗦;跑完5000米之后的身体更是一种无法形容的状态,胃里一阵阵恶心,脑袋也晕晕的,充血一般的感觉,晚上睡觉时腿部酸痛的厉害,小腿、大腿、胯骨,从下到上都不舒服。累的时候甚至想请假,偷懒休息一下,但心中的声音提醒自己:"你还可以再坚持,不要做拖后腿的人。"凭着这份坚持,我终于可以跟上整个队伍的速度,和大家一起跑到终点,即使出汗再多、腿再酸痛,那种荣誉感和满足感也是无可比拟的。

力学笃行 天道酬勤

尽管我的家境并不富裕,但是父母却把爱毫无保留地给了我。高考之后的那个暑假,看着父母操劳成疾,心中不忍的我决定帮父母分担经济压力,便自己找了一份工作。每天顶着炎炎烈日出门,晚上披星戴月回家,深夜的路上没有行人,只有路灯相伴。妈妈一直担心我晚归不安全,劝我不要去,但看着她已有些花白的头发,我依然想坚持做下去。每天晚上回家,看到妈妈为我亮着灯,心里暖暖的,尽管工作苦累,但当我将自己赚来的第一笔工资交到父母手中时,感觉一切的付出都是值得的。进入大学后,我也在学校担任"四助","四助"工作不仅使我每月有一笔固定收入,缓解了家庭经济压力,还让我接触到了热情亲切的老师,学到了一些业务知识,进一步锻炼了我的沟通能力与办事能力,丰富了我的经验和阅历。

"唯有读书方致远",大学生最重要的事当然还是学习。自习室是我奋斗的战场,在这里我经历过失败的苦楚,体味过成功的喜悦;图书馆是我汲取知识的宝地,在这里我恋上数理逻辑的严谨,探索专业知识的奥秘,留下成长的脚印。从大一开始,周一到周日,除了出早操的时候,我每天早上6:30准时起床,早早地坐到教室最前排的位置,或是背诵英语单词,或是翻阅上节课的笔记。上课时,我紧紧跟随老师的思路,遇到不懂的问题先做好标记,下课后再找老师和同

学讨论。讨论后也不能完全弄懂的问题,自己就一遍遍地翻课本、查资料,往往这期间会"恍然大悟",感觉没有什么事情比弄懂疑难点更令人兴奋的啦!

普里尼说:"在希望与失望的决斗中,如果你用勇气与坚决的双手紧握着,胜利必属于希望。"学习的旅途中难免会有迷茫的时刻,尤其是在自己付出努力却看不到收获时,偶尔会被孤独感和无助感笼罩,不知道希望和努力的方向在哪里。每当此时,我就会给家里打个电话,父母总会鼓励我:"既然现在不知道方向,那就踏踏实实地走好每一步吧。想想你当初进大学前的憧憬和目标,现在遇到点困难怎么可以退缩呢?"父母的话让我重拾信心,让我愈发坚毅果敢,以更加昂扬奋发的姿态面对之后的学习生活。

学以致用 实践树人

在注重学习专业知识的同时,我也深知"实践出真知"的要义。我曾申请本科生研究发展计划项目(OUC-SRDP)"中部型和东部型厄尔尼诺对南美温带地区气候的影响",当时的我专业知识还很欠缺,对软件的使用也不熟悉,高年级学长学姐的耐心讲解,让我慢慢开始了解了研究课题并能掌握各种操作软件,逐渐从一个"科研小白"体会到"科研人"的魅力所在。除此之外,我还参加过"善行100"志愿活动,在格兰德小学做过义教,给小朋友们讲解海洋知识,用自己的实际行动回报社会。

由于同学们的信任和支持,我在班委改选中成功当选为班长,这对于我来说是一个全新的挑战,同时也是一个服务同学、提升能力的机会。虽然班级事务时常会和自己的学习、生活甚至休息时间冲突,但我从来没有半分推脱,对于事关班级同学切身利益的事情更是丝毫不敢懈怠,哪怕需要一遍又一遍地询问和提醒,我也从不嫌麻烦。我坚信,只要你真心付出,所有人都会看到你的努力,都会感受到你的温暖。耐心和细心是班干部经历教会我最重要的品质,在未来的学习生活中,我也将继续带着耐心和细心的品质对待接下来的人生。

"只有经历地狱般的磨炼,才能练就创造天堂的力量;只有流过血的手指,才能弹出世间的绝唱。"或许,经历艰苦环境的磨炼与洗礼,人才会真正成长成熟。作为一名海之子,身为一名海洋人,我必将秉承"海纳百川、取则行远"的海大校训,继续以饱满的热情和坚忍的意志对待生活中一切未知的挑战,继续以志存高远和脚踏实地的精神对待科研道路上的一切难题,用自己的不懈奋斗继续追寻我的海洋强国梦!

"非典型学霸"的成长之路

信息科学与工程学院　崔晓宇

崔晓宇，女，汉族，1996年12月出生，中共党员，信息科学与工程学院光电信息科学与工程专业2014级本科学生。曾获国家奖学金、校学习优秀一等奖学金、社会实践奖学金，全国大学生电子设计竞赛山东省一等奖、中国海洋大学数学建模竞赛一等奖，山东省优秀学生、山东省优秀毕业生、校优秀学生干部、优秀团员、院优秀共产党员等荣誉称号，并作为在校生代表在2017级本科学生开学典礼上发言。

迈过高考的独木桥，我怀着紧张与期待，站在中国海洋大学的门口，我的大学生活由此开始了。但是对于怎样度过大学生活，我却陷入了深深的迷茫中：面对被调剂的专业，我无法明晰自己的未来方向；随着身边转专业的同学越来越多，我也开始纠结，动摇……似乎自己还未准备好，启程的号角已经催促我迈开脚步前行。

"学霸"是怎样炼成的

各具特色的社团宣讲，让我跃跃欲试；专业导航教育，让我大致了解了自己的专业；新老生交流会，让我明白学习永远是首位……听得多了，见得多了，我也慢慢开始思考，调整自己的步伐适应大学节奏，规划大学生活。

经过了一番挣扎，不服输的我选择了挑战自己的专业。我坚持下去的勇气，

也来自于一位学长的经验分享。作为当年的校优秀学生标兵,他说:"如果不喜欢自己的专业,就先把它学好。"拨开大学中的第一层迷雾,我对自己的大学生活开始有了期待。

大一学年结束时,我对成绩本没有太高的期望。得知我的成绩位列班级第一时,全班同学都很吃惊,在他们看来,我是个"大忙人",每周忙于院学生会和校篮球协会的各种活动,而且班级活动也是样样没少。但这份成绩的取得虽意外却也在情理之中,因为我有自己的学习诀窍——提高效率。一年级的课业压力并不重,公共基础课为主,专业课较少,我努力提高课堂效率,上课认真听讲,消化每一个知识点;功夫用在平时,利用零碎的学习时间,不浪费一分一秒,例如课前十分钟、社团活动开始前的一小时等;不懈怠,不偷懒,晚上的时间被社团活动占用了,我就保持良好作息早睡早起,利用早晨的时间,6点半便到教室开始自习。日常积累的同时,临近期末,针对不同课程我会给自己制订不同的复习计划,提高复习效率。

在专业理论学习中得到了甜头的我,深知自己的大学生活不应止步于此,大二伊始我便对自己进行了分析定位,逐渐明确了个人目标。为了更好地了解专业,拓展专业知识的广度和深度,我开始尝试着参与各类竞赛,培养自己的实践能力。每一次参与都是一次历练,每一次成绩都交织着汗水和热血的难忘回忆,每一步都让我更热爱我的专业。

"学霸"的行远之路

在专业学习劲头儿正酣时,大学中又一条崭新的道路铺在了我的眼前。2015年5月13日,中国海洋大学行远书院成立,旨在培养文理兼备的全面人才。这种培养理念与我个人的目标甚是相符。经过一番激烈竞争后,我成为行远书院零期生的一员,并有幸担任该期学生负责人。

一堂堂文理兼备的通识课,拓宽了我的认知视野;一次次交流讨论思维碰撞,增强了我分析问题、解决问题的能力;一场场寓教于乐的训练活动,让我进一步发掘了自我。书院不仅予我知识,更给我温暖。犹记得大二上学期我担任"大学之道"课程小助教,每周都需要花十几个小时批改小组成员的作业、准备讨论课。临近期末,我因个人学习与小助教工作带来的双重压力而崩溃,但是行远大家庭的成员给了我支持和鼓励,伴我度过艰难的日子。

书院为我们的成长提供了广阔的平台。大二寒假,书院组织部分学生到我国台湾博雅书院交流,为期一周的交流访问使我受益匪浅,如何宏观思考问题、微观解决问题,在差异面前如何求同存异、更好地交流,在不熟悉的事物面前如何去探索……这段经历提高了我的团队协作能力,让我对"荣誉和责任"有了更深的理解。

非标签化的我

"学霸"、连续三年国家奖学金、山东省优秀学生、行远书院学员、保研浙大直博……我的身上有无数标签,但它们都不能完全定义我。我兴趣广泛,热爱生活,每天都充满阳光活力,比起单一标签,我更希望自己是丰富充实而全面的。

我积极向党组织靠拢,被评为信息科学与工程学院优秀党员。作为学院物理海技本科生党支部书记,我积极谋划、参与支部建设,认真贯彻落实学院党委提出的"二三四"项目,努力建设服务型学生党支部。我以身作则,率先与班级两名同学结成帮扶对子,帮助他们攻克学业难题。

我担任院学生会秘书长,这段工作经历不仅锻炼了我的组织管理能力,也让我更加明白团队协作的重要性。工作中我并非所有事情都亲力亲为,而是妥善地协调好部门内的分工,有把握、有计划、有层次地完成每一项任务。我担任学院辅导员助理,协助监督、指导大一学生的生活与学习,用自己的经验给他们的大学点亮一盏明灯,帮助新生尽快适应大学生活。

作为运动员,每届学校运动会都会有我的身影。三年运动员生涯,我不怕苦、不怕累,赛前每晚一个半小时的训练从未缺席;同时作为学院女子短跑教练,我制订了严格的训练计划并保障实施,见证着信息学院连年取得团体总分一等奖;课余时间我还参加了高新区国际半程马拉松比赛并定期进行长跑运动。运动不仅使我拥有强健的体魄,更培养了我的意志力与专注力,让我勇于面对生活和学习中的困难。

光阴似箭,大学生活已接近尾声,大学生活于我而言是美好的经历,更是宝贵的经验。从初入大学时的迷茫纠结,到如今成长为一个全面发展的"非典型学霸",我不禁想起行远书院的老师曾对我说过的:"你的生命你选择,你的选择你负责。"未来的生活里,我会用心成长、潜心成才,为自己负责,为生活负责。以智者通达的智慧、勇者乐海的探索精神,为建设海洋强国、实现中华民族的伟大复兴贡献海大人的一分力量。

三笔财富

信息科学与工程学院　徐　爽

徐爽,女,汉族,1995年12月出生,信息科学与工程学院光电信息科学与工程专业2014级本科学生。曾获国家励志奖学金、校学习优秀二等奖学金、学习优秀三等奖学金、科技创新奖学金、第七届中国海洋大学"海之子"成长助学金,全国大学生电子设计竞赛二等奖、美国大学生数学建模竞赛H奖、青岛数学建模联赛三等奖,校优秀学生、优秀团员等荣誉称号。

  我的家乡在黑龙江省一个偏远的小村庄,那里气候寒冷,交通闭塞,经济落后。记得小时候,母亲常常患病,为了节省医药费,她总是忍受着呼吸困难的病痛,尽量减少服药的次数。当时我的姥爷还患有肺癌,买药治病使得家庭的负担日益沉重。为了维持整个家庭的生活,父亲进城打工,由于超负荷地从事重体力劳动,他的关节常常疼痛难忍,而只有痛到忍不住的时候,父亲才会买点便宜的药来缓解疼痛。家庭条件的艰苦带给了我坚毅的品格,教会了我要永远保持进取的姿态为自己拼搏,亦告诉我在获得别人的帮助时要常怀感恩之心。带着这三笔宝贵的财富,我来到了大学校园。

  大学中的精英数不胜数,初入大学的我突然发现自己不再是万众瞩目的焦点,仿佛自己身上所有的光环都消失殆尽了。第一学年高等数学期中考试仅考了70多分,虽然自己努力学习,但大一学年期末科学文化素质却只排在班级第17名,这对于从小学到高中学习成绩一直名列前茅的我来说无疑是一个不小的打击。来自贫困家庭的我深知父母对我的期望很高,我想,或许这点小挫折并不算什么,我相信自己可以战胜。大二学年,我继续以积极饱满的心态面对每一科的学习,课上认真听讲,课下认真复习,每次上课都早早去教室占座位,生怕去晚了坐在后面听不见老师讲话。经过一番努力,大二学年期末我在班级排名第13。虽然名次并不靠前,进步也很微小,但哪怕只是一点点的进步,都是对自己努力的肯定。

  成绩的进步让我深刻体会到保持进取姿态的重要性。虽然自己不如其他小伙伴聪明,但这并不是我不参加各类竞赛的借口。我积极参加各类竞赛,希望能够进一步在学业上锻炼自己。2017年寒假,我组队参加了美国大学生数学建模比赛,四天三晚的比赛,每天都跟小伙伴在冰冷的实验里研究题目,想思路、找灵感,几乎每天都要熬夜,困了就在桌上趴一会,饿了就啃两口面包。虽然时间紧张、条件艰苦,但我知道,坚持才有胜利。美国大学生数学建模竞赛需要提交一份英文论文,而英语一直是自己一个最大的弱项,但我不退缩,坚持"死磕"翻译词典,努力把小组已经成形的论文翻译成英语。整整23页,逐字逐句地与英文对战,终于在截止时间前提交了论文,并获得 Honorable Mention 奖(二等奖)。即使条件艰难,但仍要坚持不懈、全力以赴,哪怕收获甚微,我亦心满意足,因为我深知:努力不一定会有收获,但不努力却一定没有收获。2017年暑假期间,我报名参加了全国大学生电子设计大赛。三天三夜的时间里,我和团队成员夜以继日地准备:电路板的绘制、焊接、程序的编写等,一系列问题接踵而至,大家每天都坚守在实验室,困了就在实验室打地铺睡一会儿,醒来接着焊电路板,调试程序。虽然我和团队成员几天没有洗漱、没有正经吃饭,虽然我看上去已经十分憔悴、身心俱疲,但正是我骨子里的坚毅,一直支撑着我到比赛结束,最终我的小组成功晋级复赛,并获得全国二等奖的好成绩。在获知获奖消息的同时,班级大三学年的成绩排名也有了结果。整个大三学年我一直都在拼尽全力地学习,最终,我在班级的排名为第8名,又一次证明了只有"不遗余力"地坚持做一件事情,才能"不留遗憾"地将其做到最好。

  在学习之外,我也喜欢尽自己所能去帮助更多的人,给他人送去快乐与幸福。虽然自己家庭条件并不富裕,但父母一直教育我"滴水之恩当涌泉相报"。因此我积极参与志愿服务活动,希望能够回馈国家、学校对我的资助。大一时我来到敬老院,帮助照顾失智老人。时至今日我仍旧清晰地记得一个老奶奶,虽然是刚刚相识,但她依然把我当作自己的孙女,用她粗糙的带着岁月痕迹的手掌温柔地抚摸着我的手,告诉我:"孙女啊,一定要照顾好自己,要注意保暖。"当时,我的心中顿时涌动起一股暖流,眼里也泛起了泪花,虽然老人已经忘记自己的姓名,甚至不记得家人是谁,但是对家人的爱始终没有变过。这次志愿服务告诉我,"爱"是永恒的,也是可以传递的,而我希望能够继续帮助更多需要帮助的人。于是我报名参加青岛红十字会举办的急救培训,希望在危急时刻能够尽我的绵薄之力去挽救一条鲜活的生命。除此之外,我还积极参与全国保密技术交流大会的志愿服务活动,担任全国助残日的志愿者等。积极参与志愿服务活动、帮助他人带给我的快乐是无穷无尽的,我很感激也很珍惜这份快乐,我坚信只要满怀爱心、心怀感恩,无论做什么事情都是快乐的。

　　成长之路纵然漫长,但我却一步一个脚印地走得踏实。我很喜欢《孩子,你慢慢来》中的一句话:"成长需要一步一步地慢慢地走,不是所有事情都会如人所愿,不是所有事情父母都可以帮我们,很多时候我们只能依靠我们自己,而不是依赖他人。"带着家庭赋予我的三笔宝贵的精神财富,我坚信,路在脚下,前方通明。

不积跬步，不至千里

信息科学与工程学院　郑作武

郑作武，男，汉族，1995年9月出生，中共党员，信息科学与工程学院计算机科学与技术专业2014级本科学生。曾获国家奖学金、校学习优秀奖学金、校科技创新奖学金，2016全国大学生数学建模竞赛国家二等奖、"蓝桥杯"团队赛山东省二等奖，山东省优秀学生、优秀科技社团干部、校优秀学生等荣誉称号。

三年前，我怀揣着那个小小的极客梦来到了这里——大学，这个我曾无比向往的学术殿堂。刚刚入学的我，每每走在海大的路上，脚步总是显得匆匆忙忙，好像仍是那个过着食堂—教室"两点一线"生活的高中生。时光转瞬即逝，如今这已是我在海大的最后一年，回首来路，虽无荆棘满地，却也历经风雨。

相信很多男生小时候都有一个极客梦，我也不例外。怀着对计算机专业的美好憧憬，我踌躇满志地开始了我的大学生活。可当我接触了专业的理论知识之后，我发现我对此知之甚少，这无形之中激发了我的求知欲，让我想要更加深入地去了解和探索自己的专业。大一上学期，我加入了爱特工作室——一个做技术的科技性社团，我的课余生活因此而变得更加充实和意义非凡。在完成专业课程要求的基础上，我每天都会去实践工作室交给我的任务。晚上熄灯之后，我仍会与我的程序做斗争，那狭小的电脑屏幕照亮的其实是一个男生心中的梦。如何让计算机按照操作人的意图去执行程序，这可能是当时的我最为关心的事情。虽然每天拖着疲惫的身躯入眠，但我的内心得到了巨大的满足。

一年的努力终有所回报，大一学年我不仅在学业上取得了满意的成绩，拿到了校学习优秀奖学金和校优秀学生荣誉称号，也正式成为爱特工作室的部门负责人。但我深知自己不能因为一点小小的成就而止步不前,因此我几乎将课余生活的全部精力都投入工作室应用开发的技术学习中,不知疲倦地汲取着所能接触到的一切知识,不断充实着自己。我与工作室的成员一起合作完成了多个网站项目,如爱特工作室展示网、计算机系官方网站。和大家一起熬夜赶项目的经历可能是我最为宝贵的人生财富之一,让我更加意识到团队的力量和重要性,更懂得了如何了解用户的需求以及如何表达自己的观点,为我以后的比赛经历打下了坚实的基础。

我深知学习计算机专业,除了坚实的理论基础,动手实践能力也是非常重要的。为此,我积极参加各类学科知识竞赛和科技创新活动。2016年9月,我曾组队参加全国大学生数学建模竞赛,并在暑假期间就早早地开始了准备。队伍里的每个人都从未接触过数学建模,一切都是从零开始。从最基础的理论模型,到复杂的模型变种,我们一一学习,并且动手实践,掌握其基本原理和具体应用。枯燥的数学符号与抽象的数学推导,贯穿了我们的整个夏天。在正式比赛开始后,我们很快选定了题目,并确定了采用的基本模型——元胞自动机模型。然而在实际操作中,我们还是遇到了很多的困难,比如,如何改进模型以更好地适应实际问题,如何建立完善的评价体系以评价所选模型。遇到问题,解决问题,在夜以继日地不懈努力下,我们团队最终获得了全国二等奖。在参加科技竞赛的同时,我还完成了两项国家大学生创新创业训练计划项目:一是"基于Android的注意力集中能力评估和训练应用研究",即通过开发Android应用游戏,对玩家注意力集中能力进行评估;二是"基于Android系统的'爱心驿站'App研发",作为组长带领团队开发Android应用程序,方便大学生参与公益活动,并对公益活动的规范管理及激励机制进行研究。这两个项目均顺利结题并被评为优秀。这些经历极大地锻炼了我的动手能力,将枯燥的课本知识转化为有趣生动的实践,学以致用。

为了多方面、多层次地锻炼自己,我担任了爱特工作室的站长,主动承担学生干部责任,积极参与学生工作。爱特工作室是一个以网站开发为基础以App开发为特色的技术性团队,曾独立开发多个学院网站与管理系统。在担任工作室站长期间,我不断加强工作室与学院老师之间的沟通与联系,及时将同学们在科技创新方面遇到的问题反馈给老师,共同探讨解决之道,努力为同学们营造一个良好的创新创业氛围。与此同时,我们工作室还负责维护学院的电脑、网络和服务器等,成为老师的得力助手。琐碎繁忙的管理工作不仅锻炼了我的组织管理能力,也培养了我脚踏实地、认真负责的工作作风和善于创新的思维方式。2016年8月,信息科学与工程学院歌尔众创空间正式启用,由爱特工作室负责运营维护,为了做好这个工作,我积极与老师和同学沟通,带领工作室开发众创空间预约管理系统,不断完善众创空间的日常管理制度,争取为热爱创新创业的同学提供一个更广阔的平台。担任站长以来,我带领工作室成员承接各类网站开发项目,曾开发中国海洋大学信息科学与工程学院官方网站、计算机科学与技术系网站、海洋技术系网站、国际教育学院网站等,同时积极与工作室成员组队参加各类科技竞赛,并取得了优异的成绩——"蓝桥杯"、黑客马拉松竞赛等均有我们的身影。独木不成林,我注重加强爱特工作室与学院其他科技社团之间的联系与合作,学科之间的交叉与融合碰撞出思维的火花。我们曾与蓝鲸信息安全团队队员组队参加数学建模竞赛获得全国二等奖,参加ACM/ICPC山东省省赛获得银牌,与ACM集训队队员组队参加华为软件精英挑战赛获得赛区二等奖。功夫不负有心人,在大三下学期,我获得了山东省优秀科技社团干部荣誉称号。

除此之外,我还积极参加各类实践学习活动,不断提高自身素质。2016年5月,参加中国计算机学会举办的学科前沿讲习班第66期"大数据管理系统和技术",学习在当今大数据时代如何对数据进行更加有效的存储和管理,拓宽专业眼界。2016年7月,参加山东大学举办的第二届可视计算暑期学校,学习当今最先进的虚拟现实(VR)与增强现实(AR)技术,并使用微软的Hololens眼镜开发增强现实应用,提高专业技能。2016年8月,作为优秀学生骨干代表我随中国海洋大学赴井冈山调研团参加"井冈情 中国梦"全国大学生暑期实践季专项行动。经过在革命圣地井冈山一周的学习和锻炼,我的思想觉悟不断提高,理想信念也更加坚定。

四年的时光即将过去,我的大学生活也即将结束。但是属于我的人生才刚刚开始。努力终有回报,正所谓不积跬步,无以至千里;不积小流,无以成江海。曾经取得的成绩都会成为我前进的动力,在以后的生活中,我会继续为梦想努力前行。作为新时代的大学生,我愿将个人的发展融入中华民族的伟大复兴事业中去,为中国梦的实现做出自己应有的贡献!

道路漫长，笃定前行

信息科学与工程学院　周　康

周康，男，汉族，1994年9月出生，中共党员，信息科学与工程学院计算机科学与技术专业2014级本科学生。曾获国家奖学金、永旺奖学金、"锦绣前程"励志奖学金、校学习优秀奖一等奖学金、中国人民解放军优秀士兵、校优秀学生、优秀青年志愿者、信息科学与工程学院优秀共产党员等荣誉称号。

翻越大山去看海的梦想

周康来自宁夏南部山区。

山区贫困，他从小就和姐姐一起跟着父母亲务农。农活儿苦，农忙时更苦，炎热夏日收割小麦、凉爽秋晨剥运玉米、清冷深秋刨挖土豆……这些关于劳作的记忆给了他很大的激励：只有通过努力学习增长才干，才可能真正走出大山，不再靠天吃饭，从而改写被大山阻挡的命运。

路遥的《人生》与《平凡的世界》对周康的触动很大。一个人向前的动力大多源于自己内心的某种恐惧或渴望，于他而言，两者皆有。身后的穷困生活就像洪水猛兽，提醒他早已没了退路；大山外的广阔天地对他有着极大的吸引力——他始终相信自己属于海而不属于山。为了实现走出大山的目标，求学路上，他一直刻苦努力——从小学到高中，父母亲在他的学业上没操过太多心，小学都未能读完的他们唯一能做的，只有全力支持孩子去实现梦想。

高考结束填报志愿时，周康选择的无一不是近海的高校。幸运的是，中国海洋大学——这座位于青岛的部属高校——向他抛出了橄榄枝。

五子顶下的实践

"这里离海好近啊,我算是走出大山了吧?"真真切切地站在五子顶上,周康反问自己。"我的大学从这里开始了!"他对接下来的大学生活充满了期待。

什么是大学之道?大学与高中有什么本质的区别?

为了找寻答案,周康加入了学校负责新闻采写报道的"观海听涛"学生记者团。在这里,他学习拍照片、写稿件、跑采访、做策划,尝试着与高中的"三点一线"截然不同的生活,忙碌却充实。为期一个月的实习结束后,他顺利通过了考核,得以与一批优秀的站友开始新的实践。令他印象深刻的是,站内的学姐告诉他,在确定人选的例会中他全票通过了考核,"你不是最优秀的,却是最认真也是最努力的"。这种肯定给了周康很大的激励:做事的态度很重要——要拿最真诚的心去做长远的事。

受挫后的思变

时间是公平的,没有付出也就没有收获。整个大一下学期,周康将大部分精力投入社团实践中。未能平衡好学习与实践的直接后果,是他在期末考试中有四门课程不及格。这份惨不忍睹的成绩单,对他无异于当头棒喝——中学成绩一直名列前茅的周康意识到,如果再不寻求改变,顺利毕业都将成为问题,更何谈改写自己的命运。

恰逢此时,他得知国家征兵政策做了调整:由每年的12月调整到了9月。新政策的便利之处在于:两年服役期满恰好是9月,若选择退伍复学,就能参与到新的学年,而不用等到下一年的春天。每个男孩子都有一个关于军旅的梦想,周康也不例外。不同的是,他现在要去实现这个梦想。

在重点大学就读期间休学去参军,在很多人来看并不明智——包括父母在内的大部分亲朋都这样认为。未曾尝试又如何懂得?周康很倔强,他坚持认为有些事情如果现在不做,以后就再也没有机会去做了。在说服了父母后,他顺利通过体检,热切地奔赴火热的军营。

火热军营里的探索

火热的军营是另一番天地:严格、规律、单调、重复——充满约束的制度化环境……这些挑战的确能磨炼人。很多同年的战友经常抱怨生活枯燥且不自由,可在周康看来,军人的身份就意味着光荣和责任,没有无限制的自由,乐观的心态最重要。因而在服役期间,他刻苦训练,政治思想强、军事技术精、作风纪律严、完成任务好,先后获得了新兵优秀个人及优秀士兵称号,并成功加入了中国共产党,成为一名光荣的中共预备党员——当年其所在军级单位退出现役且成功入党的义务兵不超过5人。

服役的两个"间隔年"里,周康对自己的人生做了初步规划:想要过什么样的生活,从事什么样的工作,达到预期目标需要做哪些努力……为了退伍后能快速适应学校生活,他利用部队的休息时间进行了广泛的阅读与思考。

退出现役后的实践

复学后,周康开始了实践。

"现在的生活是服役时的我所期待的吗?如果不是,那就去改变!"每当惰性袭来,他都用这话鞭策自己。要改变,首先要从学习开始。课上认真听讲,课余时间去自习室或图书馆巩固强化……他坚信,即使基础再差,不停地追赶就有机会赶上。

在提高专业技能的同时,周康也重视自己的全面发展。由于他的党员材料中没有关于党课成绩的记录,需要补上党课,在党课学习班上他表现积极,结业考试中取得了学院第一名并获得了优秀学员称号。在课余时间,他参与志愿活动,学习滑板、游泳,与战友骑行游览岛城……他还喜欢长跑,"享受肌肉酸痛带来的存在感",多次参加线上、线下长跑活动的他还带动身边的同学一起参加,"你都没去尝试,怎么就甘心认定自己不行?"每当有人说道路漫长、很难坚持的时候,他总会这样反问。

面对未知的决心

"如果结局非我所愿,我会不会后悔?"这是周康贴在桌上的一句话。他怕自己会后悔当初没有再多一份努力,再多一份坚持,并用这种"失去"的痛苦提醒自己:如果自己足够强大,生活也许就会少很多遗憾。在他眼里,坚持自有其力量:一件事坚持做一天两天看不出什么效果,可若坚持一月两月,甚至一两年呢?清晰的目标和良好的执行力,是他内心自信的重要来源。正在广州实习(截止此文提交)的周康,正朝着让自己更加强大的方向前进着。

人生道路虽然漫长,却充满着无限的挑战和可能。这世上没有比人更高的山,也没有比脚更长的路,敢于尝试并乐于尝试的人,定能收获颇丰。

不忘初心，砥砺前行

信息科学与工程学院　　刘　旗

　　刘旗，男，汉族，1996年9月出生，中共党员，信息科学与工程学院电子信息科学与技术专业2015级本科学生。曾获国家奖学金、校学习优秀一等奖学金、社会实践奖学金，校优秀共青团员、优秀学生、优秀毕业生等荣誉称号。

　　转眼间，我已不再是那个刚踏入校门的青涩男孩。现在的我，目光坚毅，更像是一个战士。站在毕业的十字路口，我常常回头看，回头看我的大学生活，它是如此的绚烂多姿，有海军蓝，有浪花白，有课堂上认真学习的我，有操场上努力奔跑的我，当然，还有第一次穿上军装，站在镜子前给自己敬礼的我。荣誉，责任，忠诚，奉献。爱如海大，大爱如海，我爱我的海军蓝，我爱我的浪花白。

不枉晨光之韶华

　　记忆如洪水般涌来，将我推到刚踏入海大校门的那一刻。那一步，带着骄傲与荣幸，但更多的是责任和期望。"一颗红心一杆枪，青春无悔献国防"的声音仍不时在耳畔回响。刚入学时，面对海大的选课模式，我真的是有点措手不及，幸运的是，我们有热心善良的学长学姐们。由于军训的原因，我在选课结束的前一天晚上才得知选课的消息，大一的国防生是不能带电脑的，我只好诚惶诚恐地走上二楼，在学长的门前徘徊许久，才终于鼓起勇气敲响了学长的门，忐忑与不安在开门的一瞬间融化在学长的热情与微笑里。依然记得，学长因为帮我选课熬到了凌晨一两点钟，而那份感动，至今回想起依然会在内心泛起一层涟漪，久久不能平静。我想，这就是国防生大队的"传帮带"精神吧。

开始上课时，我又有些不适应。高中的课堂都是小课模式，一节45分钟，而到了大学，课全是两节连堂模式，甚至还有一次连上三节课的。习惯了高中的上课模式，面对大学课堂，我经常出现上课走神、注意力不集中的情况，不过在老师和同学的帮助下，加上自己的积极调整，我逐渐适应了大学的上课模式。大学的学习氛围相对宽松，但我并没有放低对自己的要求。课堂上，我认真听讲，积极思考，与老师互动；下课时，我经常与老师交流有关本学科的前沿科技，而老师也会认真给我解答在课堂上的遗留问题，就这样，我连续三年取得了班级第一名的好成绩，并连续三年获得国家奖学金。

不负迷彩之青春

青春的底色，是红色。它是夏日艳阳下的实弹射击，是人轻蹭一下就会破皮的滚烫枪管，是晒得头晕目眩却不得不高高挺直的脊梁。由于国防生身份的缘故，大一、大二的暑假我分别去济南陆军基地和青岛海军潜艇学院进行了基层锻炼。在集训基地，主要是体验部队生活，而那种雷厉风行、说一不二的作风让我深受震撼。在其间，我们经历过许许多多的第一次。烈日炎炎下的手枪射击，汗水迷离了双眼依旧纹丝不动；灰尘扑面里的400米障碍，伤口牵拉的疼痛挡不住火热的激情。槐树下汗流浃背却一丝不苟的军体拳，礼堂中呵欠连天却强忍睡意的讲座。伴随着泳池里浓烈的消毒水味，空气里聒噪的蝉鸣，浸润着汗水，我迅速成长。39度的高温下，趴在草丛里练习瞄准、练习匍匐前进时，我们的忍耐力，一种不怕苦不怕累的精神得到了升华；当我们带着满身的痱子、咬紧牙关坚持训练时，毅力也得到了提高；当我们在实弹射击，身边传来"砰砰砰"的开枪声，而我们仍然需要聚精会神地瞄准自己的靶子时，我们的勇气也得到了提升。

青春的底色，是蓝色。它是海大"海纳百川，取则行远"的校训，是军训场上气宇轩昂的海军蓝。在海大，一直有国防生担任新生军训教官的传统。很荣幸，我担任了海洋地球科学学院的新生教官，参加了2017年中国海洋大学本科新生的军训工作。现在回想起那短暂的14天，带给我的仍然是欣慰与感动。14天里风雨同舟，教官同新生有雨一起淋、太阳一起晒、一起吃苦、一起努力。14天里，每天早上5:30起床，6点前就要到训练场进行早训，晚上9点查完内务还要开会总结一天的训练情况，这个学生脚又受伤了，那个学生正步踢的还有问题,内务方面这个宿舍整理得比较好,那个宿舍有偷懒的现象,总结一天的情况后还要制订下一天的训练计划,时间稍微耽误一下就到了深夜12点。但是那14天,过得总是很充实,睡得也总是很踏实。我不会忘记,他们拼尽全力走过主席台的最后一个正步,纵然不是那么的完美,纵然有一丝丝的遗憾,可这代表着他们的努力与付出,浸润着14天的汗水,是属于他们自己的独一无二的荣光。我们走了,而他们的路才刚刚开始。他们即将登上自己的大学舞台,尽情地绽放,享受这弥足珍贵的四年大学时光。现在我还会时不时翻开那本纪念册,想想军训场上三营三连的英姿飒爽,感谢国防生大队给我的这次机会,感谢三营三连的学生,感谢认真努力的自己。

这些都是属于我的青春。我也曾羡慕身边普通大学生的大学生活,只是当我穿上这身浪花白,我开始慢慢懂得,训练场上挥洒的汗水是我跳动的青春,队列中铿锵有力的步伐是我坚韧的青春,嘹亮的军歌声是我无悔青春的铮铮誓言!

撷一朵浪花白,送你扬帆启航

转眼又是一年毕业季,只是这次轮到了我们来说再见,大家都开始为自己的未来做打算。经过四年的本科学习,我决定继续读书,参加了国防科技大学电子科学学院举办的暑期夏令营活动,并被评为优秀营员。现在,我已被国防科技大学电子科学学院预录取为硕士研究生。在大家都在为自己未来打算的日子里,国防生大队发出了分流政策通知,面对更加多元的选择,我也曾动摇过,也曾徘徊过,但是,选择了国防生这条路,同时也意味着国防生选择了我。这不仅仅是一份荣耀,更是一种责任、一份担当。我也会迷惑要寻找的到底是什么,好像很清楚,却经不起追问。人啊,要时不时回头看看,否则容易丢掉自己最初的梦想!

那你呢?你还记得最初的自己、最初的梦想吗?时光正好,岁月正缤纷,我们的这条路才刚刚开始。还好,一切都不晚。守住自己的骄傲,抓紧自己的勇气,然后就去翱翔,去不羁,去张扬,去成为真正的自己吧!

四年海大路，一生感恩情

信息科学与工程学院　苏庆帅

苏庆帅，男，汉族，1996年12月出生，中共党员，信息科学与工程学院光电信息科学与工程专业2015级本科学生。曾获国家励志奖学金、学习优秀二等奖学金、科技成果奖学金、尚光英才班奖学金，2016年校数学建模竞赛二等奖、2017年全国大学生数学建模竞赛山东赛区一等奖，校优秀毕业生、优秀学生等荣誉称号。

"大学是个大染缸，大学四年会使人发生脱胎换骨的改变，每一个刚入大学大学生都是未曾开刃的宝刀，而大学的一切，都是让这把宝刀锋利起来的磨刀石。"仍然记得初入大学的自己第一次听到这句话时的场景，那是在开学典礼后的行远书院宣讲会上，年近八十却意气风发的钱致榕先生正对着台下的同学们做招生宣讲，其中就包括手中捧着两个包子的我，当我听到"改变"两个字的时候，懵懂的我皱起眉头想：大学里的改变意味着什么？改变的方向是什么？又该如何改变呢？但内心中很肯定的是，我要改变，我要在大学里遇见更优秀的自己！我的海大路从此启程。

四年的大学生活如流水般悄然而逝，21岁的我想对18岁的自己道一声"感谢"，感谢曾经的自己选择改变，同时感谢三年来经历的每一件事情、学习的每一堂课、遇到的每一个人。三年中的点点滴滴如音符一般谱成了一首最美的人生和弦，记录着我的欢乐与泪水、成功与低谷，记录着最美时光里遇到的师生情、友情和爱情，记录着我每一点的改变。

化茧成蝶　沉思改变

四年前,18岁的我第一次坐在"昌邑—青岛"的大巴上,目光如炬、踌躇满志,心想:"孩儿立志出乡关,学不成名誓不还。"第一次来到海大,拖着行李箱去学院报道的路上,我望着这所美丽的学校,心想:这真的会是我改变命运的地方吗?四年后的我是什么样子?当时的自己对于未来满怀憧憬,对于即将迎来的大学生活满心期待。18岁的自己内向、自卑,因为害怕别人的目光而不敢当众讲话,担心自己没什么特长被别人笑话,不想跟别人说自己来自农村以保护自己那小小的虚荣心。但值得肯定的是上大学第一天起,我就决定改变自己、改变性格、提高知识水平、培养能力,去大城市工作、改变命运。

我相信大多数人在上大学之前都做好了改变自己的准备,改变的原因各有差异,或是不满于现状,或是因为一个偶像、因为一本书;改变的路也不尽相同,有的人选择在专业上精益求精,有的人选择锻炼自己的工作能力,有的人选择百家争鸣、百花齐放。我觉得都很好,人各有志,适合最好。改变是一个痛并快乐的过程,有着打碎骨头、重新生长的痛苦,还有着认识全新的自己的喜悦,大概这就叫"酸爽"吧!很幸运,我遇到了一位"领路人"——行远书院。我被"改变自己"打动,被"博雅理念"吸引,于是我填写了报名表,第一次对"你想成为什么样的人"这个问题做出认真的思考,非常幸运,我最终成为行远书院一期生。在朱自强老师的"大学之道"课程中,我认识到改变性格首先要改变自己的思想观念,在有了理论支撑之后还要靠实践去检验和完善自己新的人生理念,所以改变自己是一个复杂而漫长的过程。于是我开始读书,读哲学、社会学、心理学、历史,我开始走出去,拜访师长、结交朋友,我开始尝试自己最不擅长的工作,做课程助教、做办公室助理、组织活动、做班长。四年后,21岁的我是一个乐观的、有着积极向上的生活态度的人,在任何场合我都能保持阳光、自信,我不再因为出身而感到自卑,也不会再因为自卑而感到胆怯,我变成了一个有勇气、有担当的大男孩。

漫漫求学　博学慎思

求学路上,转专业的经历告诉我:选择有时候真的比努力更重要!我高考时的两大败笔——语文和数学,高考完我曾摔书起誓:以后再也不学语文和数学！天道无常、造化弄人,进大学之后我被调剂到了数学系……从此,我每天晚上抱着那本数学分析锤头顿足,奈何却做不出几道题。于是我进行了理性的思考:从市场的角度分析,数学学科日后定是广阔天地大有可为;从个人的角度分析,通过与数学系诸位大神的对比,我发现自己实在是没有数学兴趣与天赋,四年过后我若没有真才实学就算有市场又关我何事?最终,我做出了转专业的决定,再三了解与打听之后,我选择了物理系的光电信息科学与工程专业,原因很简单,我看过培养方案之后认为自己会感兴趣,感兴趣就能学好,能学好就一切好说。在日后的专业学习中,我从唉声叹气的弱者转变为充满激情的少年,学习的过程从被动的、不消化的输入变成了主动的、快速的汲取。三年来,我三次获得国家励志奖学金、校学习优秀奖学金、优秀学生荣誉称号,这些全部都是我用汗水和对专业的热爱换来的,是属于我的那份甘甜。

为磨炼自己的科研能力,我积极参加科技竞赛。大一时,我参加了2016年中国海洋大学数学建模竞赛并获得二等奖,那是我第一次参加竞赛,收获的奖项虽然不高,但是对我也是极大的鼓励。后来我又参加了全国大学生数学建模竞赛,获得了山东省赛区一等奖、科技成果奖。三年间,我一共参加了五次数学建模竞赛,与队友通宵达旦的日子让我终生难忘,这些经历教会了我如何与他人合作、交流,如何实现1+1+1>3,同时也发现了自身的不足以及与他人的差距。

作为一名工科生,科研是平日生活里必不可少的一部分,大二学年,我参与了大学生创新训练计划创新项目"医疗(医生)评价系统的网站制作"。该项目源于我的个人想法,旨在弥补原有评价网站评价方法不完善、评价标准模糊的问题。大三学年,我参与了中国科学院大学生创新实践训练计划"应用于海洋激光雷达的高速光子计数技术研究",一年之中我和尚光英才班的同学们经常搬着激光雷达设备穿梭于信南楼与信北楼之间,向着夜空打出美丽的绿光。当网站成功实现以在线问卷调查的方式收集病人评价的那一刻,当激光雷达成功收集数据的那一刻,我觉得我们也可以像扎克伯格一样用自己的想法和科学研究让世界变得更加美好。

志存高远 敢为人先

在书院度过了两年忙碌、充实的时光。在这两年中,我几乎没有周末,每一天都要挣扎在通识课学习和专业课学习之间,每一次闹钟响起时都会感慨"时间的海绵里为什么真的挤不出水了"。但是看着自己的进步,所有的付出都是值得的。在结业典礼上,院长钱致榕先生给我们的寄语是:"愿君细究何处来,愿君敢为天下先。"这世界就是有一拨人在昼夜不停地高速运转,另一拨人起床时却发现世界变了。前者以超前的眼光、非凡的胆识、坚忍的意志和卓越的能力,走在普罗大众的前头,做着改变世界的事。我们新时代的青年就要有这样的担当和魄力,不管未来走向何方都要心系社会、心系国家,本着博雅的态度认真做好工作,成为各行各业的"领头羊"。

疾风劲草　岁寒后凋

人生不可能总是顺途和坦程,在大三下半学年我迎来了人生中的两朵乌云——生病和保研失利。事物的发展是一个过程,之前的熬夜、透支造成了今天的健康问题;之前对于英语的轻视造成了今天保研失败的结果。人总得经历过才能领悟到其中的道理,这半年痛苦、焦虑的日子让我明白了身体才是革命的本钱,厚积才能薄发。乌云渐渐淡去,在调整作息和心态之后,身体逐渐好转,我也成功考上了中科院上海光学精密机械研究所,来到了人生中新的起点。

省身

信息科学与工程学院　王蕴茹

王蕴茹，女，汉族，1997年6月出生，信息科学与工程学院保密管理专业2015级本科学生。曾获国家奖学金、校学习优秀奖学金，全国大学生英语竞赛三等奖、中国海洋大学数学建模一等奖，校优秀学生、优秀团员、优秀青年志愿者等荣誉称号。

我已很久没有见过她。

这样想来，上次见面还是三年前，彼时她刚刚撕下"未成年人"的标签，眼神里藏着对一切新鲜事物的鄙夷和不屑，稚气未脱。我懂得，十几岁的她活得像一个武士，怼天怼地，生怕别人和她有一样的想法，毕竟她出生在一个普通城市的普通家庭，长相普通，十余年间仅仅成绩略微突出，其余也未曾发展过任何特长爱好，"平庸"曾是她最想逃避的标签，批判是她惯用的证明自己与众不同的手段。但近日会面，她显得温和了些许，或许这三年的经历使得她终于开始尝试像一个成年人那样坦然接受并感谢"平庸"带给她的一切，也不再一味地刻意摆脱这个自己施加于自己的标签。

和中学时差不多，她的人生信条依旧是"兴趣主导大多数"（幸而她对学习感兴趣），她还是会选择于她而言有趣的比赛和活动参加。三年间她客串过心理剧的旁白，翻译了英语剧的剧本并由此得到了一个没有台词的小角色，参加了两次船模设计大赛并成功"扑街"了两次，参与了一次校3D打印大赛但也只获得了小小的优秀奖，去日照的一个生态养殖园区做了一次总体而言民众参与度不太高的社会调研，在大学生创新实践项目中合作设计了一款简易声纹解锁器,在美国的一个偏远州的偏远城市的偏远乡镇的游乐园里做了3个月的"苦工"并因此获得了一次"缓考体验券"……这些经历使得她领略了许多不同的事,结识了一些"同道中人",学习了从船模设计到水产养殖的不少其他领域的知识,也逐渐知晓该怎样进行团队合作、如何最大化自己在团队各个位置上的效用……但更重要的是每一段经历在未开始时皆因其不可预测而魅力十足,某段时间内迟迟未解的困惑或许会在一些看似毫不相干的经历中突然得到疏解,确实,多样的经历总能带给人多种考虑事情的角度,而人们也很难预料自己能够在哪一段经历中"邂逅"怎样的感悟。

"大学与高中最大的不同便是要协调好生活的方方面面,那如何能协调好你所谓的经历和学习呢?"我不禁发问。

"我恐怕并没有很好的协调能力,在关键时刻,有所取舍是非常重要的。大二下学期我参加了赴美带薪实习,需要承担的后果即缓考和'冲掉'小学期,但在老师的提醒下我意识到'冲掉'小学期很可能导致延期毕业,故在8月中旬提前结束了赴美带薪实习,回校上课并复习考试。可不巧的是临近缓考时需要参加一个较长期的保密讲解活动,需要投入大量的时间背稿、演练,此时两头抓是不可能的,只能思量后果做出取舍,或者将二者都维持在一个比较平均的水平。"她略做停顿,我知道讲解于她而言是非常重要的课余工作,起初她抱着"半自愿"的心态步入这个讲解员团体,因在众人面前讲话于她一直是个难题,初中升高中时推荐生面试时的手足无措,以及海大外院自主招生面试时的缺失逻辑,似乎她每一次的自我表达都不尽如人意。从大一萌新到大四老学姐,讲解几乎是她大学期间坚持时间最长的事情。在讲解员身份的帮助下,她多了许多在不同年龄、不同身份的人面前表达的机会,并于这些机会中逐渐学会了如何回答参观者的随机提问,也逐步尝试着把紧张化作兴奋或强装自信以掩盖紧张的情绪,久而久之,也终于会有人赞赏她的表达能力。成为一名讲解员一直是她大学期间最为感激的事情。

"好在最后讲解活动和缓考都没有出现什么纰漏。唔,还有一点便是正视并尝试疏解自己的压力。"她缓缓开口。"在事务繁忙时难免会有压力过大的情况,这时候往往有两个极端:一方会过于放大自己的压力,变得暴躁易怒,把自己的压力施加给别人;另一方可能会认为大家都有压力,自己为压力所困有些矫揉造作从而忽视自身的压力。首先需要接受的一点是大部分人都会面临压力,但正确处理压力的方式绝非忽视它,而应该是学会自我疏解。如果实在累了,为何不勇敢地给自己放个假呢?另外,学校也提供了很多心理辅导的资源,可惜大部分学生都没有很好地利用。当然,对于一直在给自己'放假'的同学而言,希望你们一直不乏重新开始的勇气。"

好吧,那么现在回到学习这个老生常谈的话题,我看了看其他同级生的论文发表情况和竞赛获奖情况,又看到她寥寥无几的科研经历,不由得打击她:"你看上去一事无成!"

"这的确是我本科期间最大的遗憾之一,如果确定了未来要在某领域内继续深造,还是应该提前接触科研工作,不过是在确保过程大于结果的前提下。"

"哦?"

"大学的经历教会我的最重要的事情之一就是尽量不要以结果为目的,被结果束缚会大大降低过程的乐趣和意义,正如大一第一学期我的排名是第三,恰巧卡在保研'出道位'上,面对保研的巨大诱惑,我努力想要去一个更稳妥的名次,但万万没想到紧张学习了一学年后竟然直接掉出了'出道圈'……我意识到因排名而担惊受怕是不可取的,一味追寻成绩可能会遗失学习本身的乐趣,而真正在学习上投入精力和兴趣的人也不必为成绩担忧;而且毕竟读研才是最终的目标,推免只是达成目标的手段之一,除了推免,考研也未尝不可,不再纠结于排名之后反而收获了较惊喜的结果。"

的确如此,过于看重结果容易给自身带来莫名的压力,也容易忽视过程的美好,严重的话还会阻碍前进的步伐。

她补充道:"至于竞赛,我唯一参加过的较正式的竞赛就是校数学建模大赛了。"数学建模大赛的时候她被同学拉进队,之后一段日子的几乎所有的空余时间都贡献给了建模,从阅读大量论文来考虑问题的解决算法到思量如何能在论文中更加清晰地凸显算法的逻辑,或许这是她几年间最为专心努力的时刻。虽然解决问题的算法并非是什么"热门玄学技术",但最后也凭借着较清晰的逻辑获得了较优的名次。这段经历于她而言是奇妙且值得珍惜的,尝试短时间内解决一个棘手的问题总是能迅速而大幅度地提高一个人的逻辑思维能力和创新能力,只可惜后续因其他社会实践活动失去了几次继续参赛的机会。

是啊,短时间内的艰巨任务还可以让人客观认识到不同个体的思维角度的差异性。"那么最后一个问题,你对你的大学生活满意吗?"似乎在每次见面结束前我都会问她这种"假大空"的问题。

"或许吧,大学前我的目标是做好每一件事,从这个层面上看我似乎做了一些事情,但从结果来说也没有做得很好,不过好与不好从不同的评价标准出发结果也不甚相同。后悔和遗憾肯定也是有的,但我还是想要感恩我的所有经历。我来自一个普通城市的普通家庭,长相普普通通,这一切使得我可以有一定的动力去丰富我的经历并及时反省自己的所作所为,同时又能避免沉溺于一些虚无的物质当中。现在想来,'平庸'是再好不过的背景,至于人生,总不能将自己桎梏在'摆脱平庸'的枷锁中。与其说随时保持批判态度以彰显自己的不同,不如确保做好自己。如果要说人生的下一个阶段的话,这次我希望我能为我的祖国做好一件事情。"

"那我们什么时候再见呢?"

"等这件事做好的时候吧!"

那我们不见不散。

悉心浇灌，静待花开

化学化工学院　董洪哲

董洪哲，女，汉族，1996年5月出生，中共党员，化学化工学院化学专业2014级本科学生。曾获国家奖学金、校学习优秀奖学金、校社会实践奖学金、校文体奖学金、校科技创新奖学金、第九届山东省大学生化学实验竞赛一等奖、长江口及邻近海域海洋生物与生态野外实践基地第三届优秀大学生报告论坛二等奖，校优秀学生、优秀团员、院优秀共产党员等荣誉称号。

最近几年，父亲开始学起了做农活儿，在家附近拾掇出一片空地，种起菜来。每逢放假回家，我总能吃到自家种的时蔬，健康又满足。我的心中也有一片这样的土地，我把它称为"花圃"。对自己的期许、对人生的规划、对未来的向往恰似一颗颗种子，一朝播种，以汗水浇灌，悉心呵护，直至开花结果，春色满园。

顺应自然，适时旷达

万物生长均有其自然规律，我尊重并相信"规律"，坚信求学之路没有捷径。

从小时候开始，相比于母亲的"花式监控"，在学习方面，父亲对我则是"放养"教育，两者方式恰好互补，但因我急于摆脱妈妈的全方位无死角监控，每每都摔得很惨。缺乏自制力的我在体验了几次深夜背课文的辛苦之后，对于父亲那句"学累了，认真地玩；尽兴了，认真地学"深以为然。

母亲时时提醒我"作为学生，学习是天职"，返校前母亲总是会对我语重心长地说一句"好好学习"。面对学习,我是严肃并且认真的,大学三年,我谨记母亲的叮嘱,并且深受父亲教育观的影响,一直坚持自己的节奏,不让自己被时间驱赶。相比考前突击,我更注重平时积累,于是在考前一个月图书馆人满为患时,考前两三天宿舍灯彻夜长明时,我还可以抽空和朋友出去肆无忌惮地玩一场,放松一下紧绷的神经。

我相信我的努力会有所回报,时刻提醒自己"不以物喜,不以己悲"。这样的观念不仅仅体现在学习上,更体现在我的价值观上。不论是参加厦门的报告论坛还是在临沂的省化学实验竞赛,奖项对我来说并没有那么重要。拿到报告二等奖,不会感到落寞;荣获竞赛一等奖,也不会沾沾自喜,不论结果如何。参与的过程让我重新认识自己,牢记谦卑与感恩,当面对结果时着实没有必要存在野心,我需要的是配得上野心的努力而已。

天外有天,人外有人;不以物喜,不以己悲;拼尽全力,最后选择旷达。

百花斗艳,锣鼓齐鸣

营养级越复杂,生态系统越稳定,所以对于我的"花圃"来说,学习占50%,剩下的空间和精力养分就分配给了实践活动。

记得学院2014级迎新晚会节目第三次审核时,我趴在栏杆上看着健美操队的学长学姐完成一个接一个的高难度动作,羡慕之余在心中也坚定了一个想法:我要加入学院健美操队!

想了就去做,做了就争取做到最好。

健美操的精神是潜移默化的,坚韧、团结、担当,一切都在发展,一切尽在传承。

在健美操队的两年里,一次次枯燥痛苦地重复着那八个拍子,一遍遍把自己逼到崩溃的悬崖边,就算胳膊像灌了铅似的往下坠,就算汗水浸透衣襟,一条线的几个人却是一条心,坚持下去!记得在健美操队的第二年,出于信任,学姐把队长这一重任托付给了我,高强度训练让自己身上的伤由红变黄再变紫发黑,在比赛前一天晚上体验了一次2米高度的自由落体之后,我知道一个精心设计的开头动作将因为我的这次受伤而毁于一旦,并且赛前受伤定会"扰乱军心"。但出乎我的意料,大家平静而扎实地继续完善自己的每一个动作。我坐在地上,从这样美好的平静中感受到,那一刻,我们几个人之间的联系更加紧密了。队友们更加地投入和配合是对我的无声的安慰,我们终归还是再次捧回了一等奖的奖杯。站在场边手拉手等成绩时,一起努力的场景从眼前飞逝而过,几双手有力地交握在一起,手心虽然布满忐忑的汗水,但却有一股更加汹涌的鼓励与安慰的力量。也就是在那一刻,我才真正地理解了团队精神,才真的将队长这个担子理解透彻。

我庆幸有这样高压的工作经历,让我在后来接手学院学生会文艺部副部长、班长等职务时有了点底气。精力的分配、对凝聚力的把控以及理解包容的心态,都是健美操为我留下的宝贵的财富。

从某些角度说,丰富的课外活动和服务同学的工作不会耽误我的学习,我享受这样丰富多彩的生活,享受它们带给我的成长。

互利共生,合作共赢

一片美丽的"花圃"会吸引不少"蜜蜂"和"蝴蝶",成为我经营"花圃"的助力。求学之路上,老师的赏识和同学们的帮助,让我可以无畏前行。

作为一个在海边长大的孩子,出于对浩瀚无边的海洋的好奇,我选择进入学院海洋化学基地班学习。令我印象深刻的是2016年赴浙江舟山参加国家基础科学人才培养基金项目"长江口及邻近海域海洋生物与生态野外实践基地"实习,炎炎夏日挡不住大家对探索海洋的热情,消磨不了大家对科研的专注。真正的出海实习时间是连续的25个小时,几个人挤在小小的船舱中,各司其职。每三小时取一次样品,"再晕再困实验也不能停,再热再晃COD也必须煮,迎来日出!"这都成为我们终生难忘的最珍贵的回忆。

接之而来的,是为2017年4月份赴厦门参加第三届优秀大学生报告论坛做准备,这次论坛的准备过程是与专业出海实习同步的,结束白天的工作后,几个小组不约而同地"盘踞"在东方红2号考察船的餐厅的四角,我们的专注仿佛可以帮我们隔绝餐厅的喧闹,那时候每个人脸上坚定的表情仿佛都在告诉彼此,我们不怕累,只怕拿不出一份优秀的报告。

从舟山到厦门,从在甲板上看日出到在飞机上看晚霞,这种共同的经历和人生轨迹的交汇使我们无话不谈,同时也生出无限感慨。老师耐心的指导和同学间真诚的分享让我获益匪浅——分享可以收获共赢。

悉心浇灌，静待花开

我无法预知种子将会开出怎样的花朵，我只能尽我所能，悉心浇灌，静待花开。

虽然已然有了三年的积累与沉淀，但在递交研究生推免申请材料之前，我对自己未来的研究方向依旧是满头雾水。不过，我依旧记得一位长辈在饭桌上的一句话："当你对你的未来感到迷茫时，就做好眼前的事，等时间到了，许多东西自然就来了。"所以，在迷茫时我选择更加认真地对待自己的学业，慢慢地了解了更多的专业知识，也就找到了自己感兴趣的方向。我也逐渐意识到，并不是有了目标才可以不遗余力，迷茫时期每一个行动都是在准备，为抓住机会而准备。

一片"花圃"亦是一份简历，勤劳的双手、勇敢的担当、平和的心态一直都是我的秘诀，也是我的底线。

不惧严寒酷暑，坚持脚踏实地，静心凭栏听雨。此刻，是花开。

那年，那人，那海

化学化工学院　朱禹澄

朱禹澄，女，汉族，1996年7月出生，中共党员，化学化工学院化学专业2014级本科学生。曾获国家奖学金、基地班一等奖学金、校学习优秀一等奖学金、国家励志奖学金、科技创新奖学金、杰出学生奖学金、校学习优秀一等奖学金，山东省优秀毕业生、校优秀学生标兵、优秀毕业生、优秀团干部、优秀团员、优秀学生等荣誉称号。

2014年，高考结束，来到人生的另一个起点。站在崂山区松岭路238号，前方是我喜爱的中国海洋大学与喜欢的海洋化学专业，前方是不可预期的未来，我会一步一个脚印地向前走，稳一些，远一些。

子非鱼，安知鱼之乐

大学伊始，我单纯地憧憬着在海大未来四年的美好生活。为给日常生活增添一抹色彩，我开始积极参加学校的社团活动，并且期待通过社团活动结识朋友、开阔视野、提升能力。中国海洋大学学生会、化学化工学院研究会、院辩论队、海之心公益组织，这些都是我奋斗过的地方；超级演说比赛、模拟炒股比赛和商业实训大赛，都是我忙碌与收获快乐的地方。同学们时常称我"旋转的陀螺"，我会微笑着回应："子非鱼，安知鱼之乐？"

还记得手腕上飘扬的蓝丝带，还记得初次见到那群孩子们时的情景，出乎意料地紧张、害怕，他们不会和我同感，因为他们是"星星的孩子"，不聋不盲不哑,却活在自己的世界里。我陪在一个名叫康康的男孩身边,他好动且不停地吃手指,我就不停地制止他。在"捡球"游戏中,他每次从另一面墙跑过来时都会直接跑到我怀里,然后用力地撞我一下,有时甚至会抱着我闻我身上的气味。一阵阵不安堵塞了我的血管,我想躲开他,又害怕他会撞到我身后的墙,也害怕他会意识到我在有意地躲闪他。临走时孩子们在老师的指导下,用不标准的发音说了一句"谢谢姐姐",听到的瞬间我的眼泪夺眶而出。

那份不安已让我停下脚步,而这一声"谢谢"又让我在接下来的日子继续陪伴他们,每周四下午只要时间充裕我就会去康复中心和他们待一段时间,大声地讲话、不断地重复、努力与他们四目相对、期盼他们的回应。公益服务让我意识到生命的可贵,我感谢自己生而四肢健全,我感谢自己神经与感知正常,原本以为理所应当的事情,却一次次被提醒——"我很幸运",既然幸运,既然已经多索取,我就需要用自己的生命去做更多有意义的事情,回报自然、回报社会。

我不清楚在另一个世界里生活的"星星的孩子"是否快乐,但我希望他们在内心中用我们听不懂的语言说着"子非鱼,安知鱼之乐"。

三年的公益服务,使我更加珍视生命;三年的历练,也让我从一个懵懂的小干事成长为学院研究会主席。我一直认为学习和社团活动相得益彰、相辅相成,学习间隙组织社团活动,如此,既不会感觉学习的枯燥乏味,也不会让社团活动占用自己的大部分时间。组织时政知识竞赛、青春歌会,负责院刊编辑,带领院研究会获得校优秀分会的荣誉称号,一步步踏实地向前走,化院研究会见证了我在大学里的成长。

科研漫漫,上下求索

对于一名理科生而言,只有理论的学习是远远不够的,需要走进实验室,多听多看多实践,将理论知识融于实验和实践中。我的第一次科研实践经历是在大二上学期参加的"颗粒物中铀"项目,从此开始了实验课以外的实验生活,提前感受做科研的过程。还记得第一次拿着实验结果给老师看,老师一一指出实验过程中的不严谨之处,告诉我不可以只抓住一篇文献不放手,要广泛阅读、多钻研。做科研,不能一蹴而就,不能循规蹈矩,要用心研究、主动开拓。第一次科研实践经历让我对科研有了一些懵懂的认识,"初见"便"倾心",从而引起了我对科研的兴趣。

当时考虑到研究生阶段在学校与研究所就读的差异,大二下学期我在中科院青岛能源与过程研究所申请了大学生科创项目,想提前到研究所感受一下那里的学术氛围我是否喜欢。每逢周末,从早 7 点到晚 9 点我都会在研究所工作,高强度的任务让我马不停蹄,层出不穷的问题待我一个个攻克。的确,方法总比困难多,半年多的时间我完成了"经济微藻对养殖废水的修复与净化效果"课题的初步研究,但最终我选择未来继续在高校读书。我喜欢把做科研当作学习,而不是一份工作,我享受和同学间的互相切磋,而不是彼此间存在"科研的秘密"。2016 年 11 月,我再次作为组长在我校申请了一项 OUC-SRDP,研究不同微藻产生 DMS 的差异以及产生过程中细菌的影响。

从"颗粒物中铀的研究",到中科院大学生科创项目,再到回学校进行实验室培养实验,三次科研实践经历让我认识到科研工作的艰辛,道路漫漫,要心如止水,要脚踏实地,要上下求索。

源于对海洋化学专业的热爱,2016 年暑期我参加了"长江口及邻近海域海洋生物与生态野外实践基地"项目。与前一组同学在船上交接结束后,"浙海科 1"号科考船渐渐驶离海港,那份初见科考船的喜悦与激动感也如科考船一样,渐渐地驶离我们的内心,海浪增大,船似一叶小舟剧烈摇晃,同学们陆续出现晕船现象,带队老师和船员叔叔们不停地鼓励着我们,"会好的,一会儿就好了"。十几位同学无一人离席,均在自己的岗位上坚守着,这不是陆地实验室,可以有人代替,每一个上船的工作人员都有自己要完成的任务,必须咬紧牙坚持着。

我还记得自己坐在加热板旁,浑身无力地端着碗,吃着从餐桌端来的仅有的白米饭,等着海水样品加热好继续测化学需氧量(COD)的场景,那一刻的我多么盼望早点下船离开。2 小时取一次海水样品,一瓶瓶地滴定,一遍遍地重复,不敢出错,不能出错,因为每一个样品都是独一无二的,它属于特定的站位、特定的时间,它需要我们在规定的时间完成分析。夜幕降临,太阳又重新升起,第一缕阳光透过玻璃照在地上,抚过我的脸庞,我和邻近同学相视一笑,心中的太阳也重新升起:我们做到了,这一夜无论有多么难熬,我们都坚持下来了!

和下一组同学交接时,没有抱怨,没有吐槽,而是告诉他们:"加油!你们可以的！"这种心灵力量的传递想必不只存在于我们同学间的交接班,更存在于致力于海洋事业的前辈与我们之间,存在于为国家海洋事业献身的工作者之间。是那片海,那次经历,给了我自信和勇气,燃起了我对海洋工作的激情,虽已离船,但船仍在航行,在不远的未来等待我下一次问海之旅,谋海济国,任重而道远。

凭借着科研方面的成绩,我作为学校代表之一参加第三届长江口及邻近海域海洋生物与生态野外实践基地优秀大学生报告论坛,并荣获报告类一等奖和优秀墙报奖;参加第一届高校大学生海洋与化学科技实践论坛,荣获报告类一等奖;参加第五届全国化学专业大学生科技活动交流会,荣获优秀报告奖。

成长——"化学反应"

人生如同一个"反应物",每发生一次化学反应,便成长一次。一次次反应,一次次蜕变,最终给人生画上圆满的句号。18岁之前,我的人生都是"化合反应",充满温暖与幸福,而18岁那年却意外地发生了"分解反应"。

当我努力地适应着大学生活,依然斗志昂扬地学习时,命运却向我亮起一盏"红灯"。几次与父母亲的通话,让我心生疑虑,话语句句低沉,他们的寡言让我害怕。几次追问,让我不得不面对一个不幸的事实:我的父亲已被确诊为癌症。那是2015年5月,全家人怀揣一线希望,陪伴父亲进行了脑开颅大手术。后来,即将返校的我,站在站台,看着父亲头上的伤疤,想着父亲曾告诉我的话:"你是我这辈子的骄傲,我的生命已经开始倒计时,而你的人生才刚刚开始,你就是我生命的延续。"我转身离开,带着父母的希冀,带着自己的倔强,带着对未来美好生活的向往。

彷徨和慵懒从此不再属于我。家中因给父亲治病已欠下债务,为减轻家庭负担,我开始利用课余时间应聘做"四助";周末到校外做家教;每日三餐缩减为两餐……大学三年里,我从未向家中要过一分钱,还会攒钱转寄给母亲为她减轻负担,一起偿还欠下的20余万元债务。多少次因为想念父母而哭泣,多少次自己躲在被子里流泪。我从不抱怨命运的不公,因为既然是命运就自然各不相同,我只是希望自己能陪伴父亲再久一点,能够再帮母亲多分担一点。

"生活是一面镜子,你对它笑,它就对你笑。"家庭的变故让我体味到生活的艰辛和不易,也让我懂得用微笑来面对生活带给我的种种磨难,我开始如成年人般面对生活,也有了不服输的精神和乐于迎接挑战的勇气,像树一样,即使在贫瘠的土地,也倔强地生长。

那年,我来到中国海洋大学,学习海洋化学专业;那年,我参加出海实习项目,坚定了日后问海的决心;那年,我以专业第一名的成绩,开启了问海的科研之路。我会牢记自己是一名海大人,脚踏实地,身体力行,拥梦起航!

| 迷茫与重生 |

迷茫与重生

化学化工学院　刘　敏

刘敏,女,汉族,1997年7月出生,中共党员,化学化工学院化学专业2015级本科学生。曾获国家奖学金、国家励志奖学金、校学习优秀一等奖学金、社会实践奖学金,青岛市驻青高校第二届大学生化学实验技能竞赛一等奖、中国海洋大学第十届化学实验竞赛一等奖,校优秀学生干部、优秀团干部、优秀学生、优秀学生标兵、优秀毕业生等荣誉称号。

我与海大的故事,可能要从一句"哈哈"开始。

2015年的夏末秋初,我拎着大包小包,来到了青岛这座美丽的海滨城市,正式和中国海洋大学相识。我仍然记得,到达那天,上午大雨倾盆,下午却忽然阳光普照,西边的整个天空都被染成了绯红色。闷热的空气,陌生的环境,熙熙攘攘的人群和密密麻麻的帐篷,这些,是我对东区外小路的全部初印象。从此,我心里的东海苑外繁荣茂盛的时光,就定格在了那个夏末。后来的几年,每一年开学都没有那时候热闹。

其实,海大,似乎是我心底一个很自然的归宿,是一件很早就预见了的事情。人生有两种美好,一是不期而遇,二是如约而至。我和海大,大致属于后者。所以,当学生会新闻部给新生拍照留念的时候,我在白纸上,真的就写了简单的两个字:哈哈。平平淡淡,我的大学就这样开始了。

四年前,院学生会主席于海潮学姐宣讲会上那句"大学里,想做什么就去做吧",直击我的心房,令我澎湃至今。宣讲过后,我毅然决然地加入了传说中最辛苦劳累的新闻部——受最多委屈,学最多技能,付出最多心血,带来最多成就感和挫折感的地方。我对新闻一无所知,却又对相机"咔嚓"一声的定格充满了无限的向往。我近乎狂热地投入学生记者的新闻工作中,忘乎所以地扮演着学生记者这个角色。我全神贯注地听学长学姐讲解拍照、构图的知识和技巧,全神贯注地投入拍摄中。因为想抓拍最精彩的瞬间,我可以在炎炎烈日下围着篮球场跑一个下午而丝毫不觉劳累。我捕捉着篮球赛上每一个腾空而起的身影,提着相机追着运动员满操场来回地奔跑,享受着全身心投入的酣畅淋漓,享受着人与相机合二为一的忘我状态。可能这就是于校长曾经讲过的:"只要热爱,无所谓毅力与坚持。"所有传说中的辛苦劳累,在这里都变成了充实和有趣。再到后来的辩论赛、部门活动、晚会;从拍照、写新闻稿,到做微信推送、做海报、做视频,我在新闻部学会了几乎所有关于宣传的技能。后来的我,也凭借这些技能,一路打怪升级。新闻部的经历,给我了一身坚硬的铠甲,但却也是我心底的一个柔软的秘密。

  我是一个内向的人,尽管表面刚强,但是我的内心却有着别样的敏感与柔软。大一多姿多彩的生活并不能让我忽略平静表面下那颗不安分的心。当酣畅淋漓的工作落幕,深夜里静静地面对自我时,那种无所适从、怅然若失之感会毫无预期地铺天盖地地向我袭来,令我措手不及。不知道自己未来能够做什么,上大学到底是为什么,这是我内心最大的疑惑。对未来与选择的一无所知、因为陌生而独有的迷茫与困惑、对大学生活方式和态度的极其认真严肃的审视,这些,如同一根根刺长在我心里。它在慢慢生长的同时持续把我刺痛,又不断令我清醒。追根究底的渴望使我无法坐以待毙,我选择了我信任的部长学姐:许铭。当初迎新时,她忘我的工作状态,将我吸引到了她的身边,一直到现在,她还是我心里强大、温暖、明媚的学姐。那时候,刚成为学姐和部长的她,有着自己的迷茫和疑惑,也有与时光相伴的成长和力量。她坚定地告诉我:当你不知道自己要做什么的时候,做好自己手头的事情就没有错。这是我大学的第一个转折点。就这样一句简单的话却让我醍醐灌顶,生活的小船忽然有了方向,眺望的远方迷雾散尽。潜心思考过后,发现重要的事无非两件:工作和学习。来不及犹豫,定心凝神后,便将思绪倾注到当下,全心全意做好手头的事情。工作,自始至终皆竭尽全力,只求一个善始善终;而工作之余的精力则倾注于学习:思考大学的意义,思考"海纳百川"的内涵,学习《论语》,用心体会学习知识的乐趣,用心完成老师布置的作业,认真对待每一堂课和每一门考试……但行好事,莫问前程。大学一年级结束,结果实属意料之外,但仔细想想却也在情理之中。素质测评成绩年级第一、校学习优秀一等奖学金、国家奖学金、优秀学生等各种荣誉向我砸来,我受宠若惊又暗自得意。这既是莫大的鼓励,也是全新的期待。

"新闻部"这三个字,在我的大学,甚至我的生命里,都占据了重要的部分。因之成长,因之迷失。所以第二个转折点,是留下。这次的转折,是新一轮的上升,也是再一次的迷失。带着将所学的十八般武艺传承的责任感和使命感,我留在了这里,将自己所学毫无保留地传授给学弟学妹。2017年,又是冲锋陷阵的一年,我带着小干事们奋战在学院新闻报道的前线,大大小小的会议、活动、论坛、文化季现场都离不开我们新闻人的身影。从干事到部长,从大一到大二,年龄的增加和身份的转变意味着有更多的机会和选择。科研项目OUC-SRDP,实验室义工,人才实践,"三下乡",渐渐增加的课程任务,数不清的活动和报道……这是最辛苦劳累的一年,可也是越来越怯懦自卑的一年。过度的忙碌,会让人有种麻木的踏实,但也会埋没直击心灵的刺痛,使人懒于思考人生的重要问题。自我迷失,是最令人痛苦的事情:情绪失控,寝室关系紧张,私人关系漏洞百出,自卑又自命不凡,实力撑不起自己的野心……因为走得太快,灵魂与那些为数不多的自信一起被我一起落在了身后。成绩退步,自我确认缺失,我再一次陷入了无所适从,陷入了迷茫与懊悔。这一年,尽管做了很多工作,但并不觉得自己优秀,这份怯懦与自卑,让我错过了机会,也错过了很多美丽的风景。

因此,大学的第三个转折点,是离开。因为太想知道当自己脱离了所有的外在身份,不是新闻部长,不是自强社部长,也不是科研小组的组长的时候,我到底是谁。所以,我选择了离开,离开这个倾注了最多的心血也全心爱着的部门。大三,平静却也汹涌澎湃。瞬间清闲下来的我,有时间去看更多的风景,有机会在不同的角度重新仔细地看看这个世界。我参加了新的科研小组,用新视角体会科研,辛勤专注的实验室生活结出成果,在SCI二区TOP共同发表文章一篇。我全身心地投入学习生活中,渐渐发现,我的老师们个个身怀绝技,"在关注一门课程之前要先注意自己的师长"成为我上课学习的新原则,并常收获因心领神会而爆发出来的狂喜。老师的独立人格,启迪着我去寻找、完善自己的人格,迷失的自我被慢慢地找回,那些日子里,每一天每一刻都是鲜活的。2018年3月,我鼓足勇气参加了青岛市驻青高校第二届大学生化学实验技能竞赛,又一次全身心的投入让我斩获全市第一名,接着我又拿到了中国海洋大学第十届化学实验竞赛的第一名。这些小小的成绩,无声地滋养着我的信心,也慢慢加深着我对自己专业与学科的理解。我开始相信,我能做到的远比我能想到的多。2018年5月,在老师的鼓励下,我参加了中国海洋大学行远励志——赴新加坡交流研修项目的面试。我一直相信一句话：当你真正想做一件事的时候，全世界都会来帮你的。可能说的就是那个下午：在答辩的那几分钟里，仿佛三年的能量全都释放了出来。面试结束的瞬间，我的内心了无遗憾。我拿到了这次机会。知晓结果的那个晚上，激动之余全是感谢：感谢曾遭受的所有身体和心灵的考验；感谢在关键时刻推我一把，给我鼓励和支持的老师；感谢自己自始至终从未放弃自我的成长……我觉得自己是世界上最幸运的孩子。这一桩桩、一件件事情，都在滋养着我内心那颗自信的种子，让它在心底慢慢地生长、扎根。

三年的奋斗与成长，在2018年的9月再一次得到了认可。我以三年平均学习成绩年级第一的身份，当选中国海洋大学2017—2018年度优秀学生标兵，为自己的大学生活画下了一个惊叹号。当我站在标兵答辩的会场上时，内心充满感动和感激。回望这段旅程，从来都不是一路走来一路高歌，也从来都不是一路绿灯、畅通无阻。这是一个海大学生，跌跌撞撞地，从自卑到自信，从怯懦到勇敢，从一个胆怯不敢说话的农村小姑娘，成长为能代表海大外出交流的学生代表的真实经历。走到这里，要感谢的有太多太多，感谢老师、同学的支持，感谢学校、社会提供的成长平台，以及所有的关心和爱……所以，当我讲出"我要牢记自己是一名海大人，以成为海大的骄傲为目标，坚定不移地走下去"的时候，声音哽咽，眼眶湿润。因为，这是我能想到的最好的报答。

故事差不多讲完了，我也已踏上了新的旅途。时间从来不等人，经历的就是拥有的。那些散发着青春的味道的故事，也都镌刻在了生命的时间轴上，经常在不经意间拾起，然后久久地不能放下……"大学很多时候的痛苦，是因为自己正在从一个标签，从某人的孩子、某地的人、某个学校的学生变成一个有血有肉、有灵魂有性格的活生生的人。"只有那些完成自我的人，才能真正地开始创造价值。很幸运，四年里我开始了自己的转变，收获了这份重生。这段时光有汗水、泪水和海水的苦涩，也有漫天樱花和图书馆书籍纸页间的香甜，波光粼粼的映月湖，无数次走过的梧桐树，还有陪在身边的那些可爱的人儿……这些，都是我的青春小路的同行者，也是我回想起这段珍贵时光时内心加倍柔软的理由。

再想起大一时无所畏惧地写下"哈哈"二字，不禁微微一笑。哈哈，小海，遇见你真好。

每一次转折都是一次成长

海洋地球科学学院　缪红兵

缪红兵,男,汉族,1994年12月生,海洋地球科学学院地球信息科学与技术专业2014级本科学生。曾获国家励志奖学金,校优秀团员、优秀学生、优秀学生干部等荣誉称号。

获得优秀毕业生荣誉称号时,兴奋之余猛然意识到自己即将毕业。我怀着五味杂陈的心情回想起了大学期间的点点滴滴,回忆总是定格在那些转折点上。从"学渣"到别人口中的"学霸",再到校研究生支教团的一员,这些大学期间的重要转变,离不开那些对我意义非凡的转折点。

动而后静,破而后立

我的大学生活不是一帆风顺的,对自己的认识也经历了一个否定怀疑的过程,没有这些否定怀疑,我一定还在迷茫的怪圈中徘徊。

时间:2015年秋季学期

地点:班主任乔老师办公室

情景:我作为成绩较差的学生被班主任约谈

大一的我是没有方向的,找不到奋斗的目标。虽然加入了海洋地球科学学院学生会新闻部,并创办了海洋地球科学学院微信公众号——海大地球季风圈,但是在学习上却没有取得自己满意的成绩。幸好乔老师及时带我走出了迷茫。同时我也给自己定了小目标:大二拿到学习奖学金。

"不比阔气比志气,不比聪明比勤奋,不比基础比进步",瀚海筑梦,我这样告诫自己。大二一年,我把大部分精力都用在了学习上,无论是在课前、课上,还是在课下,我都会勤于思考,认真对待。为了努力探寻知识的深度,我一次次地与各位老师、同学开展头脑风暴,探讨学术问题。就在这探索的过程中,我真正享受到知识带给我的极大乐趣。一年来,除了周末以外,我大部分的课余时间都去图书馆上自习。有几次,回宿舍晚了,路上行人已寥寥无几,只有我的影子一路伴我。纵然有几分孤独,我的内心却是欢悦的,因为我知道,我的每一分努力,都能使我离目标更进一步。

正是因为养成了这些好的学习习惯,同学们开始称我"学霸",这使我惶恐不安,也使我更加不敢松懈。为了将自己所学的理论知识应用于实践中,我与同学一起组队参加了中国海洋大学本科生研究发展计划(OUC-SRDP),并顺利申请成为国家级大学生创新创业训练计划项目,结题为优秀。大二下学期,我又作为队长参加了中国海洋大学第三届结构设计大赛、中国海洋大学第四届"中玮杯"测量技能大赛。在课余时间我经常主动寻求实验机会,大二的暑假期间有幸协助一位博士生共同参与南海海底沉积物实验。在这些实验和竞赛过程中,我秉承严谨的科学态度,注重每一个细小环节,使自己的动手能力和实践技能都得到了很大的提升。

除了科技竞赛以外,我还积极参加学院的文体比赛,并取得了"五光石色,颜石艺术"大赛一等奖和最佳创意奖,"乡情"民族风情展一等奖以及七院联合运动会400米季军等好成绩。

功夫不负苦心人,学年结束后我终于实现了自己的目标,取得了班级排名第五的好成绩,各项能力都得到了较大提升,受到同学老师的一致好评。

爱心传递,坚定信念

当不幸的事发生在自己身边、发生在自己的亲朋好友身上,我才深刻理解了那句歌词:"只要人人都献出一份爱,世界会变成美好的明天。"

时间:2015年春季学期

地点:成都·华西医院

情景:探望患脑瘤的袁同学

2015年6月,我高中同学小袁身患脑瘤,在四川大学华西医院诊治,当时治疗费用累计十万余元已耗尽其家庭积蓄,后续治疗费不详。我得知这个消息后,第一时间呼吁并组织另外几个高中校友积极联系小袁所在学校团委和其他社会组织。当地媒体纷纷协助宣传,不到一个月,捐款数额便足够袁同学进行手术。同时,很多人直接把捐款转给了我,我个人单方面筹集善款3600多元并去成都看望了他,当面把这笔善款转账给了病人家属。在大家的努力和帮助下,现在痊愈的袁同学跟生病以前一样健康活泼。

没有一颗颗爱心的小水珠,哪来大爱之海的波澜壮阔?高中同学的顺利痊愈深深触动了我,也坚定了我服务社会的信念,我一直在用实际行动传递爱心。在学习之余,我多次参加志愿者活动,如2016年全国听障儿童关爱行动、DMD公益基金志愿者服务。每一次看到捐款求助信息时,我也会力所能及地贡献一分力量。

定情巍山,指路前行

"无穷的远方,无数的人们,都和我有关。"一次实践经历给我指明了方向,也让我更加明确自己的使命,看到了自己的价值。

时间:大二结束后暑假

地点:云南·大理·巍山

情景:学校组织赴云南巍山实践调研

2016年暑假,我参加了中国海洋大学2016年学生骨干暑期训练营——赴云南巍山实践调研活动。那里是我的家乡,在活动中我所了解到的教育状况竟和我小时候的经历如此吻合!我上小学时老师数量严重不足,一个老师兼职各个学科甚至兼职学校食堂阿姨、保安叔叔。而学生们则大多数无心向学,家长们忙于生存,无暇顾及孩子的教育。小学同班同学中,部分人上完小学就辍学回家,上了初中的同学大多数依然无心向学,一半的人初中学习期间便辍学打工,能上高中的更是寥寥无几,更不用说考上一个好大学。

在了解了这些情况的同时,我也认识了一批优秀的研究生支教团成员。在和他们相处的过程中,我了解了研究生支教团的历史,有一个强烈的想法涌上心头:毕业后我要到这里支教一年!这正是我服务社会、回报家乡的好机会。

支教团成员是从主要学生干部中进行选拔,而大一、大二我并未担任主要学生干部。为了实现我支教的目标，锻炼自己的各方面能力，我主动申请并担任了我班班长，以一名学生干部的身份严格要求自己，圆满完成组织交给的各项任务，努力配合班主任开展各项工作。我和班级同学建立了深厚的情谊，并积极主动地了解他们的思想动态，同时也经常和班主任沟通交流，及时发现班级同学的负面情绪以及处理班级工作中存在的问题。在学习之余，我也组织了一些增进班级凝聚力的集体活动，如沙滩足球、野外踏青、海边聚会等。在这些工作中，我的各方面能力得到了较大提高，并在大三学年获得了校优秀学生干部荣誉称号。

当我顺利通过学校第二十届研究生支教团成员选拔时，我知道这一切努力都没有白费，而巍山之行必将铭记我心，并会成为我支教过程中源源不断的动力。

不忘初心，继续前行

人生不可能一帆风顺，未来一定还会有许许多人生转折。我相信，有责任、有担当会让我在这些转折点执着于心、执着于行，不忘初心，继续前行。

走自己的路，做最好的自己

海洋地球科学学院　汪佩瑶

汪佩瑶，女，汉族，1996年10月出生，海洋地球科学学院地质学专业2014级本科学生。曾获国家奖学金、校学习优秀一等奖学金，第五届中国海洋大学地质技能大赛二等奖，山东省优秀毕业生、校优秀学生、优秀毕业生等荣誉称号。

转眼即将大学毕业，这四年时间里的人和事，都带给了我很多成长。对于我们年轻人来说，青春的魅力在于成长，而成长的要义在于改变。成长路上我们可能会焦虑、会害怕，有离别、有遗憾，因为这个世界上有太多事我们无法掌控，但我们唯一能把握的就是——变成一个更好的自己。

用心选择，走出自己的路

十年寒窗苦读，一朝金榜题名。2014年秋天，我离开家乡，来到了中国海洋大学，开启新的人生。初进大学校园，我深切感受到大学生活带给我的自由。

这种自由并不是随心所欲的自由，而是拥有许多选择的自由。与高中不同，在大学我有了更多选择。2014年9月，一场"百团大战"吸引了从小就热爱舞台的我，便毫不犹豫地报名加入了大学生艺术团。为了一场足够精彩的晚会，我和有着相同爱好的小伙伴们一起，在大学生活动中心负一层的艺术教室里对着镜子，一遍又一遍地揣摩自己的动作和表情。多少个日夜，多少次辛苦的排练,虽筋疲力尽,却又乐在其中。最终,节目的成功和谢幕后经久不息的掌声告诉我这一切都是值得的。

在我成长的路上,有很多人给予我帮助,让我的内心总是充满阳光。所谓滴水之恩,当涌泉相报。大学里自主的时间安排,让我有机会去感恩回馈,奉献社会。2015年至2016年,在海洋地球科学学院学生会的组织下,我先后参与了多个志愿服务活动。青岛市自闭症儿童幼儿园是我的第一站。那里的孩子们都比较安静,喜欢独处,不愿融入集体。为了能打开他们的小世界,我们会精心安排演出节目和互动游戏,尽力打造欢乐又温暖的氛围,每次孩子们难得的笑脸,都让我欣慰与动容。青岛市李沧区献血站、红十字救护员……一站又一站,一次又一次的志愿服务活动,我都会耐心、细心、用心地去服务,并为之感到光荣,我在奉献过程中收获着幸福,也许这就是赠人玫瑰、手留余香吧。

既然选择了远方,便只顾风雨兼程。大学赋予了我们选择的权利,同时也要求我们对自己的选择负责。既然我选择成为志愿者,我就须尽力做到最好;既然我选择深入学习研究,就须不断学习专业课程,扩宽自己的知识面,认真对待每次专业实习和每个创新创业项目。大学中如果你选择不努力,每天娱乐休息放纵自己,就不能埋怨社会的不公,不能埋怨毕业则失业,不能因同学找到工作、考研成功或是拿到国外Offer而"眼红"。用心选择,才能走出属于自己的路。

坚持自我,方能成功

成长的路上,会有很多诱惑,有很多慌乱,有很多挫折。很多人总说"是现实打败了我的梦想""理想很丰满,现实很骨感"之类的话,可是我想说,真正的梦想只会败给自己,因为梦想不会逃跑,除非自己选择做"逃兵"。所以,为了成为更好的自己,我必须坚持与不断想"逃跑"的自己斗争。

大学伊始,我忙于学业和各种校园活动。丰富又充实的大学生活让我享受快乐的同时也感到了慌乱,一度分身乏术。幸运,我结识了一位学姐。她在多个社团中担任要职,同时又是《海大学子》的撰稿人,经常穿梭于各种项目和竞赛中,还是各种荣誉与奖学金的获得者。同样的时间,为什么我就不可以呢?我尝试去合理安排自己的时间,制订清晰明确的计划,不让身体里那个懒惰的"小人儿"占上风。做自己时间的管理者,很快,我的大学生活也渐渐变得轻松愉快又丰富多彩。

作为大学生,学业肯定要摆在第一位,百分百的出勤率和作业完成度是基础,每一项课堂展示和任务都须用心做到最好,课外的学习和思考也十分重要,应付和凑合是绝对不可取的。然而并非事事尽如人意,2015年冬天,是我大学生活中较为艰难的一段时间。一次体育课上,我的左脚意外骨折,打上了石膏,缠上了绷带。医生嘱咐左脚不许用力,我只得一直将其保持悬空状态。但是用一只脚走路的日子很不好过,就连平常最简单的上下床,也只能将腿跪着,借着双手的劲儿去做。为早日康复,不留病根,医生建议我请假停课。而停课就意味着将错过许多知识,我不想因此耽误学习。于是,每天提前一小时起床,花上比平时多两到三倍的时间到教室,坐在最靠近门边的座位上。这段时间里,同学们给予了我很多支持和鼓励。他们经常搀扶我走路或是上下台阶。下大雪那天,路面湿滑,过路的司机看见我拄拐前行时,停下车来,把我送到了教学楼。那年的冬天很冷,可我的心里却很温暖,感谢这些善良可爱的人们,没有他们,我可能不会如此执着。那年的坚持与努力也换来我成绩的突飞猛进,连续获得大二、大三两年的国家奖学金。坚持不一定成功,但放弃一定失败,坚持只为成就更好的自己。

有一分热,就发一分光

许多事情上,我们总是想得太多,想得太远,所以才一直止步不前。小时候的我,胆量很大,也敢于尝试。长大后明白的事情多了,反而变得怯懦,怯场一度成为我的阻碍。大学是个很好的锻炼场,给我们很多机会去成长,去弥补不足,去收获自信。为战胜心中的恐惧,我告诉自己必须行动起来,主动创造机会站在人前演说。久而久之,我不再怯场,这个改变也为我带来了许多的小幸运。在研究生推免复试中,我自信大方,表现可圈可点,顺利通过。那一刻我知道,过去台上的锻炼都是值得的。我们正处在一个美好的年纪,年轻就是我们的资本。趁着年轻,有着激情和朝气,只要心中有一分热,就努力去发一分光。

大学对我们而言就是一个新的起点,告别昨日的题海遨游,告别昨日的年少无知,洗尽铅华,褪去浮色,来到人生新的出发点。在这个最美好的年华,把握生命的每一分钟,勇敢去追求,坚持去奋斗,努力去遇见那个更好的自己。"每一个不曾起舞的日子都是对生命的辜负",应趁着年轻,多看、多学、多做。珍惜大学时光,就让美好的梦想从这里起飞。

一粒沙子的成长

海洋地球科学学院　高梦瑶

高梦瑶,女,汉族,1996年9月出生,中共党员,海洋地球科学学院地球信息科学与技术专业2015级本科学生。连续三年获得校学习优秀一等奖学金,连续两年获得国家奖学金;曾获社会实践奖学金、青岛银行优秀大学生奖学金、山东省优秀学生、校优秀学生、优秀学生干部、优秀团员、优秀团干部等荣誉称号。

在青春的世界里,沙子要变成珍珠,矿石要变成美玉,钢铁要变成利刃,就必须要经过磨砺。总有一些时光,要在过去后,才会发现它已深深刻在记忆里。四年来,我有过对未来的迷茫,对困难的畏惧;四年来,我不断成长,不断进步。一路走来,我褪去了迷茫和畏惧,在坚持不懈中熠熠发光。

怀揣梦想,砥砺前行

童年的我一直生活在内陆地区,很少有机会接触到大海,所以,大海对我来说有一种特殊的魅力。来到海大,每当空闲时便要去海边走一走。在沙滩上,捧起一抔沙,任其在指间流过,随着沙粒一颗颗流下,所有的烦恼和压力都随之消散。

印象中的沙子是黄色的,配上金色的日光显得格外灿烂,但细看却发现沙子是透明的,好似珍珠美玉。我不由地想起专业课考试曾有的一道题——论沙子的成长过程:岩石从母体剥落,在山谷与河流中摸爬滚打,一路崎岖磨蚀掉了身上最脆弱的矿物,最终在波浪的淘洗下来到了大海,剩下的便是最坚毅最闪亮的部分——沙。细细想来,这又何尝不是我的成长呢?

犹记得大一伊始,我仍像高中生那样等待着老师"填鸭式"的教育,然而大学老师却只是将"食材"放在桌面,需要自己去"调和、烹饪"。数学、物理的难度有了极大飞跃,专业课的内容更是闻所未闻,课堂上老师似乎在讲解天书,同学们紧追老师的脚步,而我却被远远甩在身后。为了学好大学课程,我重新发掘大学的学习之道。从那天开始,我尽自己所能去理解老师的讲解,每堂课都能在第一排看到我的身影,在课堂之余,我利用网络和图书馆查询知识点,图书馆、自习室已经成了我的第二居所。

渐渐地,我跟上了老师的脚步,但我并不甘心。"纸上得来终觉浅,绝知此事要躬行",我不甘心将学习停留在书本上,便跃跃欲试,想要将自己所学应用到实践中。每一次的专业实习,我都怀揣着热爱去探索新的世界,地质实习、海洋实习、测绘实习,虽然从未经历过一个完整的暑假,却让我逐渐爱上了我所了解的一切。为期20多天的专业实习,我们每天迎着朝阳出发,顶着烈日工作,敲标本、量产状、测剖面、探水深,每天都重复着同样的工作,但在一次次数据分析后总能获得新的发现,单调而又丰富多彩。在兴城的地质实习,我们几个人分组被"投放"在大山里,为了画出最完美的地质填图,我们翻越整座首山,在丛林深处找到了仅几平方米的岩性露头。看那纵横交错的沟壑在笔尖化为曲线,整座首山的岩石被我们铭记于心,那一次次翻山越岭就似探险寻宝,众人皆觉其苦而我却乐在其中。大学四年的实习,我看到了山和大海,也看到了我未来要走的路。

当然,实习并不是唯一的实践途径,我充分利用专业知识,与院内同学先后开展了"山东半岛地下盐水在海产品养殖中发挥的重要作用"大学生暑期"三下乡"社会实践活动和题为"TTI介质弹性波FCT有限差分数值模拟方法研究"的大学生创新训练项目,最终两个项目都突出重围,被评为优秀项目。

大浪淘沙,百炼成金

沙粒接受河流的搬运,不像砾石一般在河底亦步亦趋,也不像粉砂一般掺在水中随波逐流,它以优美的舞姿跳跃前进,尽管河水磨得再痛,也不忘享受着奔向梦想中的大海的乐趣。我亲爱的母校,她用海水般坚毅而不失温柔的磨砺,使我逐渐适应了大学的学习,找到了学习的方法,也发现了学习的乐趣。

然而在大学这个舞台上,我想要展现的并不仅仅是学习。我渴望像那些优秀的学长学姐一样能够游刃有余地处理各种事情,能够从容不迫地应对各种情况,更能够在各种场合谈笑风生。我心中暗暗定下目标,我也要成为他们那样的人。于是我申请加入了学生会,担任班级团支书,脚踏实地努力工作,认真对待每一项任务。凡是犯过的错误我都会罗列成条,在下一次工作时绝不再犯;在大家面前发言时磕磕绊绊,就对着镜子反复练习;偶尔听到同学的抱怨我就一遍遍审视自己,改善方式方法。很多次深夜,我无助地看着电脑,眼前已经一片昏花,疲倦与劳累交织缠绕在身边,我多么想放弃,或许可以轻松一点。但是,想到老师和同学们的期待,想到我这颗"沙子"立下的拥抱大海的誓言,我又打起精神。哪怕是撞得头破血流,我的每一次前进,都是生命中难以磨灭的精彩。

从学生会干事到部长再到秘书长,我渐渐成为别人的学姐,我会尽力解答学弟学妹们的困惑,让他们少走弯路。对于团支书这个角色,我也找到了更好的定位。得益于支部同学的突出表现,我们支部获得了2017年雷锋团支部和2018年先进团支部的荣誉称号。

学习工作之余,我加入了学院健美操队,我享受与伙伴们一起挥洒汗水的感觉,享受着文艺和体育相融合的熏陶,团队意识与身体素质在这个温馨的家庭中逐渐提高。大二初任队长时,我竟有些措手不及。该定什么样的主题?我该教些什么动作?如何排练队形?服装和妆容怎么设计?音乐如何剪辑?没有了老队长的带领,就像河水静止,不知流向何方。我能深刻感受到肩上沉甸甸的责任,于是我开始向他人请教,自学音乐剪辑和PS技术,借鉴全国各地健美操比赛的视频改编动作,睡觉前在脑中幻想队形和难度。我开始理解我的队长曾坚定的信念,也能感受到我的队员所付出的努力。冬日汗水浸湿了衣襟,晨起训练着迎接朝阳,其中并无半分苦涩,倒是不由泛起阵阵甜意。

海纳百川,取则行远

大学是一个神圣的地方,在这里,有最刻苦的努力,也有最励志的奋斗;有最精彩的故事,也有最动人的篇章。从我拿到大学录取通知书的那一刻,我的命运就与中国海洋大学紧紧地绑在了一起。"海纳百川,取则行远",在踏入海大校门的时候,我憧憬的不是大学安逸舒适的生活,而是能够在这里吸纳各种学术思想,广结各路英才,研习有益之成果。海大承载了许多人的向往,也承载了无数的希望。在这里,如果不勇敢尝试,就永远不知道自己的舞台到底有多大,我怀揣着梦想和勇攀高峰的精神,身体力行地朝着既定的目标前行。

我的大学四年忙碌而充实,我享受这份海大给予我的恩惠。2018年9月,我获得了保送武汉大学的名额,我感恩学校对我的哺育培养,感恩学院对我的辛勤栽培,感恩老师对我的谆谆教诲。

母校造就了无数粒坚毅的"沙子",而我,如同一粒粗糙的沙子,随百川纳入海大,随海流汇入地院(海洋地球科学学院),是海大磨蚀掉了我的幼稚,是学院见证了我的成长。也许有一天,我会从这里走远,但海大精神已经在我身上留下深深的烙印,"海纳百川,取则行远"的校训永远是我人生路上的明灯。

人在征途

海洋生命学院　霍彦慧

霍彦慧,女,汉族,1995年8月出生,海洋生命学院生态学专业2014级本科学生。曾获国家励志奖学金、校学习优秀一等奖学金,山东省优秀毕业生、校优秀团员、优秀学生、优秀毕业生等荣誉称号。

梦有来处

记忆中的童年总是格外的鲜活美好。出生在小小山村的我,童年充满着青山绿水、鸟语花香。欢快歌唱的小河是孩子们的乐园,幼时的自己总是和小伙伴们在河边嬉戏,透过清澈的水波寻找河里长尾的小蝌蚪,采摘路边熟透的野果。当太阳变得灼热,就钻进小树林里追逐打闹,累的时候躺在河边的大石头上,午后细碎的阳光透过枝叶洒在脸上,暖暖的,很舒服。即使每天的游戏内容没有什么新意,我们仍乐此不疲。然而不知道什么时候开始,一切都悄悄地变了。大石头没了,只剩下路边的小石子;小树林秃了头,更多的则是不及半米的树桩;小河也不再歌唱,早已被堆放的垃圾弄花了脸,只剩下低低的哭泣声,而再至后来,小河也不再哭泣了,没有了泪,只余当初不深不浅的泪痕。

不仅是自己深爱的小村庄,看得到的周围、看不到的远方很多都伤痕累累。心有所感,身有所行,在随后的专业选择中,我顺从于心,选择了生态学,希望自己能学有所获、学有所悟、学有所成,最终能学以致用,去保护自然生态。能做一点是一点,能护一分是一分,去找回村庄的山水花鸟,找回小河边的暖暖阳光,抚平大自然的些许伤痕。

逐梦有行

心向往之,身体力行。虽然志大能力小,才弱识不足,但本着一颗热爱自然、热爱生态的赤诚之心,我踏上了新的征途。自入学以来,我立足专业,勤勉好学。在课堂上保持端正、谦虚的学习态度,认真听讲;课下虚心向老师同学请教,解决困惑,深入学习;同时自觉拓展自己各方面的知识,课外长期坚持自学,空余时间经常在图书馆借阅书籍或者通过网络查阅资料来充实自己,及时补充课堂知识的不足,拓宽我的视野,丰富我的知识储备,也增添一份乐趣。长期的学习,漫长的积累,也曾疲惫过、迷茫过、怀疑过,总会觉得才疏学浅,与自己心中所想相差甚远,在最低落时,甚至曾想过放弃。然而每当状态不佳、坚持不住时,便漫步在校园,看着美如画的风景,想着那千疮百孔的小村庄,感慨一番后便又归于平静。就像最初顺从于心选择了生态学,想去保护自然生态,我希望最终能够留下一个梦想,一个目标,一个征途,一串不停歇的脚步。虽然不知道征途难度有多大,甚至不知道它是否会成功,但至少在心里,我认为它是对的,走下去,就是对的。

有时很庆幸,进入的是中国海洋大学,来到的是鱼山校区。红瓦绿树,碧海蓝天,让人那么惬意,学习环境相对宽松,学术氛围浓厚,课余生活丰富多彩,让我可以摈弃纷杂,静下心来,回望初心,遥望征途。奠定专业课基础后,便开始接触一些关于生态修复的知识,注重知识技能积累的同时,亦着手培养自己的科学实践能力。比如申请学校的科技创新项目,研究关于高分子量普鲁兰多糖的产生,高分子量普鲁兰多糖对重金属有很好的吸附作用,在一定条件下可以用于土壤重金属修复;在中国科学院海洋研究所实习,探究川蔓草种子对温度的耐受特性,确定川蔓草种子运输环节中的最佳环境,为修复海藻床助力。虽然参与的科研项目与生态修复没有直接关联,但或多或少都是生态修复中的某一个小小环节,漫漫征途豁然开朗。这个征途不仅有长度,它也有宽度,不必苛求也无法苛求让脚步落在每一寸土地,只需坚守自己心中认为对的方向,砥砺前行。

征途中,除了夯实专业基础、提高科研能力外,还需锻炼调研能力,去实地、观实像、感实态。2016年暑期,我参加了第21届全国大学生绿色营,与全国各地20多名大学生一起走进敦煌,调研当地的农业与旅游业用水状况。我们希望通过实地调研和入户访谈,深入了解敦煌水资源的使用情况以及当地人的用

水态度，为当地政府以及相关环保部门、环保人士等提供实地资料，并在调研过程中宣传、呼吁人们节约水资源。到达敦煌、遇见营友的那一刻，感觉是遇见了最陌生的老朋友，躁动的心平静了——原来，选择保护自然生态征途中的人有很多。相逢于敦煌这座城市，相聚于这次调研，相扶于这届营期，相知于点点滴滴……24人的团队，20天的调研，14个村庄及相关政府的走访，体力、脑力、精力的巨大消耗，挑战重重，但我们毫无惧色。在过程中思考、感受、感悟，在会议中对调研结果争论、提炼、整合。经过团队的一系列努力，最后我们结合调研成果在敦煌党河河畔进行了以"爱敦煌水"为主题的公共宣传，并被敦煌电视台报道，营期之后形成的调研报告也在大学生"绿色种子计划"中获得最佳展示奖。这次调研，我们用自己的脚步丈量和探索这片土地，很欣慰有这么一群人，一起度过。

筑梦前行

征途是多姿多彩的，认真努力做有益于自己身心健康的事情，不随波逐流，将自己看作一个负担着躯体的小小灵魂，不断丰富着灵魂本身。比如，上课的时候就一心一意听讲，自习的时候就认认真真做作业，傍晚时和室友或在操场跑步，或相约打羽毛球一较高下，晚上去图书馆翻阅自己感兴趣的杂志，周末闲暇时找兼职、做家教，时不时地参加社团活动，每天简单却充实、平常而熟悉，犹如春天的玫瑰和秋天的果实。现如今，通过学校的培养、自己的努力，我的征途又跨出了一大步，于2017年秋季学期获得学校推免资格，保送至中国科学院生态环境研究中心，有机会参与关于土壤重金属修复的科研课题。这怀揣梦想、充满期待的征途，我可以更加坚定不移地走下去了。

习近平总书记在纪念红军长征胜利80周年大会上曾讲到，每一代人有每一代人的长征路，实现伟大的理想，没有平坦的道路可走。一切贪图安逸、不愿继续艰苦奋斗的想法都是要不得的，一切骄傲自满、不愿继续开拓前进的想法都是要不得的。长征永远在路上。心中有信仰，脚下有力量。每代人有每代人的长征路，每个人也有每个人的长征路，心怀感恩，坚守正确的方向，砥砺前行，走的路会比想象的长，征赴的地方也会比想象的多。生命如歌，岁月如梭，在变化无穷的人生征途中，心怀感恩，不忘初心，砥砺前行。

不忘初心，砥砺前行

海洋生命学院　伍洋

伍洋，男，汉族，1996年2月出生，海洋生命学院生物科学专业2014级本科生。曾获国家奖学金、国家励志奖学金、校学习优秀一等奖学金、科技创新奖学金、文体活动奖学金。

我来自湖南中部一座鲜为人知的小城——新化。传说这里是蚩尤的故里。新化意为"王化之新地"，这座城市北宋年间才受中央政府管辖。而我祖籍是在江西吉安，祖上为逃避战乱迁徙至此。从此便世代居于深山，不闻大海。

步入海大，征途起航

高考以后，我来到了海大，面朝大海，开始了我的四年大学生涯。

四年前的我，在高中的浩瀚学海中奋斗，以书为帆，以题为翼，向着梦寐以求的大学前进，途中也疲惫过，也抱怨过，但始终没有想过放弃，终于如愿进入大学的校园。

从踏进大学校门的那一刻起，我就严格要求自己，制定基本目标——学习优秀，拿奖学金；同时要求自己全面发展。于是，一入学，我就报名并成功进入了生命科学与技术人才培养基地，希望自己能在基地班收获更多的知识，掌握更多的技能与本领。三年来，我多次获得奖学金以及各种荣誉称号，收获了知识，提高了专业能力，实现了当初进入基地班的初衷。成绩给了我莫大的勇气与动力，不断激励着我，让我在接下来的学习中，不骄不躁，继续努力。

科研长路上的我选择无言坚持与潜心钻研。大三之前我一直是实验室助

教,虽学习到了一些基础的实验操作,但并没有进行真正的科研工作实践。直到后来成为国际遗传工程机器竞赛(iGEM)的预备队员,除了上课,几乎全部的时间都与队友认真钻研,不分昼夜。身体上虽然觉得累,但精神世界却非常充实。科研总是与兴趣有着莫大关系,我发现个人兴趣不在生命科学微观领域,因而选择离开。而后完成了一个以培养细胞为主的OUC-SRDP项目,中途历经挫折,结题也是草草收场。大三前我并未完成任何较好的科研项目,和科研"大神"们相比更是黯淡无光。

立足专业,以梦为马

大二下学期快结束时,我初次接触了观鸟。我所在的社团暑期举办一个有关海洋环保的夏令营,涉及观鸟活动。没有过任何观鸟经验的我们,在学姐带领下在校园周边完成了实践调研。

人生就是在不断选择中成长并认识自己。正是此次活动改变了我的整个人生轨迹。我曾以为身穿实验服、手拿移液枪是我以后的工作日常,现在却觉得背着双筒望远镜、走在荒野小路上更令人惬意。

从此,我的大学生活进入了一个新的阶段。

我借阅资料自学,浏览观鸟论坛,寻求有共同兴趣的好友。一次偶然的机会,我发现山东农业大学的一名本科生对校园鸟类进行了一年的调查,并写了一篇论文发表在校报上面。深思熟虑之后我决定把观鸟和科研结合起来,申请OUC-SRDP项目,对海大校园里的鸟类进行调查。

在此要非常感谢水产学院的曾晓起教授和海洋生命学院的刘云副教授,这两位老师也是鸟类爱好者,一直给予我帮助和鼓励。更要感谢我的组员们,离开舒适的实验室,跟着我完成一次又一次的户外调查。

科研性的鸟类调查和观鸟不一样。观鸟可以很休闲,鸟类调查却很辛苦,必须严谨认真并遵循一定的规范,绝不能随意更改。

暑假时,校园鸟类调查不得不暂停半个月。开学以后我们立刻开展调查,发现路竟然已经被盛夏疯长的草给掩埋了。特别是在崂山校区,五子顶及其脚下的树林都是我们早就定下的调查样线,本来道路就狭窄隐蔽,草木一遮,有路也变成没路了。草丛里面偶布荆棘,青岛引种的刺槐也四处入侵,在反复开路、拔掉身上无数刺以后,前行的道路终于被踩了出来。然而道路有了,蚊虫仿佛饥渴了一个暑假,向我们发起了集团进攻,即便穿了长裤,也会被叮穿。我们笑问自己,为什么不做一个在实验室里面的项目,而要跑野外选择这种少有人走的路?

唯一的答案就是对野生动物的热爱。

这种热爱,使我大三时就立志攻读鸟类生态学专业的硕士研究生,希望能够将其作为毕生的追求。

我跟着未来硕士生导师的研究团队,从天津北大港,跑到河北唐山曹妃甸,再到东营黄河三角洲国家自然保护区,体验更专业更严谨的野外调查。早上六点出发,零下五度在海风呼啸的滨海湿地用计数器数着上千只的鸟类。艰苦是必然有的,但是看着东方白鹳安心觅食不受人打扰,大雁集群准备南飞过冬,我们付出的努力让它们能够更好地生存在这片土地上,再辛苦都是值得的。更何况,多少人只是在古文中听闻"落霞与孤鹜齐飞,秋水共长天一色",而我们却能亲眼看见这美丽风景。

回首多载,无悔青春

现在,我已经来到了本科生涯的终点。回想过去三年的经历,很庆幸的是,最终找到了自己真正感兴趣的东西,并有一些"战友"相伴始终。一个人能够将爱好与专业甚至是以后自己的事业结合在一起,实在是幸运之至。

我花了两年时间寻找未来的道路,尝试了很多,也经历了很多次的迷茫和失意。但正是这些挫折,使我未来的道路变得渐渐清晰。希望刚入学的学弟学妹们也不要放弃对生命科学的热爱,它包罗万象,只要不放弃探索,你总会找到适合的领域。

现在中国观鸟人最常用的参考书是《中国鸟类野外手册》,然而这本几乎介绍了中国所有鸟类的书却是由国外学者主持编写的。中国有记录的1400多种鸟类,也只有三种是中国人命名,其余的鸟类,都是在近代被欧美国家的分类学家描述和命名,连模式标本也保存在国外。作为一个中国人,我会继续努力,不断钻研,更努力地了解自己国家的鸟类。

我当初怀着对大海和海洋生物学的憧憬选择了海大。经过三年的学习以后,越来越感觉到自己的渺小,掌握的知识远远不够。我依然渴望着探索海洋,探索这无尽深蓝。"海纳百川,取则行远"会一直铭记于我的心中,鞭策我砥砺前行。

但行己路,无问归期

海洋生命学院　陈宇卿

陈宇卿,女,汉族,1997年3月出生,海洋生命学院生物技术专业2015级本科学生。获国家奖学金、生命科学与技术人才培养基地一等奖学金、校学习优秀一等奖学金、第六届"春华"奖学金(优秀奖),山东省优秀学生、优秀毕业生、校优秀学生等荣誉称号。

哪有什么顺其自然下的随遇而安,有的只是精疲力竭后的水到渠成。

但行己路,脚踏实地。

从头开始的征途总是道阻且长,但学习最是要耐得住寂寞。我总是深刻地感觉到,大学课程改变一个人最大的地方并非是专业技能,而是一种"学"的能力,图书馆里的一次次自习,将为你人生的每一次转折潜移默化地发挥作用。高数的思辨帮我构思实验项目的新解,思政的正直教我深化社会实践的立意,一次又一次的演讲演练也让我渐渐明白如何表达,如何待人接物。我偏爱鱼山图书馆三楼左转的廊座,因为有阳光可以洒进来,也因为洒进来的阳光会随着日头偏移,撬动枯燥的平静,让人有耐心坚持。

业精于勤,水滴石穿

这样一番虔敬也总归是有回报的,我拿到了心心念念的奖学金,也得到了周围人的认可。有时候,勤奋会被褒扬追捧,也会被嘲讽不屑,甚至成为"笨拙"的代名词。有人为掩饰自己的勤奋而昼伏夜出地挑灯夜战,积攒着华而不实的聪明,蛰伏着等待一鸣惊人,但强者往往不是这样辛苦的可怜人,我很幸运,在入学的第一个月就认识到了这点。军训起得很早,但在我们带着睡意陆续集合的时间,始终有一个同学在人群中默默背诵着单词,日日如此。这样的坚持让人生敬,这样的"敢"令人心惊。是的,平凡不过是你华丽蜕变前的一件裹衣,上面的斑驳更是一个个扎实的脚印,本就弥足珍贵,应当引以为豪才是。可能真正的奋斗路,就始于你开始不再顾忌世界眼光的那一刻。

坚持热爱,遇见将来

大学生活应该是多彩的,但这些颜色能不能给你带来心中的彩虹呢?解剖使我无比迷恋,也无比敬重自然构造的精妙绝伦。我逐渐感受到自己当年的选择是正确的,生命,真的是我想要探索一生的东西。但总有人兴味盎然地将血淋淋的实验照片发布到网络上,总有人标榜着自己新买的裘皮大衣,也总有人奚落着生命行业的前程未卜。于是我和科学技术协会的伙伴一起组办了青岛二中生命科学夏令营。作为解剖课堂的主讲和实验指导,我不仅仅想把那些让我刻骨铭心的构造手把手地教给学弟学妹们,也希望身体力行地把对生命的敬畏和感恩种植在更年轻的一代人心中。

破釜沉舟,迎难直上

在大一下学期的春季,我又遇见了iGEM。自此,它就成为我近两年课余生活的主旋律。从七零八落自学的几本书籍,到立项时浏览的成百篇文献,从项目初期对实验仪器磕磕绊绊的现学现卖,到临近比赛时对技术构想的天马行空。怀揣着对生命科学的热爱,我好像在剥一个肥硕的红心柚子,一层又一层地发现新的自己,终于只剩下一颗单纯的渴望着的红扑扑的心。家人希望我更看重课程学业,朋友希望我抽出假期一起旅行,外界和心理的夹击让我每一刻都想到放弃,是错的位置错的方向,还是错的时机错的形式?所幸我总能从实验室的窗户里看到第二天的太阳,庆幸自己没有放弃。

不忘初心,无问归期

在比赛之后的很长一段时间,我都被周围人与这些名词绑定在一起——国际金奖、iGEM队长、科研"大神"……似乎荣光加身,可我并不喜欢。我仍旧是那个每天去图书馆的笨拙的我,我所爱的还是那个窗座,还是那三尺阳光。只是它让我在前进的路上发现了更多可能与未知。我壮着胆子在年轻的时候去更多的地方闯荡,学一门新的编程语言,做一次正式的演讲。每一个人都终要回归平淡,却不是安于寂静。过去或许会蒙尘积灰,将来却永远鲜艳明亮。

  写下这篇文稿,也是给自己的大学生活画上一个圆满的句号。初来乍到之时,望着科学馆前的松,红墙沿上的瓦,我好奇四年之后自己会是什么样子。如今,时过境迁,却初心未改。四年的坚持让我来到新的起点,再次孑然一身,再次从头开始。但行己路,无问归期。

心怀家国梦想，
创造出彩人生

海洋生命学院　管　见

管见，男，汉族，1995年12月出生，中共预备党员，海洋生命学院生物科学专业2015级本科学生。曾连续两年获得国家奖学金。大学期间参加4项科研项目，发表2篇SCI论文。曾获2016年全国大学生英语竞赛特等奖和2018年美国大学生数学建模竞赛Honorable Mention。2018年作为学校仅有的三名本科生之一赴Dalhousie University参加加拿大Mitacs Globalink暑期科研实习。

一

我在海大的校园里长大。作为一个"老青岛人"，鱼山校区那些饱经沧桑的法国梧桐见证了我的成长，而深夜里科学馆所透出的灯光也成为我对于科学事业最早的记忆。

2015年夏天，我手中握着666分的高考成绩，站在了人生的十字路口。对一线城市，我也曾经无比向往，但我同时也清醒地认识到，即将到来的四年将是人生中最后一段能够进行系统性学习的时期，因此，我在他人疑惑的目光中留在了家乡，成为中国海洋大学生物科学专业的一名学生。

我本可以选择海大最火爆的会计或者海洋科学专业，但最终却还是坚持了自己的兴趣，选择了不被人们看好的生物领域。出生于一个曾诞生过四名大学生以及一名大学教授的学者家庭，多年来我的职业规划里只有过一个目标：大学教授。我深知无论在冷门还是热门领域里，大学的教职永远是僧多粥少，我要坚守在自己所热爱的领域里。至于"21世纪是生物的世纪"这样的说法,我则是完全不认同的。且不说在可预见的未来里生命科学研究会不会遇到"瓶颈",哪怕21世纪真的是生物的世纪,那也并不意味着每一个生物学家都会取得成功,毕竟即使在物理学高歌猛进的20世纪初,我们能够叫得出名字的大物理学家也屈指可数。因此,21世纪属于哪个学科并不重要,重要的终究还是自己的实力:伟大的人不会被时代潮流所左右,他们左右时代潮流。

就这样,我作为一个"老海大人",加入了海大2015级新生的队伍,开启了波澜起伏而又趣味横生的大学生涯。

二

我对自己的实力一直有着十分清晰的认识。早在高二时,我就清醒地预判到自己会来到中国海洋大学读书,因此我的高中时代与大学时代之间几乎实现了无缝衔接。与周围挑灯夜战的同学不同,对未来有着十足把握的我早在高考的前几个月就已经借来教材,开始自学大学的课程。

我这种"散漫"的态度虽然让我没能如同很多在高三强势崛起的同学那般一举考进顶尖大学,但我也没有在高考鏖战之后产生对学习的倦怠。在高考之后的那个暑假,在多数人都去满世界撒欢的时候,我却端坐家中自学数学、物理和化学,而在大学开学时,我已经对这些课程的内容了然于心。

我是一个不愿屈从于外界压力的人。只有当自己充分意识到某件事值得为之拼尽全力的时候,我才会用一种内源性的压力驱动着自己不断前进。这种性格造就了我那闲云野鹤的高中时代,但也同样让我在大学里瞬间变成了他人眼中的"学霸"。

大一上学期,我做出了大学时代最疯狂的举动:一口气选了33.5个学分的课程。我的日程被填得满满当当,每个周二甚至要从早晨八点一直上课到夜里九点。我一直认为自己的学习能力和记忆力会随着时间逐渐衰退,因此应当尽早把所有课程修完。同时,我的"疯狂举动"也是在向一些错误观点发起挑战,我想用自己的成绩颠覆这一在我眼中无比颓废的说法。

在大一上学期的期末考试中,我出乎意料地取得了级部第一名,而这也使我认识到自己有能力成为海洋生命学院乃至中国海洋大学最优秀的学生。此后,我几乎将所有精力都投入学习中,以至于被别人调侃为"比复读生还要辛苦"。在经过了三个学期的不懈努力后,我的平均成绩超过了95分,从此稳坐学院第一名。各种奖学金和荣誉称号纷纷飞来,而我也获得了新的称号——"学神"。一切仿佛那样美妙,似乎我只需要静静地等待保研,我的大学时代就可以平稳度过。

然而此时我却开始焦虑了。我深知生命科学是一门实验科学,而自己仅仅能够在考试中取得很高的分数并不意味着将来能够成为一个优秀的生物学家。"对塔说相轮"是很多所谓的"学霸"的通病,他们善于学习书本知识,很会夸夸其谈并且凭借优秀的学业成绩进入了顶尖学府攻读研究生学位,却最终因为缺乏自主探究和实验操作能力而表现得一塌糊涂。

为了不让这样的悲剧在自己身上重演,我从大二开始便进入实验室实习。为了对生命科学的各个领域有更加充分的了解,我相继参与了四段科研实习。从假期到工作日的下午,我总是利用一切闲暇到实验室里学习。2017年夏天,我来到中国科学院海洋研究所参加中科院大学生创新实践训练计划,而那也是我第一段全职的科研实习。在没有空调的实验室里,我忍受着炎热与潮湿拼命工作,经常一天就能用掉大半个试剂盒。虽然十分辛苦,但每当我下班时看到落日余晖从远处的楼宇后直刺苍穹,我都会清楚地意识到:自己在成长。

除此之外,我还利用自己的英语优势积极参加SCI论文的写作和修改,并经常就论文中的问题与导师和学长们进行讨论。这一经历提高了我的写作水平,更极大地锻炼了逻辑思维和分析批判能力。同时,从实验操作到数据分析再到论文写作,我对科学研究的几乎整个流程都有了全面的把握,同时也更加清醒地认识到了科研的艰辛。或许在论文中,作者们只会把自己的成功展示给世人,但每一项成果背后的种种努力与辛酸,只有亲历者才会明白。

三

2018年6月初,我带着两只沉重的行李箱来到地球的另一边。加拿大的那座小城成为我在基础医学研究道路上的第一站。

在大三期间,我经过广泛的阅读以及深入的权衡,最终选择了最富有挑战性但同时也最引人入胜的基础医学领域。在我的心中,这一领域不仅能够满足我对于生命奥秘的好奇心,更能够为增进人类的福祉做出贡献。由于美国目前依然代表着基础医学领域的最高水平,因而我很早就确立了赴美留学的目标。

为了准备出国考试,我在春节期间赴北京参加相关课程,并一次取得了GRE 332+4,托福 115 的高分。同时,我还积极参加国际会议和友好访问等涉外活动,提升自己的国际交流能力。在与外国友人的交流中,我充分发挥自己的优势,向对方全面介绍中国的历史与现实,赢得了外国友人的高度赞扬。在 2018 年夏天,我更是作为学校仅有的三名本科生之一赴加拿大 Dalhousie University 参加了加拿大 Mitacs Globalink 暑期实习。实习期间,我不仅通过努力的工作展示了中国学生的勤奋,还通过不断提出问题、积极参加讨论体现了中国学生的洞察力与批判性思维。

从小到大,我几乎没有长期离开过家。海外有着诸多的诱惑,但我知道自己终将回来。在科学的世界里,东方的一轮红日才刚刚升起。在中国科学研究实现历史性伟大崛起的时代里,每一个青年学者的贡献都显得弥足珍贵。而我,愿意将自己的生命投入这一伟大事业之中,为了书写祖国基础医学领域的光辉篇章,更为了人类文明的幸福与健康。

大学三步走

海洋生命学院　张丽靖

张丽靖,女,汉族,1996年12月出生,中共预备党员,海洋生命学院生物技术专业2015级本科学生。曾获国家励志奖学金、校学习优秀奖学金、校社会实践奖学金、校文体奖学金、永旺奖学金、天泰奖学金,校优秀学生干部、优秀学生、优秀团干部、优秀团员、优秀青年志愿者等荣誉称号。

一直喜欢王国维在《人间词话》中对人生三大境界的总结:"昨夜西风凋碧树,独上高楼,望尽天涯路";"衣带渐宽终不悔,为伊消得人憔悴";"众里寻他千百度,蓦然回首,那人却在,灯火阑珊处"。我曾试图从我短暂的二十余载人生中找到与这三大境界的契合之处,然久寻未果。如今即将走出大学象牙塔,再回首,已然明白大学生活的四年就是这样一段"立""守""得"的过程。

第一步:迷茫中寻找方向

青岛有一女,勤勉性情温;求学十二载,终入海大门。

于我而言,与海大的初遇是惊喜,但随之而来的却是忧愁。习惯了按部就班的高中生活,对于初入大学的我来说,寻找一种新的生活方式成了一件值得不断探索的事。很长一段时间我都身处迷茫之中,不知未来几何。但即便如此,我依然坚信能够被探索的,就不值得恐惧,我可以在这里找到新的天地,整好行囊,重新出发。

以前的生活严格地遵循了"学生的第一要务是学习"这句话,没有丰富的课外生活,没有精彩纷呈的"说学逗唱",只有教室、食堂、寝室"三点一线"的循环往复。为了寻找大学生活新方向,我开始尝试新的事物。

军训期间,各类学生社团都在积极吸纳新鲜血液。穿着一身军训服,带着几分稚气,我克服心中的胆怯,站到了院学生会外联部竞选的讲台上。结果喜人,我正式成为院学生会外联部的一分子。在这个过程中,我不仅提高了实践能力,亦播散了同窗情谊,学习了与人交流的艺术,更积累下团队协作的经验,至后来留任副部长,裨益更多。除此之外,我顺利加入通讯团,从此活跃于院内各大重要活动会议,用语言去抒写事实,用照片去记录回忆。如今的我,仍旧很庆幸能够进入团队中,学习使用相机、练习新闻采写、提高逻辑措辞;更庆幸那时学到的经验被我保留至今。这些新体验、新事物给我带来的不仅仅是成长的喜悦,也让自己更加坚强、更加自信,可以镇定地站在人前侃侃而谈,让我相信自己有能力去开拓以往从未踏足过的领域。

第二步:坚定方向,砥砺前行

多一分坚持,便多一分希望。在海大,很流行利用暑假的时间做"三下乡"志愿服务活动。这项活动不仅仅是获得实践学分、确保顺利毕业的一种选择,更是同学们走出校门、迈入社会、将所学应用于实践的桥梁。我的运气很好,在我萌发出参加"三下乡"志愿活动的想法时,正好与暑期师资课题不期而遇。团委老师伍玥琪此前一直负责学院的资助工作,为了探索高校资助工作与地方困难生建立直接联系的可行性以及优化学院的资助工作,准备开展一系列的调研活动。作为困难生的我,也希望利用此次机会来为社会做些事。看到项目后,我便去找了老师,自认为老师有现成的课题,我只需要去做一个执行者就足够,但是老师对我说:"我现在这边只有初步的想法,具体的课题资料以及开展的形式需要你们自己来整理,有想法的话,就尽快建立一支队伍,抓紧时间着手准备。"虽然与自己的预期有出入,但是我仍坚持本心,迈开了实践的步伐。于是,找队友、建团队、与老师协商建立方案、确定项目书、联系接收地,一系列的工作相继开展,最终确定了以"走进省级贫困县——平邑县,探究精准扶贫背景下的高校精准资助模式"为主题的调研活动。

历经充分的准备,课题在立项之初便获得了国家级立项的荣誉。期待愈大,压力愈大,我们担心最终的结果配不上当初的荣誉。于是,无论是立项之初、项目进行过程中还是项目结束后,我们都不敢松懈,努力做到尽善尽美。项目实施过程中遇到了一些困难,比如计划外出做调查时碰上下雨,比如当地的方言难以理解。但是看似巨大的阻碍却往往都是成功路上的垫脚石,不能出门的时候我们就在屋里围一圈,对前几日的采访结果进行总结分析;交流有障碍,我们就在采访时用录音机录好,回去一遍遍仔细听,不漏掉任何细节。我们用自己最大的努力、最持之以恒的坚持,赢得了省级优秀团队的荣誉称号。

作为一个生物专业的学生,很难有参加基层工作实践的经历。大学的第二个暑假,青岛市大学生机关事业单位暑期见习营给了我一个平台,让我以一个大学生的身份融入社会。通过一个月的实习工作,我收获了很多,感受了很多。我最大的感触就是,机关单位并不像我以前所想象的那样轻松,真正接触之后,才明白紧凑的工作节奏、高强度的劳动压力才是基层公务员工作的实质。犹记得当初申请之时,老师告诉我实习的名额很少,所以只能尽力试一试。我去争取了,所以收获了这份全新的体验。

第一次有了想法就开始付诸行动,第一次为了写项目书熬到深夜,第一次作为队长顺利组织开展实践项目,第一次去做一名基层工作者。我们还有很多个的第一次,但是每经历一次,会证明你尝试的越多,收获的越多。只要路是对的,就不怕路远,在自己的方向上坚持下去,才能拥抱更精彩的青春。

第三步:守得云开见月明

从初入大学,我便一直在寻找自己的定位,在这个过程中,做了很多事,有了很多经历。而今再回想自己一直追求的,不过是想要不断地提升、充实自己罢了。在追寻中,我们会去做很多看似平凡的事,已然在慢慢靠近自己的目标,找到自己的定位。我做过志愿者,去海底世界进行讲解、看望聋哑儿童、参与助学公益岗、参加红十字会活动……在大学的课余时间,我愿意将我的时间投入志愿活动中去,我享受服务他人的过程,更珍惜过程中带来的快乐;我立志成为一名共产党员,从大一到现在,从申请入党到如今的预备党员,我已经在成为一名正式党员的路上走过了三年多的时间,虽然三年的学习时间远远不够,但是已经足够在我的心中树立一面旗帜。这些经历、这些不断的尝试,看似与自己的所求无关,但是却在一点点地培养自己的耐心与责任感,为塑造一个更加完美的自己助力。时光安然,唯有岁月不会欺骗我们,它从来不会吝啬,我们走过了什么,它都会一点一滴地记下,让我们在多年之后,在某个阳光明媚的日子,与一个刚刚好的时间里重新组合,折射出另外一番美景。

我还有很长的路要去走,还有很多的领域未曾踏足,唯愿我心似初心,似水流年志不移!

我的人生剧场

水产学院 邵之卓

邵之卓,女,汉族,1996年6月出生,水产学院海洋渔业科学与技术专业2014级本科学生。曾获国家奖学金、校学习优秀一等奖学金、校文体奖学金、獐子岛百家优秀学生奖学金,校优秀团员、优秀学生等荣誉称号。

人生如戏。是的,人生和戏一样充满了跌宕起伏,充满了曲折离奇,每个人都在各自的舞台上演绎着精彩、展现着风采。可是,舞台戏剧是按照既定的剧本去经历开端、发展、高潮和结局,一成不变、有始有终;然而在人生中,自己看得见的是过去,看不见的是未来,没有固定的轨迹,没有固定的结局,或许此时此刻就是一个拐点,会拐到另一处迷雾中,也或许阴霾之后会拐到另一片晴天之下。大学,这一出戏,历经四年,是它,让我拥有了一颗柔软而强大的心。

我的人生,让爱先行

我们的心可以强大但不可以坚硬,可以柔软但不可以软弱。我希望自己像蜡烛一样,能用自己微弱的光与热,照亮一片黑暗,传递一丝温暖,能用自己的燃烧去点燃更多的蜡烛。我的人生希望让爱先行,希望每个人也是如此。自入学起,我下定决心在大学这个相对自由的人生阶段为同学、为班级、为学校、为社会奉献一点力量。这三年,我看望过孤寡老人、担任过社区服务志愿者、参加过红十字会举办的救助培训,也曾在青医附院做过30个小时的爱心医导。所谓"赠人玫瑰,手留余香",我的帮助换来的一个微笑、一句真诚的感谢,让我在这种爱的交换中,保留住了爱的能力,不用害怕自己迷失在无爱的旅途中。在担任水产学院建制70周年活动的志愿者期间,我见证了水产学院的传承,水产学院的历史教会我砥砺前行。70年,它历经了种种坎坷;70年,它汇聚了一代代水产人的心血。流走的是岁月,不变的是精神,先辈们以其开拓创新的意志建立了水产学科,先辈们以其勇于探索的精神推动了水产学科的发展。今天,我们是新一代的水产人,我们仍走在弘扬水产精神的路上。力是相互的,爱也是相互的,我为水产学院努力时,水产学院也让我有了新的成长。

我的人生,勇敢去闯

一直以来,我都知道自己性格里的怯懦,害怕站在台前,害怕去尝试未知,甚至很多尚处在萌芽阶段的想法先被自己否决,担心这个想法不切实际,担心自己的时间精力有限而达不到预期的效果,担心自己承受不住突如其来的压力,担心各种各样还没发生的自己臆想出的困难。尽管性格不足以去面对外界的种种压力,但谁又甘于总是禁锢在舒适圈中?不拼一把,谁知道未来怎么样,万一成功了呢?努力不一定成功,但放弃一定失败。课业虽然繁重,性格虽然怯弱,为锻炼自己,我依然选择加入学院学生会实践部,拉赞助、挂横幅、办讲座,实践部给了了我无法想象的成长。第一次运动会,为了多争取赞助几条横幅,一有空闲时间就打电话联系商家,在公司、鱼山校区、崂山校区来回奔波。拒绝、商谈、合作,简简单单的三个词却概括了我将近两个月的努力与付出。与蒙牛纯甄的合作举办歌手选拔赛,前期反反复复地与商家确定活动细节,我们预想了种种突发事件,制定了很多备选方案,心想如此强大的团队和丰厚的奖励、到位的宣传,肯定会吸引同学们前来观看。可是,等待我们的除了12月份海大嚣张的大风与刺骨的寒冷之外,还有空荡荡的会场。想象与现实的距离在所难免,心中的落差给我真真切切地上了一课,同时让我明白,被击倒并非最糟糕的失败,放弃尝试才是真正的失败。我们努力过,认真过,争取过;我们成长了,强大了,收获了。那么,即使面临的是失败,我们也能安之如素。正如这个阶段的我们,保研、考研、工作,每一条路都是一种挑战、一种选择,每一条路都会有荆棘,每一条路都并非坦途,会遇到被拒绝的难堪,会遇到不理解的失落,不过,仍然要心存梦想,仍然要勇敢去闯。

我的人生,懂得坚持

脱离了父母的约束,脱离了"两点一线"的生活模式,脱离了繁重的升学压力,每一个高考后的孩子,都幻想着高中老师为我们刻画的大学的美好,幻想着大学随心所欲、自由自在的生活，幻想着放飞自我、放飞个性去拥抱自己的人生。可是，当我们真正远离了家乡，跳出了一直以来的舒适圈，当我们对陌生环境的新奇感逝去时，取而代之的是什么？是我们从学姐学长口中经常听来的两个字——迷茫。迷茫，在进入大学前我从来没思考过这个词，但是，有一天，一个人，一句话，却直戳我心。她说，人生的两个目标：幸福地生活；在自己力所能及的范围内，帮助更多的人幸福地生活。作为新一代的大学生，我们必须学着为自己的人生负责，学着在布满各种岔口的荆棘道路上做出抉择、学会坚持，坚持走向那条能让自己幸福，也能让更多人幸福的路。

放弃就如下山，顺势而下，不用多做考虑；而坚持就如上山，我们需要做功，将自己抬起，必然困难。曾和小伙伴一起开展OUC-SRDP项目——生物流化床启动过程中微生物群落的变化。前期，查文献、取水样、测水质、录数据，一周要跑好几次实验室，重复性的工作枯燥而无趣，但也正是通过这种"简单的事情反复做"，从细节入手，坚持不懈，我们每个人的实验技能都有了明显的提升。在中国科学院海洋研究所实习的那段时间，接触的是自己陌生的领域——抑制农业病原菌海洋微生物的筛选与鉴定，没有化学的功底，没有生物的基础，有的仅仅是高中时那点微薄的积累。师兄师姐们随口说出的专业名词是什么，我不知道；倒培养液、接种、提取细菌真菌DNA和RNA该怎样开始第一步，我不知道；甚至对那些药品的认识也只剩下了一点模糊的概念。缩手缩脚可能就是开始时最贴切的状态，但是，我知道这不像我，也不是我。生物化学、细胞生物学，缺什么补什么，有老师教，我就去上课认真听讲，没有老师教，我还有同学、有学长、有我自己。深知自己理论上的差距，那我就一点点有计划地补齐，书读百遍，其义自见；深知自己实验操作上的差距，那我就多听多看多问多想多做，熟能生巧。一切都是从"零"开始，从"新"开始，一切都需要自己摸索、自己学习，无所畏惧，坚持到底。揣着蜗牛的精神，我要一步一步往上爬，总有一天我有属于我的天。就像汪国真曾在《热爱生命》中写的："我不去想是否能够成功，既然选择了远方，便只顾风雨兼程。"既然定好了未来的方向，选择了一条并不轻松的路途，那么狂风暴雨，也依然要学会坚持。

每个人的梦想不同、个性不同，自然追求的生活也不尽相同。大学里我们交叠了轨迹，但却走向了不一样的人生。在面对各种交叉路口时，我选择让爱先行，我选择勇敢去闯，我选择懂得坚持。或许我现在的想法不成熟，但是我坚持着为自己活着，让未来的自己不会后悔当初的选择。愿你我可以带着最微薄的行李和最丰盛的自己在世间流浪——有梦为马，随处可栖。

人生中的困惑与坚守

水产学院　王琨

　　王琨，男，汉族，1995年10月出生，水产学院海洋资源与环境专业2014级本科学生。曾获国家奖学金、校学习优秀一等奖学金、校社会实践奖学金，青岛市高校围棋争霸赛个人第六名，校优秀学生干部、优秀学生等荣誉称号。

　　2014年9月，我来到了中国海洋大学，成为水产学院海洋资源与环境专业的一名学生。在填报志愿时，我本以为海洋资源与环境是以物理数学为核心科目的专业。可真正接触后，我失望地发现我的专业与自己擅长并热爱的物理毫无关系，现实与理想的差别使我为自己未能选到喜欢的专业而遗憾，我也陷入了迷茫与困惑，不知道该如何面对自己不擅长的专业领域。我在是否转专业这个问题上徘徊了很久，既希望能学到自己最初想学的物理海洋，又害怕因转专业而产生种种不便以及各种未知的可能性。

　　在挣扎的苦恼日子里过了许久，一天，父亲打电话询问我在新环境中的情况，我将自己的烦恼纠结向父亲倾诉。父亲安静地听我说完后，语重心长地对我说："儿子，三百六十行，行行出状元，既来之，则安之。现在社会衡量一个人的标准，不在于你所选的专业，而在于你能否驾驭这个专业。既然来到这个专业了，就用心把课学好，是金子总会发光的。"听到这番话，我思考了许久。所谓的热门专业与冷门专业只是相对的，并没有明确的定义。只要你努力，自己实力足够强，不管在哪个专业都可以做到最好，成就事业。此后，我树立了坚定的信念——恪守梦想，脚踏实地，走向成功。

　　自此，我认真对待每门课程，积累专业基础知识，虚心求教。正值此时，我聆听了缅因大学陈勇教授的讲座,了解到渔业资源科学在国外的发展已经非常成熟并已信息化,监控全美国及其附属海域的主要经济鱼种的捕捞统计已经实现,而国内相关科学技术发展相对慢一些。除此之外,统筹渔业资源与生态环境这项工作并非我想象中的那样简单,不仅需要良好的基础学科,掌握统计、生物学、海洋学等一系列专业知识,还需数学和计算机学科的辅助。陈勇教授的一席话让我醍醐灌顶,原来渔业科学是如此的深奥莫测,仍有众多问题需要科研工作者来解决。在学习"生物资源评估"课程的过程中,我遇到不少的挑战,这门课需要很多的数学知识来解决问题,但我发现自己掌握的知识还远远不够,通篇的数学公式让我苦恼不已,听课的时候很难跟上老师步伐。为了克服这些困难,那段时间我每天都在图书馆查阅相关书籍并自学了"概率论与数理统计"课程。在学习了一段时间后,我发现自己终于可以理解这门课程,在上课的过程中也能紧跟老师的思路,最终这门课取得了99分的成绩。我也深刻体会到了我们的专业学习,需要多学科知识的交叉,我也对所学专业越发越感兴趣,萌生了从事渔业科学研究的想法。

荀子曰:"不闻不若闻之,闻之不若见之,见之不若知之,知之不若行之。学至于行而止矣。行之,明也。"大二,在慕永通教授的指导下,我多次在南山水产市场、城阳海鲜批发市场等地进行有关水产品的市场调研与价格形成机制的分析工作,将所学知识与实践相结合,了解水产业在生活中的应用。大三时,我跟随学院资源增殖生态学实验室的张沛东教授,主持项目"人工促萌对鳗草种子萌发和幼苗建成的影响",将人工促萌后的海草种子播种在荣成天鹅湖中的潮间带中,并定期进行采样监测其萌发情况,以找到其最适合的促萌手段。海上采样工作并非易事,尤其在冬天更是极其辛苦。2016年12月海上采样,为了按实验计划取回放在海中的海草种子,我和同事扎进海水,在海底摸索种子。刺骨的海水从袖口、脖子灌进衣服里,整个手和脚被冻麻,许久没有缓和过来。跟我们一起同行的研究生师兄为了取回埋在海底淤泥中的种子袋,在零下几度的海水中徒手摸索了两个多小时,整个人的手都冻成了紫红色,仍坚持完成了全部20袋的样品采集工作,我深深地被师兄对科研的热爱以及不畏艰辛的精神所打动,我真正地意识到要想做好科研需要付出卓绝的努力。正是通过深入接触这些工作与实验,让我更加深入了解并喜欢上了这个专业。

坚守信念,成就优秀的自己。为成为德智体美劳全面发展的现代优秀大学生,我时刻准备着。在学好专业知识的同时,我也不断让自己变得更加优秀,全面发展。一个优秀的大学生,除学好本专业知识外,更应该加强对自身综合能力的培养并多参与实践工作来培养自己各方面的能力。由此我参与了班委竞选,并成功竞选为班长。许多同学平时与班主任的接触不多,我作为班长常常充当代班主任这个角色,帮助同学处理各种的事情,做好班级的各项管理工作。班级事务繁忙时,连吃午饭的时间都没有,午睡更是一件奢侈的事情。精力有限,动力无限。常常为学习放弃娱乐时间,有时朋友友善的邀请,我也是笑着拒绝。合理安排作息时间,完善自身综合发展,即使在周末也保证六点准时起床。如此严格要求,有时会感到很累,但我觉得十分充实。在学习和工作之余,我还加入了水产院足球队和围棋社,闲暇在绿茵场里来一次血气方刚的射门,又或"闲敲棋子落灯花"与人对弈数局。当心情烦躁时,这些活动可以让我平静下来,认真思索什么是自己真正应该去追求的。

"天道酬勤",平时的努力使我得以继续留在水产学院在渔业生态系统检测与评估实验室继续深造。本科期间的学习,也让我更加明白中国渔业还存在着诸多问题有待于科研工作者去解决,这也激励着我投身到渔业科学研究中。硕士毕业后,我计划到缅因大学攻读博士学位,跟从最开始给我以启发的陈勇教授学习,待学成回国后为我国渔业发展贡献自己的力量。

尽管人生路上会碰到种种困惑、遭遇许多迷茫,我相信,恪守梦想,脚踏实地,终将走向成功。就像坐火车时穿越隧道一样,进入隧道时,所有的光都被遮蔽,似乎整个世界都陷入沉寂,然而这种黑暗只是暂时的,列车终会驶出隧道,总有一天你会找到你的光明。正如陆游诗中所说:"山重水复疑无路,柳暗花明又一村。"

鱼与熊掌不可得兼？

水产学院　张　雪

张雪，女，汉族，1996年5月出生，水产学院水产养殖学专业2014级本科学生。连续三年获国家励志奖学金、校学习优秀奖学金、社会实践奖学金，校优秀团员、优秀学生记者等荣誉称号。2017年5月在《生物多样性》上以第一作者发表学术论文《小腔游仆虫形态学、个体发育与分子系统学研究》。

7月的潍坊，预热盛暑。草木在暴雨后吸饱了水，疯一样地生长，深夜里满园子蛮暴之气。独自外出打工的我在午夜毫无征兆地过敏了，蚕豆大的红疙瘩铺满全身。刚过零点，一个人翻铁门前往最近的医院，道旁树生长的欲望让人恐惧。

"抱歉，这里是骨科医院，没有皮肤科。"我又想起还没查到的大学录取通知，鼻子一酸，眼泪就停不下来了。天蒙蒙亮，我找到一家刚营业的药店，吃过药后，红疙瘩转好一点。还得继续打工，毕竟有没有录取家里都要用钱。

"小雪，你的录取结果出来没？咱们班同学差不多都查到了。"

"还没呢。"我的脑子里嗡嗡地始终都是这句"咱们班同学差不多都查到了"。

"给我你的账号密码我替你关注着吧，你在上班也不方便。"

两天后的深夜，朋友告诉我录取结果——中国海洋大学，水产养殖学。

好朋友玉莹阴差阳错学了电子信息工程，她打电话说"南开没有新闻系，我要努力转到中文系"；我给中国海洋大学文学与新闻传播学院的小方写信，她回信中的一句"一直疯狂地文艺下去"一下刺中我。新闻，你跟她们早都说好的啊，现在却……窗外，这会儿下着雨呢……

鱼与熊掌不可得兼？

最好的朋友为我遗憾，最喜欢的老师失望，我自己却是长舒一口气的放松。他们知道我喜欢白岩松、柴静、杨澜，喜欢他们的知性和波澜不惊的气质，但是他们却不知道，我同样喜欢生物，喜欢与生物交心，寄托自己的情感。而水产养殖学所涉及的鱼、虾、贝、藻本就是生物大家族的成员且与人类息息相关。

然而，我着实是一个"贪心"的人，在十八九岁的年纪不甘心因为一个专业选择了"鱼"，就放弃我惦念了整个高中的"熊掌"。受高中语文老师的影响，我也认为大学最重要的事除了学习专业知识和养成正确的"三观"，还要勇敢地做自己想做的事情。在勇敢的过程中，你总会拥有难忘的机会和经历，很多事相互关联，或许就影响了你的一生。十八九岁的我们有梦想也有精力，去做自己喜欢的事，不累。

在社团纳新的"百团大战"中，我毅然决然地选择了院新闻编辑部并如愿加入。第一次培训恍如昨日，学长手把手教我们使用单反，学姐教我们如何撰写新闻稿件，我因为陌生而慌张，也因为开始而欣喜。院刊《星空》的征稿、采访、排版和出版整个流程都需要新闻编辑部，庆幸的是我有了第一次采访经历，那时我无比自豪，可以像杨澜、柴静那样，面对面采访水产学院副院长温海深教授。虽然采访前查阅了很多资料，紧张还是无处隐藏。还记得那天的夕阳很美，温老师像父亲一样解答我们的疑惑，引导着我们前行；我想起去鳌山卫参观时他和我们一样被养殖车间的污水浸湿了鞋，如此平易近人的院长，使我为自己能进入水产学院倍感骄傲。

"观海听涛春季学期纳新，面试于本周六18:30开始"，班长在大一下学期开学当天发给了我这条消息。我觉得自己是个幸运的人，多少努力就会换来多少回报，出于热爱，我决定用我手中的笔书写事实，用我的相机记录真相。"镜头记录真实，笔锋彰显慎思。"实习期的任务逼迫我没日没夜地练习，第一次接到报道足球赛的任务时，作为足球"小白"的我愣是熬夜弄懂并记下了足球赛的赛规赛制，一时反应不过来时勇敢地请教身边懂足球的观众。校运会期间，为了保证时效性，所有人熬夜将新闻稿改了一遍又一遍，最终以深度报道和创意图片的形式将赛情赛况展现给大家。我是一个"贪心"的人，即使明明知道时间不够，还是决定留任新闻编辑部部长，在观海听涛担任看板组负责人，和一群喜欢的人做着自己喜欢的事。

两年的新闻社团工作使我获得了在中国科学报实习的机会，我第一次以记者的身份参加了2016年青岛浒苔专题、青岛第十四届学术年会等新闻报道。这几次实习经历让我兴奋和感激，一步步前行，我还发现自己的专业课学习与新闻工作有时并不冲突,反而相互结合、相互助益。2016年,中国科学院青岛生物能源与过程研究所10周年庆前夕的记者见面会上,我欣喜我的专业知识让我听懂了所有研究方向和研究内容的介绍。

校园小记者的身份让我有机会更近地接触校园招聘会,许多公司会跟应聘者交流水产学院的导师和他们的研究方向,让我在努力做好招聘会新闻报道的同时,更加细致地了解到学院专业的就业宽度和广度;院刊《星空》里"走进实验室"的栏目使我知道在水产学院有足够多的做科技创新项目的空间和平台,老师们不会拒绝一颗爱科研的心……我开始感谢记者的身份让我更深入地了解水产养殖专业、了解水产学院。

我"贪心",我像喜欢新闻一样喜欢生物,我努力尝试兼得"鱼"与"熊掌"。我参与"探究环境因素对许氏平鲉残食现象的影响"的研究项目,实验一次又一次以亲鱼死亡而失败。我们分析、总结失败原因,直到第七批亲鱼才终于使循环水系统的水缸里有满满的鱼苗。那段时间,虽然会带着满满的困意备考期末,我们依然轮流早起统计残食率。我从中体会到另一种快乐,是踏实感带来的安然。

我在记事本上写下这样一句话:"总有一种冥冥注定,引你去你该去的方向。"

大三伊始,我进入原生动物学研究室与2016级研究生新生们一同接受相关实验技能的培训。机缘巧合,我在培训中接触到小腔游仆虫,通过查阅文献、请教老师了解到,虽然关于小腔游仆虫的研究很多,但缺乏详细的形态学基础方面的分子系统学研究,知识的空缺激发了我对此研究方向的兴趣,我便开始对其进行实验探究。

"雪儿,你一会儿去哪?"

"实验室。"

再后来舍友们就不问了,因为回答不出意料地相同。

有志者,事竟成。历经半年多的探究思索,2017年2月,《生物多样性》杂志接收了我的投稿——《小腔游仆虫形态学、个体发育与分子系统学研究》,文章于2017年5月正式发表。

2016年10月份,水产学院举行了"庆祝水产学科建制70周年"系列活动。96岁的李爱杰先生的出席让我甚为动容,他是中国水产动物营养与饲料学的重要先驱和奠基人,他的学生麦康森也早已成为中国工程院院士,而麦康森的学生张文兵现任水产学院副院长。麦康森院士和张文兵副院长搀扶着李爱杰先生的场面让我看到了水产人精神风貌的传承,这从来都不是虚张声势!

麦康森院士在回忆与李爱杰先生共同走过的美好时光时曾说:"为师者,已呕心以知自然之理,沥血以明天地之法,舍终身以尽诲人之功。为弟子者,当鲁台望道,竭诚而礼,然后知不足而奋然。"

没错,水产养殖这条路上会多一些世俗的误解,但正因如此,我才相信,一旦爱上它,这份爱更坚固!

我"贪心",而且总为自己的"贪心"找借口,虽然不想承认,但是新闻工作不可避免地会占用学习专业知识、进行创新实验的时间,"鱼"与"熊掌"不可兼得毕竟不是古人无根据的警戒。从2017年4月份,我因为百度"原石"校园自媒体计划接触自媒体,开始以独立的小编身份写科普性文章,每天的写作和对文章阅读量的关注占去我一半的时间,论文发表后,新的实验项目总是被不自觉地忽略和搁置,我发现,想要同时将两件我不够擅长的事情学好并做好没有那么容易。2017年的暑假,即将大四的我们要下决心选择自己的去向了:就业、升学还是出国?我喜欢生物,也喜欢新闻,我该怎么选择呢?学习新闻需要跨专业考研,从农学到文学的跨度不免让我有些担忧,家里的经济状况以及各种条件让我没有失败后的退路;大学三年不间断的新闻工作让我在细致的接触中逐渐更加喜欢生物。认真权衡后,我接受了中国海洋大学的预录取,继续在海大水产学院原生动物学研究室攻读硕士研究生。

如今,我也即将成为一名毕业生。在以后的日子里,我将继续带着自信、责任和热情上阵,去执着地追寻自己的梦想和喜欢。行者无疆,我坚信:乘风破浪会有时,直挂云帆济沧海!

不惧过往,不畏将来

水产学院　李晓悦

李晓悦,女,汉族,1997年4月出生,中共党员,水产学院海洋渔业科学与技术专业2015级本科学生。曾获国家励志奖学金、校社会实践奖学金、校文体活动奖学金,校优秀学生、优秀团员等荣誉称号。

和很多困难生一样,我来自一个贫穷无奈的单亲家庭,12岁那年父亲的突然离世仿佛当头一棒,彻底地改变了我的人生轨迹。接下来的几年时间里,8位亲人相继离世,让我的生活充满灰暗与不安,让本就不富裕的家庭更是雪上加霜,让原本开朗的我变得内向且没有安全感。和很多困难生不一样,我在大学生活中看到了未来的希望,看到了能够支撑我努力下去的信心与勇气。

海大的三年多时光像攥在手里的泥沙从指缝中悄然溜走,打开手掌,留在手纹理的碎屑颗粒像是这三年时光的青葱印记,带我重新走回梦开始的地方。

初来海大时的我,自卑,怯懦。看着这个从未见识过的缤纷世界,我茫然不知所措。向前走一步,我会看到柳暗花明的远方,可要见识这绝美景色害怕会被刺得遍体鳞伤;向后退一步,我可以缩进脆弱的外壳里保护自己,尽管在这壳里我依旧会被外面的骄阳刺伤双眼,却可以存留下片刻的安宁。徘徊与彷徨交织着,生活的脚步却催促着我没那么多时间抉择,最终,不想走出安全区的我选择了后者,选择了承认自己的怯懦:课堂上听不懂的知识点不愿意去问,社团里大家集思广益头脑风暴时即便是有想法也不愿意开口,站在台前说话时双颊涨红,与从前的我竟慢慢有了天差地别,自信消失不见,仿佛随着我生命中仅存的童年美好记忆一起,封尘入鞘。

转折发生在开学一个多月后的一份策划上。这是我第一次写策划,我反复查阅、反复修改,终于在凌晨将这份"作品"发给部长。这份策划被部长给予了极大的赞扬。借着这次策划的东风,我完成了几项效果还不错的工作,自信,慢慢地回来了,我开始发自内心地张口说话,开始发自内心地咧开嘴笑,开始走出安全区,不断地尝试从未涉足的领域。

历经一学期的沉淀,我在期末考试中取得了比较满意的成绩,在水产学院学生会的年度评奖中被评为优秀干事,在班级和宿舍中成为大家愿意尊重并且被看到闪光点的"晓悦姐姐",我学会了熟练地使用手机、使用电脑,认识了很多从未听说过的方方面面的名词。学期结束时,我拥有了前所未有的畅快,这份畅快,不仅来自取得的成绩,而是这些成绩让我看到了前方还有很多光亮。

于是,我乘胜追击,征服更多的领域。难以想象,我走上了逸夫馆的舞台,当了一次心理剧的导演;难以想象,我参加了水产知识竞赛并打进了复赛;难以想象,我参加了学校组织的中国汉字听写大会,并和队员们一起代表水产学院获得了鱼山校区第一名;难以想象,我来到院学生会换届竞选的现场并通过答辩留任部长……一个学期的时间过得飞快,在这个学期里我披上戎装,走马扛枪,为自己的大学生活打下了一片新天地。

在实践中成长,在实践中感悟,我渐渐迷恋上疲惫却充实的实践生活,于是我继续"攻城略地",我获得了从前不敢奢望的国家励志奖学金等四项奖学金和校优秀学生、优秀志愿者等荣誉称号,参加超级演说、参加校运动会、参加OUC-SRDP、参加社会实践、参加志愿服务、作为女主角去表演、做服务员和家教补贴家用、在部长的岗位上干得风生水起,最终我成为水产学院学生会的主席,承载梦想,扬帆起航。

大二下学期的期末和大二升大三的暑假这段时间的实践绝对是我青春不可磨灭的一笔。参加中国海洋大学"青年马克思主义者工程"大学生骨干培训班,从鱼山走向崂山,见识了太多优秀的人,学习了太多优秀的想法。培训班的每一次活动、每一次台上分享,我都积极参与,并不敢奢望把这当成展示,而更多的是当成一次成本极低的锻炼机会,我坚信:要想今后能够在关键期时刻不掉链子,能够在紧张时刻泰然处之,这些是不能跳过的环节。在"海之子"超级演说决赛中,王付欣老师的指导,主办方的丝丝入扣、谨慎之至都让我获益匪浅。选手们之间互相改稿子,提意见,大家都不那么在意结果,却都十分享受过程,享受彼此灵魂深处的碰撞。暑假去日照莒县狮子门口小学支教,宿舍没有卧室与厨房，大家便拼桌子、找垫子，一口插电的锅和简单的食材满足一日的温饱。在那里，我们翻山越岭地去家访，看到屋子里遍地垃圾、连电灯都舍不得点的父母却依旧希望孩子去上学。在那里，我们每天睡不到5个小时，但每当看到早上5点就出门来上课的孩子们，疲倦与困意立刻烟消云散、荡然无存。支教的时间虽然不长，可一天天一幕幕的真情实感都是对视觉的冲击、对心灵的涤荡。结束支教，短暂的几天休息后我便随着中国海洋大学学生干部暑期训练营去往井冈山革命教育基地，清晨的太阳便已炽热，久违的每日升旗仪式仿佛把大家拉回了心无旁骛、只为读书的小学、初中生活。为了最终拿到全国优秀团队奖，为学校争得一份荣誉，大家绞尽脑汁，起早贪黑，只为每一项设计都更加完满。除了基地的安排，大家每晚都聚在一起讨论关于精准扶贫调研的思路，排练最终文艺汇演的节目，头脑风暴的结果不仅是最终如愿以偿的结果，更使大家的革命情谊愈发深厚。

然而，各类实践依旧不能让我找到自己的兴趣点，成绩又在保研边缘，尴尬的局面让我不由得想去工作。学生会主席的工作是忙碌的，偶然一次机会，我加入了崂山一个"学在大学"的创业项目，作为团队里唯一一个鱼山校区成员，担负起了鱼山校区业务的开拓。创业之初，碰壁是在所难免的，尽管理念被客户接受，可却不能满足客户最迫切的需求。场地有限，资源有限，人力有限，我不得不暂时放弃鱼山校区的业务，去和崂山校区的成员一起打磨产品。意料之中，不成熟的创业以失败告终，但毕业之前的一切尝试都是对未来的尝试，努力不一定成功，但放弃一定失败。长时间的实践虽然让我的眼界更加开阔，但不断输出也在不断消耗自己的内核，我知道自己需要充电了，我需要在研究生阶段好好沉淀下来，多阅读，多积累。

2018年3月，我正式确认了学习法律。听网课学习法律知识，申请去市北区人民法院实习，参加夏令营，参加预推免，最终保研到南京大学法学院，几个月的艰难准备最终也算有了个好结果。

对过去三年时光的追忆告一段落，我深知，作为当代大学生要有开阔的眼界，要看向全国，看向全世界。现在的中国正以少年之姿蓬勃发展，而我们青年一代更是国家发展的关键和主力。作为一名新时代的大学生，作为一名靠着他人的帮助与自己的自立自强勇敢地站起来的大学生，我的肩上还有很多责任，不仅是改变自己小家的责任，更有为祖国这个大家奉献自己一分力量的责任。所以，莫从山脚望峰远，莫立山巅怕路急，心高路远，脚踏实地！

扣好我人生的第一粒"扣子"

水产学院　丁一

丁一,女,汉族,1997年7月出生,中共预备党员,水产学院水产养殖学2015级本科学生。曾获校学习优秀一等奖学金、实践奖学金,校优秀学生、团活动积极分子、优秀毕业生等荣誉称号。

在成长的路上,一旦看清目标,我就会一直奔跑,无惧烈阳,无惧荆棘。漫长道路上一步一个脚印地坚持,每一分每一秒地把握,在众声喧哗与万物静默之间,付出总会甘之如饴。

笃定目标,赋以耐力

习近平总书记曾将大学生活比喻为扣"扣子",并告诫我们,人生的"扣子"从一开始就要扣好。大学生活可能不仅仅是一粒"扣子",我想,这第一粒"扣子"应该就是学习吧。优异的学业成绩是一切选择的前提,出国、保研、就业甚至跨专业,每条路上都有不一样的风光,每一条路都极具诱惑。那我就竭尽全力成为一名"学霸"吧,就算不是"学霸",也得离"学霸"越来越近才行。因此,从课前准备、认真听讲到课后复习,每一步我都严格执行,不轻易喊累,毕竟学习是细水长流的活儿,得赋以耐力。但是班里同学实力相当,每当期末考试就如神仙打架,成绩相差无几,所以我一直调整学习方法直到找到最适合自己的。

同时,在学业学习中,我也不会忘记我的伙伴——英语,它从小学二年级陪伴我到现在。对英语的这份浓厚的兴趣,让我坚持并加强对英语的学习,日复一日地积累,就像长跑,我有着学习英语的耐力。可是,学习过程中需要挑战,正如马拉松中不可能每一部分都是呼吸顺畅的几百米。为何不用一次像样的英语考试来证明自己的英语能力呢?自学托福的想法便来到脑中。直到今天,自学托福时遇到的口语方面的困难仍历历在目,每天几乎大部分的时间都在练习口语,从最初的不能组织语言完整回答问题,到最后可以流利地回答所有问题,从模拟考80分,到最终考试拿到92分,这个过程让我更深切地感受到自己的力量,付出总会甘之如饴。大学的生活就像是河流,看清本心,再蜿蜒的路都走得执着无悔。

我想,不谈"扣好",暂且算我扣上了人生第一粒重要的"扣子"。

学以成人,学以担当

大学使我学以成人。思辨、谦逊、奉献、担当,这是学校给我上的最重要的课。可是如若真的想做到这四个词语,我确实一直都在路上。思来想去,承担班长这份责任应该是我学以成人、学以担当道路上的重要一步。扣上这粒"扣子"的动作,缓慢而坚定地进行着。

本着为班级同学服务和让班级越来越好的信念,我开始潜心规划班级建设之路,建立起与以往不同的班委管理制度,让每个班委都参与班级建设,让每位同学在收获的同时也能发挥自己的特长;与此同时,我们班委也仍然注重班级同学未来的规划和引导。独具特色的班级建设确实让班级越来越好,在全体同学的共同努力下,班级先后获得了2017年度中国海洋大学创新项目立项团支部、2016—2017年度中国海洋大学校级先进班集体、2016—2017年度中国海洋大学校级优秀班集体、2017—2018年度中国海洋大学先进班集体、2017—2018年度红旗团支部的荣誉称号。

有人问我,为什么选择当班长,是为了简历的那一行"工作经历"吗?我想说,经历只是一张白纸黑字,所谓的光环远不及内心的富足和成长更重要,从这些宝贵经历中得到的感受,才是历久弥新的,使人回味无穷。但行好事,莫问前程。

确定航向,仗剑天涯

在中国海洋大学生活的三年,是我不断探寻、追寻热爱的三年,也是我确定航向、仗剑天涯的三年。

麦康森院士在一次讲座上说的话令我记忆深刻，他说，从海大和水产走出去，我们就是一名水产人，我们关心的应当是国家水产行业的发展，我们身上肩负一代水产人的使命；不要问国家为我们做了什么，要问我们为国家做了什么。我想我也要做点什么了。

于是，在学习之余，我进入实验室开展科研项目，提升科研素养，为日后的研究工作打下基础。我和其他几个同学一起申请学校的本科生研究发展计划项目（OUC-SRDP）"黄海近岸产卵场夏季鱼卵仔稚鱼群落结构特征研究"。从基础知识的学习、文献的查阅和前沿的追踪，到选定课题，进一步通过实验论证想法的可行性，最终得到成果，知识积累时的磕磕碰碰，实验中的反反复复，让我深深地体会到科研的不易。记得挑取鱼卵的时间长达几个星期，每出海一次就要取样挑选一次鱼卵，看似简单的工作却为最终的实验结果提供了巨大的数据基础。这样的经历让我深刻地感受到科研的魅力，所谓探索，即是脚踏实地的理想主义：既有高远的理想和最终的目标，同时又要把事情脚踏实地地做出来，结果定会给你惊喜。

三年前高考志愿填报，我选择了中国海洋大学和水产养殖学；三年后保送研究生的又一次选择，我依旧坚定最初的理想。大学不仅赋予了我对专业知识浓厚的兴趣以及对未知问题探索的欲望，更是给予了我最宝贵的财富——学会思考。我应该是要在水产的江湖里仗剑天涯了吧！

这第三粒"扣子"就这样扣在了以后的人生里。

奔跑，去看不一样的风景

清晨，是生机勃勃；日暮，是收获满满。不管有多忙多累，我每天都会去操场跑步，释放一天学习和工作后心灵的疲惫，脚步声和呼吸声一下一下地均匀地把我带进自己的世界，让我倾听自己的初心，认识最简单的自己。

对运动的热爱，让我成为水产学院学生会体育部的一员。进入体育部，是源自热爱，更是希望能有更多的人热爱体育。身为水产学院学生会的体育部副部长，我和部里成员一同举办趣味运动会、晨风运动会、"迎新杯"篮球赛，参与学生干部素质拓展，为的是让更多的人发现运动的美好，然后爱上运动。这份对运动的热爱，或许让我对生活更积极向上。

不过学习和班级工作的双重压力并没有让我只想待在宿舍的床上放松自己,反而更想充实自己、继续提高自己。2017年10月,青岛市马拉松赛举办,热爱跑步的我成为志愿者,为运动员们加油助威,虽然最后嗓子有些嘶哑疲惫,但是看到运动员们听到加油声时的开心笑脸,疲惫感就消失全无了;我的加油声终于也成了某个人前进路上最好的鼓励,我很开心。于是,志愿活动成为我人生另一道"风景":青岛上合峰会志愿服务活动,APEC海洋渔业持续发展培训研讨班外宾组志愿者,我在体会到志愿者的不易的同时,收获了奉献的幸福。

《告别天堂》是我很喜欢的一本青春小说,内容通俗易懂。故事的内容就像书名一样——"告别天堂":每个人都要从温暖的"天堂"走出来,去人间尝尝艰难困苦,练得一身本领,不枉此生。四年时光里,无数的选择、无数的时刻需要我们勇敢;四年成果的体现,不仅需要我们一往无前的冲劲儿,更需要我们深思熟虑后前进。在这个过程中,我们将收获友谊,收获能力,收获决心,也收获希望。懂得了这些,又何尝不是扣上了人生的又一粒"扣子"?

在未来,我会不断重启旅途,等梦想绽放,扣好人生的每一粒"扣子"。

与命运共舞

水产学院　高炜烨

高炜烨,男,汉族,1998年1月出生,水产学院海洋资源与环境专业2015级本科学生。曾获国家励志奖学金、校学习优秀一等奖学金、校科技创新奖学金、2018年度中国海洋大学第六届创业精英大赛一等奖、2018年"创青春"·海尔山东省大学生创业大赛银奖等。

一个人如何把握自己的命运,比他的命运如何更加重要。

——德国科学家、思想家亚历山大·冯·洪堡

我的命运跟其他人有一点不同。

它是院外虎视眈眈的一匹狼,要么正在袭击我,要么在袭击我的路上。

开幕

这是一匹狡猾的狼,狡猾到让我咬牙切齿。它知道我最看重家庭,所以它不断为难我的家人。先是父亲遭遇车祸、丧失劳动能力,后是家中的长辈疾病缠身、难以治愈。我步入大学,家乡远在千里之外,更是给它提供了许多动手的便利;倘若灾厄一旦来临,我也只能眼睁睁地看着。铃声成了引线,手机成了炸弹,一旦引爆,就是铺天盖地的烦恼和焦虑。

这样的日子要何时才能结束?每次惨遭荼毒的时候,我只能屈服。如何向命运屈服?很简单,就是除了安慰自己,什么也不做。

然而,忘记了痛苦,并不代表痛苦不存在。何况命运对于软弱的人,是要加

倍欺负的。

直到有一天。

起舞

零点。体温39℃。

钟表上的数字冷冰冰的,体温表上的数字更是充盈着恶意。

此刻,我躺在医院的病房中,一场严重的肺炎蛮横地把我拖了进来。我看着生命以花样百出的形式被疾病所禁锢、束缚和戕害,不禁庆幸自己只是得了个小小的肺炎。此时,我的思绪被阵阵抽泣打断。

那是一对夫妇。晚上八点半左右他们还帮我拿过吊瓶,现在,丈夫已经停止了呼吸,妻子在一旁悄然哭泣,满含无奈的目光中,丈夫的人生已缓缓落幕。看吧,人的死宛若石头投入水中,一下就没入了漫无边际的黑暗。

毛骨悚然。

"该不会是轮到我了?"一个不切实际的念头飞快地飘过我的脑海,还好理智没有缺席太久,我马上反应过来:怎么可能?这个念头简直太荒谬了。

忽然,我明白:当命运觉得你十分软弱时,它将抹消你存在的权利,最可怕的是,在长时间屈服和无所作为之后,你会觉得被抹去这件事是十分合情合理的,自然也就丧失了生活的勇气,这才是我的症结所在。

为什么要屈服?我应该主宰它。这个想法,犹如暗夜中一根燃烧着的火柴发出的光,短促,微弱,但是能让人看到希望。

这火光很快点燃了我的生命,躺在病床上的时候我就在想:我可以把命运带来的磨难看成不幸,但我也可以把它当成一种考验!先贤有云:故天将降大任于斯人也,必先苦其心志,劳其筋骨,饿其体肤,空乏其身,行拂乱其所为,所以动心忍性,曾益其所不能。

言必行,行必果,我出院后立即投身学习当中,然而2015学年家中情形每况愈下,焦虑占去一大半心思,我几乎无心学习,自然被期末考试打得满地找牙,看到成绩单时仿佛又听见了命运刺耳的奸笑。

从哪里跌倒就从哪里爬起来,从新学期开始,我要笑傲人生!平时上课,我赌咒似的坐在第一排,与睡觉和神游彻底再见;课堂展示不再敷衍,提前写好稿子对着镜子、掐着秒表练习;课后作业必查文献;复习全面升级,提前进行,扩大范围,秣马厉兵,剑指期末考试!

考场上,看着被我写得满满当当的卷子,我心中有一种说不出的欣喜。能否成功掌控命运,原本在我心中是一个不小的问号;现在截然不同,问号彻底化为感叹号:我能行!这次不是命运追我,是我追命运,我健步如飞,追上了我的命运。

好戏开场了。

佳境

2016秋季学期期末会战结束,成绩单上一个又一个闪亮的分数,就是我对命运的逗弄和挑衅。我的主动出击显然在它的意料之外,它眯起了眼睛,睥睨着我,露出了一副不屑的神情。这反倒使我嘴角上扬:没想到,你也会有今天!

它一咬牙:"咱们走着瞧!"

我并没有让它等待太久,寒假时我就早早地借来课本开始预习。因为我知道,想要战胜这匹狼,一是早做准备,二是踏实勤奋,三是永不言弃。2017春季学期伊始,我马上进入战备状态。三春花事好,为学须及早!

这匹狼也不甘示弱,趁着展示和课后作业花样翻新的机会,经常打我个措手不及。时间安排大规模撞车,我分身乏术,只好拿出压缩休息时间、整合零散时间的法宝。双方相持不下,战线一再地被拉长。

即使时间如此紧迫,我依然能顶住巨大压力完成每一项任务。每堂水环境化学实验课,我都严格按照操作规范来,内容详尽的实验报告和精准的数据,就是我讨伐命运的檄文,凛然一字不可删。学期末水生生物学的展示,被我做成了"战前动员大会",激情澎湃,一往无前!那次期末考试,从着装打扮到自信入场,我都肆无忌惮地炫耀着我的决心和毅力。

2017秋季学期,那匹不甘心的狼又磨刀霍霍,卷土重来了:我们小组的本科生研究发展计划项目出现了许多问题,濒临停滞。兵来将挡,水来土掩,发现问题后我的大脑开始高速运转:如果按照既定方案继续开展研究,将会遇到很多我们都没有办法解决或绕开的困难,所以只能调整研究方向。我再运用逆向思维分析:什么是最好的方向?现成的题目就摆在这里——一切的问题都出在动物质量低身上,那么我们能不能控制动物的生长环境,保证优质动物能够满足实验室的需求?如此一来,项目的主题就由发育生物学观察实验摇身一变,成为水生动物养殖装置设计。有了新的方向,一切便拨云见日,焕然一新。不到一个月,我们自主设计制作的装置开足马力运作,一切困难烟消云散,在循环水系统的轰鸣声中,那匹狼夹着尾巴不知道跑到哪里去了。

胜利在望。

曲终

这个"曲终"不是说我与命运的纠葛到此为止。我心里明白,只要我还活着,斗争就不会结束,目前为止的一切成就都仅仅是阶段性胜利,路还很长。但是到这里,我的故事应当告一段落了。一直以来我都在思考,世事变幻莫测,人生风雨无常,我们应当以怎样的信念去面对、去克服、去战胜呢?我想得出一个答案。

2018年春,我坐在图书馆内翻着一本关于地理学史的书。学习之余,我喜欢抽出时间看科学家的传记,我喜欢看只存在于书本中的伟人们有血有肉地站在我面前现身说法,我喜欢同他们一道温习一个人面对命运时的自卑、怯弱、决绝、坚毅、果断和希望。

在偶然翻到的一页上,我看到了那个答案:

一个人如何把握自己的命运,比他的命运如何更加重要。

我掩卷三思,颔首微笑。

窗外是无限明媚的春光。

在迷茫中奋进

水产学院　苗钰奇

苗钰奇,女,汉族,1997年3月出生,水产学院海洋渔业科学与技术专业2015级本科学生。曾获国家奖学金、校学习优秀一等奖学金、科技创新奖学金、社会实践奖学金,青岛市高校英文演讲比赛冠军、美国大学生数学建模竞赛二等奖、Datacastle大数据竞赛二等奖,山东省优秀学生、校优秀学生、优秀学生干部等荣誉称号。

我来自山东,从小学、初中到高中到大学,我一直沿着一条目标明确的道路求学,直到高考。大学像是带我来到了一个全新世界的入口,眼前是一扇扇等待开启的门,我站在起点,不知如何启程。

学之于海,寻找方向

大学打开的第一扇门,是求学之门。小时跟随姥爷出过海的我,带着对海洋的浓厚兴趣来到海大,然而,当我真正打开大学课本、真正走进课堂之后,却如盲人摸象般无从下手。但我依旧带着满满的求知欲,带着不忘初心的勤奋,尝试接触这个偌大的专业中的方方面面。大学期间,我认真对待所有的专业课、实验和实习,连续两年平均学分绩超过90分,位列专业第一名。扎实的专业基础知识带我攀上了一层更加开阔的平台,让我逐渐了解了渔业科学与技术的发展方向和研究需求,在一门专业课上,我找到了大学的第一个兴趣点——休闲渔业,这种天人合一的娱乐方式让我眼前一亮,我像一颗久旱逢甘露的小苗儿,迫不及待地开始了汲取和探索。我组队开展关于"休闲生态渔业品牌研究"寒假社会调查项目,并以此为题组队参加了中国海洋大学本科生研究发展计划(OUC-SRDP),对休闲渔业的现状和品牌发展进行了详细统计和初步研究,通过调研我发现,休闲渔业的发展水平两极差异巨大,整个行业缺少资源、信息和数据的共享,这便激发了我进一步探索的兴趣。我组队创建了"渔趣OUC"公众号平台,致力于实现正规安全地宣传各类休闲渔业商家、搭建大型企业的投资平台、为大众科普海洋渔业知识等功能,并因此成功申请立项国家级大学生创业训练项目,目前渔趣已实现初步盈利。

大二下学期,随着休闲渔业的研究和专业课学习的进一步加深,我接触到了统计,在渔业资源评估的课上,我第一次通过统计方法来处理渔业数据,并选修了多门数学、计算机课程,全方位系统地接触统计,越深入越对这个从数据中提取信息的学科着迷。彼时,我站在了一个选择的交叉路口,我热爱渔业这个丰富多彩的交叉学科,却更希望专心投入到统计的学习之中。面对是否应该调整专业的问题,我又一次充满迷茫,带着迷茫启程,我继续在专业知识上稳扎稳打,并全力拼搏,为统计学习开拓了新的天地。通过参加美国大学生数学建模比赛、Datacastle大数据竞赛和武汉大学医学遗传系的机器学习项目,我在学习的过程中不断实践,最终确定了生物统计这一求学方向,并获得了哥伦比亚大学生物统计专业的研究生录取通知书。大学四年的求学之路上,我秉承了最初的信念,拼搏奋进,不曾浪费片刻。我相信,迷茫从来不是停止前行的理由,只有向前走,才能走出迷雾,看到未来的曙光。

行之于海,全面发展

大学打开的第二扇门,是自我提升之门。在大学里,各种机会、各类平台如百花齐放,面临眼前乱花渐欲迷人眼的选择,我充满了迷茫。然而我依旧没有停下脚步,我积极参加各类活动和比赛,抓住一切机会提升能力。我首先投身于热爱的演讲活动,参加了校级中英文演讲比赛十余次,一次次的磨砺让我充满自信,获得青岛市高校英文演讲比赛的冠军。同时我下决心击破我的"软肋",努力锻炼身体,坚持每天长跑5千米,参加了学院的田径队,在汗水中磨砺心智。我更希望在活动中开拓人脉,提高交往技巧。我积极参加各类社会实践活动,入选暑期赴深圳社会实践团,参加实践调研活动;参加东亚海洋合作论坛,了解最前沿的学科动态;代表学校赴清华大学参与苏世民项目座谈会,与中外精英交流等。面对无数的想法,我从未纠结于如何做出最优选择,而是充满干劲儿地投入,在忙碌而丰富的活动中一点点地提高自己的能力。每次比赛都要经过无数次的练习和矫正,每次演讲都要经历彻夜的修改、背诵和彩排。但我相信,天道酬勤。每一次精心准备、放手一搏、站在讲台上的我,便是最耀眼、最明亮的"希望之星"。

践之于海,汇于百川

大学打开的第三扇门,是实践之门。在开学之初的班委竞选上,我成功获选班长一职,老师和同学的信任给了我极大的鼓舞。这是我第一次担任班长,眼前工作繁杂细致得令我手足无措,我充满了迷茫,然而,我依旧带着满腔的热情,尽全力用实际行动回报集体,为班级赢得荣誉。作为班长,自入学以来,正班风、扬学风便是我义不容辞的责任,也是全班同学的共识和追求。三年里,我带领班委组、"学霸"团和班刊组共组织策划了近40次班级活动,在班级学风建设、班级凝聚力建设等方面取得了很大的进步;作为团支部副书记,与团支书共同策划"海洋青年说"团支部创新项目,经过一年的培育和完善,最终获得了"校级十佳团支部特色活动"称号。经过不懈的努力,2015海渔班获得院级先进班集体和先进团支部的称号。班长这一工作让我重新认识了自己,更让我在一次次的集体活动组织和建设中建立了自信,我鼓起勇气竞选了水产学院学生会实践部的副部长,我与商家完成多次洽谈,为学院拉到合计近万元的赞助和物资,并积极组织和筹办学院大学生职业生涯规划大赛等各项活动。我竞选了2017级海洋渔业科学与技术班的班级助理,在新生入学之初,我便全身心投入工作,带新生走进校园、认识校园,协助新生班主任组织第一次班会、熟悉宿舍生活。在一次次的宿舍访问中,我感受到了新生们的活力和干劲儿,更惊喜地看到了他们对渔业科学与技术的信心和热爱。这也进一步激励着我,在海洋渔业的道路上拼搏前行。此外,我还担任了上合峰会志愿者和院团委委员,竭力在岗位上恪尽职守,贡献自己的力量。以滴水之力促百川之涌,与千万滴水汇一片汪洋。

大学的美好之处在于容错,每个人都有无数次尝试的机会,更有无数个重新开始的起点。从初入大学时的迷茫,到如今找到奋斗之方向,在本专业收获的成长和历练,让我充满感激。感谢勤奋,感谢自律,更感谢海大和学院的悉心培养。海阔凭鱼跃,天高任鸟飞,我将肩负起为国争光、谋海济国的使命,不忘初心,砥砺前行,拼搏奋进,扬帆远航!

我的青春我奋斗

水产学院 徐杨冰

徐杨冰,男,汉族,1997年7月出生,中共党员,水产学院水产养殖学专业2015级本科学生。曾获国家奖学金、校学习优秀一等奖学金,校优秀学生标兵、优秀青年志愿者、优秀学生等荣誉称号。

习近平主席曾在同各界优秀青年代表座谈时说过,人的一生只有一次青春。现在,青春是用来奋斗的;将来,青春是用来回忆的。我的大学时光,正是青春的黄金时期。来到青岛,我时常漫步海边,思考着青春的意义与价值。看着海潮有力地拍打着海岸、从未停歇,我的脑海中渐渐形成了答案:青春正是用来奋斗的。

奋斗,蜕变自己

2015年,我进入了中国海洋大学水产养殖学专业,开始了大学生活。然而,我进校的姿态有些"踉跄"——踩着浙江省的录取分数线才进来的。虽然踉跄,但这便是我与海大的缘分。进校后,我有些担心:其他同学的水平都比我高,我会不会跟不上大家的学习步伐?这些担心自开学以来一直萦绕在我的脑海里。俗话说,笨鸟先飞,虽然我在起点上有些落后,但我会加倍努力。于是,起早贪黑成了我的家常便饭,教室、图书馆成了我的第二个家。为了把一本本厚厚的书籍中黑压压的文字转变为知识和思考,我督促着自己坚持早起,认真听课,提早完成作业。一页页笔记,一张张计划表,多得也许只有时光还记得。后来,这些付出转化为了可喜的进步——成绩位列专业第二;此后,我通过继续努力站稳了年级第一的位置。现在,荣获校优秀学生标兵荣誉称号,这是曾经的自己从未想过的事情。

奋斗,改变集体

当取得很大进步时,我并没有满足,我想,班级能否和我并驾齐驱?在大一时,我担任班级的副班长,为同学兢兢业业地服务并享受着服务中的快乐。在工作之余,我注意到班里同学在学习上存在许多问题:有一些同学忙于社团活动,无暇学习;也有些同学没有找到正确的学习方法,对专业知识理解困难;还有些同学对所在专业缺少兴趣和热情。我心想:能不能用我进步的经验去帮助其他同学?于是,我辞去了副班长的职务,全身心地做起了学习委员。为了带动学习氛围,我创建了班级学习交流群,将自己能找到的资料都分享给大家;后来又着手组建了学习帮扶小组,担任学习小组组长。为了大家的进步,我着实想了许多的方法:制作练习卷,整理学习笔记,"一对一"约自习,甚至还通过问卷星来开展班级专业知识周周测。在三年里,我总共为同学们整理了超过20万字的电子资料,分享了200余份学习文件。虽然会耽误一些时间,但是这些辛勤的付出是值得的。后来,班级同学课程总通过率从大一时的94.3%上升到了大二的98.9%;甚至,原本留级的5名同学中有4人赶上了步伐,预计仍能如期毕业;在我所带的学习帮扶小组中,原本成绩在中下游的4名同学在之后两年里都获得了学习奖学金。也许,一个人在进步的同时能带动他人和集体更加优秀,这才是进步真正的含义吧。

奋斗,奉献社会

我的父母从小就教育我,要做一个正直、有社会责任感的人,他们的教诲一直深深影响着我。在大学中,我也懂得如何通过自己的努力,奉献社会。

在校园里,我看到一些角落散布着随手乱扔的垃圾,这场景刺痛了我的心:大学生素质怎么会如此低!为此,在2016年,我与几个志同道合的同学组建了"志清"志愿服务队。我们拿起扫把,义务为校园清扫垃圾。队伍初建时,在人力和物力方面都很匮乏。经过不懈努力,我们的身影已经深入校园的各个角落:消灭了卫生死角,清扫了八关山,清除了小广告,添置了垃圾桶,还设计了保护校园卫生的宣传标语……我们的行动让校园环境有了美丽的转变,为越来越多的人所称赞。

我了解到许多优秀的非物质文化遗产濒临消失。于是,我又发起了关于灶头画这项国家级非物质文化遗产的社会调查活动。这一支只有4人的队伍,几乎花了整个寒假的时间,奔走在农村,发现了非遗保护存在的多方面问题。为这些问题我们继续探索,这一次,我们全面走访政府、企业、市民、传承人,从各个方面来探究灶画保护传承的方法。我们从调查中看到了传播的重要性,促使我们成立了一支志愿服务队,创建了"美丽非遗"公众号,创新性地将互联网与非物质文化遗产结合起来,来向人们普及非遗文化。我们的行动受到了老师和社会各界的支持和肯定,还取得两次"校优秀团队"和一次"省级优秀服务队"的荣誉。

绿水青山,蓝天白云,自己也要为保护环境承担起一份责任。一次偶然的机会,我接触到了"根与芽",这是一个由珍·古道尔创立的国际性公益组织,鼓励世界各地的年轻人行动起来,保护地球。我和团队一起深入湿地,就如同珍·古道尔深入非洲雨林那样,对湿地内的物种和生态环境进行认真调查。我们将调查成果绘制了特色的湿地地图,向人们展示出湿地的美丽,并由此获评为"年度最佳小组"。另外,我也加入了世界自然基金会"可持续海鲜周"活动行列。我利用所学的专业知识向消费者普及海洋渔业资源的现状,并鼓励他们选择具有MSC认证的海产品。这些志愿活动往往需要连续几天从早忙到晚,但是这些努力却可以引起许多市民尤其是孩子的响应,从而唤起我们保护地球环境的意识。

两年来,我曾投身许多志愿服务活动中,小到社区义务家教,大到世界自然基金会志愿者。通过这些志愿服务,我不断提升自己的社会责任感,诠释一个青年的社会价值。因此,2017年5月,我被授予杰出青年志愿者荣誉称号。这个称号给了我更大的使命感,督促我不断去为社会做更多的贡献,成为一个有作为的青年。

奋斗,影响世界

随着专业知识的积累和眼界的开拓,我已经看到了未来更远大的使命。在"藻类与藻类栽培"课程中,宫庆礼老师曾向我们描述了海边看到的夜光藻发光的现象。我瞬间被这种神奇的生物吸引住了,出于对微藻产生的浓厚兴趣,我自学了 Robert Lee 教授所著的 *Phycology*，深受书中内容的启发，惊叹于几微米的微藻居然在整个地球环境中发挥着巨大的作用，也因此立志从事与海洋微藻相关的科学研究。

当我兴致勃勃地准备进入实验室开始有关微藻的科学研究时，一系列的挫折突然降临到了我的身上。2017年7月，我的右手不慎骨折；同年11月，我的左膝盖韧带又意外断裂；2018年2月，我不得不进行韧带修复手术，在病床上躺了一个月。疾病没有把我打倒，反而激发了我艰苦奋斗的精神。2017年暑假，我右手绑着石膏来到厦门大学近海海洋环境国家重点实验室，忍受着用骨折的右手操作移液枪时严重的刺痛感，在老师的指导下学会了基本的实验操作和技能；与此同时，我把握一切机会，参加了多场学术讲座，了解到了更多关于微藻研究的前沿动态，也通过自己的刻苦钻研和实践，将所参与的海洋酸化对聚球藻生长、光合作用以及磷吸收相关酶的影响相关实验的成果制作成英文海报展出。2018年3月，刚离开病床的我，就挂着拐杖继续奔波于实验室中。我在中国科学院海洋研究所开始了一项需要通过毒理学实验和化感实验对一种新发现的亚历山大藻的毒素性质进行分析的独立研究项目。经过两个月的努力，实验数据和结果并不理想，我通过阅读大量文献和讨论分析各种可能的原因，勇敢地推翻了两个月以来的全部数据，对之前的实验方案做出了细致和大幅度的修改和优化，为此，我曾10天睡在实验室地板上，也曾在3天里工作了55个小时。这些不懈的努力见证了一篇英文论文的诞生，正投往国际著名期刊 *Harmful Algae* 上。

2018年暑假，我跟随学校团队，远赴新西兰进行海洋环境的调研项目。我走访了新西兰的大学，调研了新西兰北岛的海洋自然保护区和海岸线。在那里，新西兰人对保护海洋环境的重视程度给我留下了深刻的印象，尤其是我们面对从小学一年级到大学生不同层面的年轻人开展的有针对性的海洋保护教育。这对我确定未来的研究方向有了新的启发，因为我看到，与研究前沿同等重要的是普及大众。

经过大学四年的不断摸索和成长，我逐渐对自己的人生目标有了更加清楚的认识：我希望未来的我可以从事微藻与海洋环境的研究工作，同时从中寻找解决环境问题的方法，并努力将这些前沿的科学问题普及大众，来创造一个更加美好的家园。"士不可以不弘毅，任重而道远"，青春当下路漫漫，我会为此而不懈奋斗。

博观而约取,厚积而薄发

食品科学与工程学院　李小双

李小双,女,蒙古族,1995年9月出生,食品科学与工程学院食品科学与工程专业2014级本科学生。曾获国家奖学金、獐子岛百佳优秀学生奖学金、校学习优秀一等奖学金、校学习优秀二等奖学金、校社会实践奖学金,山东省优秀毕业生、校优秀学生干部、优秀学生、优秀团员、优秀毕业生荣誉称号。

我在这里想和大家分享的不是所谓的"耀眼"经历,而是一个平凡的学生通过一点一滴的奋斗最终找到自己发展道路的过程与感悟。大学里,我也曾迷茫失意,但值得庆幸的是,这算不上一帆风顺的大学生活让我想明白了两个问题:一是,永远不要因与别人差距太大而放弃努力;二是,要找到自己真正喜欢的东西并持之以恒地做下去,只要肯努力总会有所收获。希望我的故事能使大家有一点启发或者共鸣。

不知所措的李小慌

报考中国海洋大学,报考食品科学与工程专业是我经历的最美丽的意外。四年前初入海大校园的时候,我所能感受到的除了能在这所一流学府学习深造的兴奋外,更多的是由于对专业不了解而产生的动摇。当听到周围有同学决定转专业的消息后,我既迷茫又困惑。

害怕什么就去挑战什么,不明白什么就去弄清楚什么,因此迷惘的状态并没有困扰我太久。在咨询了学长学姐并且认真查找资料后,我对食品专业有了更清晰的认识,并产生了浓厚的兴趣。随后我发现,很多高校都开设了食品经济学这一专业,这让我认识到社会对复合型人才有着迫切的需求。于是,我决定在学习食品科学与工程专业的同时,利用周末时间学习ACCA(国际注册会计师)。无论今后选择从事食品专业的科学研究还是在生产一线工作,或是创立食品企业,经济学的知识以及商业头脑都是必不可少的。

现在回想那时慌张的自己和那段艰难的抉择时光,我不能保证自己做的每一个决定都是正确的,但是我从没有后悔过,反而是受益无穷。也希望每一个人都能认认真真做好每一个抉择,认清未来的方向,做出最适合自己的决定。

勤能补拙的李坚毅

刚刚进入大学,我就放弃了周末的休息时间去学习第二个专业,压力与辛苦可想而知。高数课上,我竭尽全力也很难理解那玄奥的公式与概念,而周围的"学霸"同学早已轻松领会,转向学习更深的内容了。英语课上,总是基础好的同学操着流利的口语与外教谈笑风生,我在后排默默羡慕。我比其他人要学习的东西多一倍,时间却少一半,这让我非常着急。

"千磨万击还坚劲,任尔东西南北风。"我并没有被这种挫折感困扰太久。骨子里那种不甘人后的"倔劲儿"促使我一步步前行,努力缩小与"优秀"之间的差距。高数课程内容多、难度大,我不放过每一道课后练习题,反复练习。英语词汇少、底子差,我就从最简单的慢速听力练起,从基础的四级词汇书开始背起,每天坚持。周末去另外一个校区上课,我便坐在车上学习。因为每天争分夺秒地过着起晚睡早起的日子,我的舍友便亲切地叫我"李坚毅"。

最痛苦的时候,往往也是成长最快的时候。周围人越优秀,自己与"学霸"的差距越大,我就越努力地提升自己。我认为,无论做什么事,无论到什么时候,都要全力以赴。踏踏实实地做事,一步步走好脚下的路,这就是成功。在大学学习的前两年里,我在保持班级第一名的同时通过了ACCA8门考试,第三年成绩也同样名列前茅。学习生活的艰苦是真实的,但当自己学到新的知识的时候,满满的充实感也是真实的,更是有成就感。

全面提升的李秘书长

大学里,学习成绩不再是唯一的目标,要全面提升,要找到自己感兴趣的,不断尝试,不断分析,树立真正适合自己的目标。

我参加了 OUC-SRDP 实验项目、暑期"三下乡"实践活动、校"挑战杯"科技学术竞赛等活动,不断地与时间赛跑。在向自己挑战的同时,我也没有放弃丰富多彩的校园生活。大一的我活跃在班级、校学生会和院学生会以及鱼山阳光使者团,个人综合能力得到很大程度的提升。因为态度认真,工作踏实,更是因为怀有满满的热忱,我成为院学生会的秘书长。

从担任生活委员到学习委员,再到团支书,每一个职位上我都会尽心尽力,乐在其中。我主动在各个方面帮助同学,获得了同学的支持与信任。所以,在第一学期被同学推举发展成为党课学员时,我特别感动。在之后的日子里,班级同学给予我越来越多的支持与信任,这种被认可的感觉真的很棒!

在学生会工作的三年里,我甚至能够清晰地记起在学生会犯的每一个错误,受到的每一次肯定。自己在学生会的付出是有限的,但学生会给予自己的是无限的。在学生会认识了一直帮助并给予我无限力量的学长和学姐,认识了一群最可爱的小伙伴们,同时,也得到了很大程度上的锻炼。

敢想敢拼的李斗士

大学第三年刚刚来到,我又发现了新的问题。并不是说学习成绩优秀,社团领导得好,就能和别人站在一条起跑线上,更大的差距在于眼界和视野。当你在考虑怎么快速跑向起点时,可能别人却已经在思考如何选择一个顺风的方向以便飞得更远了。

所以我将视野扩展到校园外,在大三的寒假申请普华永道北京会计师事务所的实习机会,最终我通过层层选拔得以前往。在实习中,我虚心学习、勤恳工作的态度和出色的工作成果获得了实习单位人员的高度评价,所以实习几个月以后,我又通过了最后的面试,收到普华永道 2018 届毕业生全职 Offer。实习给予了我一个更高的平台,结识了更多志同道合的朋友,也能够接触到更多与经济相关的消息。在这个平台上,我突然发现了自己真正的兴趣点——金融。因此,我决定在研究生阶段系统地学习金融知识,毅然放弃了已经唾手可得的工作岗位。

理工科、偏农学的食品专业的学生选择去读金融的研究生,这必然是一条鲜有人走过的艰难的路。我为了顶住父母的劝阻,顶住外界的质疑,不断与他们沟通,让他们相信我,而我又何尝不是反复质疑自己。那段时间,我整天沉浸在解释和说服当中,嘴边因此上火起了很多水泡。我没有学长学姐的经验可以借鉴,不知道自己的目标院校都有哪些,但为了兴趣和学业,只能选择一边恶补金融知识,一边海量申请多所高校的夏令营。都说保研是场信息战,一所所学校招生信息的浏览经常就要花去一天的时间。我用 Excel 整理信息,往往是刚刚整理好一些学校的具体要求,开始着手准备材料时,就发现其中一些学校已经过了申请的截止日期。

最终,18 所学校夏令营资料的精心投递,5 所学校的入营 Offer 的收获,四次夏令营的认真参与,20 天在外的奔波努力,我被预录取为南京大学金融硕士。回想起来,因为自己没有信心,而没有申报更高水平的学府;因为复习准备不足,导致了自己在中国人民大学商学院夏令营笔试中的失败;因为一时胆怯没有站出来竞选夏令营干部,从而导致自己与中国人民大学发展学院失之交臂。保研之路留下很多遗憾,但是我已经很幸运、很知足了,感谢当时那个敢想敢拼的自己!

有人曾问我,成功跨专业保送研究生对我有什么影响?我想这仿佛是现实版的"打怪升级",打下了这个 boss,注定还有下一个,转专业保研对我来说就是开启了新一轮的征途。

我一定会秉承海大人的优良传统,将科研中的刻苦和创新精神带到接下来的学习和生活中。自迩而远,自卑而高,面对未来千千万万条路,我永远会选择最有意义的路,领略难寻的风景,实现最美的初衷!

沉潜之心，静待绽放

食品科学与工程学院　陈艳菊

陈艳菊，女，汉族，1998年9月出生，中共预备党员，食品科学与工程学院食品科学与工程专业2015级本科学生。曾获校学习优秀一等奖学金、国家奖学金、社会实践奖学金，国际遗传工程机器竞赛（iGEM, International Genetically Engineered Machine Competition）世界赛区金奖、高阶功能项目单项奖、最佳基础元件提名奖以及食品加工与创意大赛三等奖、"超级演说暨五四演讲"三等奖，校优秀学生、大学生暑假"三下乡"社会实践活动优秀实践个人、优秀学生记者、优秀毕业生荣誉称号。

持之以恒，脚踏实地。我愿自己如一枝生长在墙角的花，用大学的时光吸取养分，静待花开，将沁人的香气散播给每个人，让世界充满芬芳。

青葱岁月　无悔奉献

"一滴水只有放进大海里才永远不会干涸，一个人只有当他把自己和集体事业融合在一起的时候才能最有力量。"在团队中成长，在集体中奉献。大学入学，我便积极融入集体，希望能够在集体中奉献自己的力量。作为团队的一员，应该努力为团队付出而非索取。怀揣着对新闻宣传的热忱，大一上学期，我便报名参加了校观海听涛学生记者团。观海听涛作为学校官方记者团，是一个考核极为严格的社团，只有通过了严格的实习期考核，才能成为记者站的正式站员。"迎新杯"篮球赛、"迎新杯"足球赛、辩论赛、迎新晚会……校园里发生的点滴都需要实习记者去记录和报道。新闻活动的实效性、严谨性非常重要，很多活动常常在中午12点多举行,这意味着上完上午的课,我需要立刻赶去活动现场,因此常常吃不上午饭。平衡繁重的课程压力和实习记者的重担常常使我力不从心。一个多月的实习期内,我需要掌握摄影、报道、网络编辑等技能,熬夜到凌晨是常有的事情。

原以为成为正式记者后生活节奏会慢下来,但考验才刚刚开始。我主要负责中国海洋大学官方微信、官方微博的运营和管理,微博和微信推送需要每日更新,内容还需要兼顾崂山和鱼山两个校区。作为鱼山新媒体负责人,我一个人挑起了所有的重担,在电脑前工作到凌晨两三点直到第二天的文案编辑好才能放心睡去。由于宿舍晚上11点断电,借用舍友的电脑也成了家常便饭,"一人观海,宿舍观海",舍友们常这样说笑着。"为什么要这么拼?为什么要这么累?"我也常常问自己。"笔尖彰显慎思,镜头记录真实",作为官方记者团,我代表的是学校形象,所以每一次文案,都要力求完美,在运营官方微信的两年里,我始终以最高标准要求自己,尽自己所能奉献力量。

努力总会有回报,我在任期间,曾多次为官微创造了单条推送超过10万阅读量的纪录。在我和其他成员的共同努力下,中国海洋大学官方微信获得教育部中国大学生在线"微信十佳团队"、中国海洋大学网络通讯站获得教育部中国大学生在线"十佳校园网络通讯站"等荣誉,并且创办了中国海洋大学QQ公众号,获得2017年度优秀校园号。我也作为优秀学生记者代表赴浙江大学参加全国高校新媒体交流会、赴中国石油大学参加网络通讯站交流活动。记者团里承载了我太多的汗水与泪水。我也尽自己所能在班集体中发挥自己的宣传才干。大三期间,我申请担任班级宣传委员,运营班级公众号"卓越小食馆",记录班级点滴,弘扬班级文化。

砥砺前行 化茧成蝶

在投身集体活动的同时,我也不忘自己的学习科研。我深知仅仅学习理论知识是不够的,我还必须投身实践,学以致用。大二上学期,我带队参加中国海洋大学本科生研究发展计划(OUC-SRDP)项目"苦瓜皂苷的分离纯化及其稳定性研究",从前期查阅文献到后期整理数据、分析结果,这个过程中经历了无数次错误和失败,一次又一次的小组会议,请教导师,一次又一次地重复实验。临近项目结题的最后一个月,在更换提取皂苷方法后,我终于成功提取出皂苷并且完成了稳定性试验。在这个过程中,我体验到了科研的艰辛,也爱上了探索

与发现的感觉。

基于OUC-SRDP项目的基础,我又带领小组成员参加食品加工与创意大赛,利用苦瓜和柚子为原料,研制出一款"苦瓜柚汁混合果蔬汁饮品"并且获得了大赛三等奖。

大学里有无限的可能、有无数的选择,生活中从不缺乏挑战者。大三学年我参加了国际遗传工程机器竞赛(iGEM, International Genetically Engineered Machine Competition),成为团队的副队长。生命科学与食品科学和工程的交叉融合让我更好地在团队中发挥自己的优势,但阅读大量生命科学类文献、恶补基础知识也花费了我大量的精力。大三这一年我几乎没有休息日,每天早上8点开始阅读论文、实验操作、整理材料,晚上10点回去休息,一年的时间内我的英文文献阅读能力、动手操作能力、分析问题、解决问题的能力都得到了巨大的提升。

iGEM为我打开了生命科学的大门,也让我体验到了一群人为了同一个目标共同奋斗的快乐,从中收获的东西远远超过这个比赛本身,更重要的是克服一切困难的决心和毅力。在项目确立之初,团队需要一株缺陷型菌株作为底盘生物,我查找了国内外所有菌种保藏及销售中心,只有耶鲁大学有这种菌株,跨洋邮件、跨洋电话、倒时差、跨洋邮寄生物样品,辗转几周终于拿到了缺陷型菌株。"再大的困难都会有解决的方法",iGEM让我在面临困难时更加从容。2018年10月,我们前往美国波士顿同来自世界各地的300多支队伍同台竞技,最终获得世界赛区金奖、高阶功能项目单项奖、最佳基础元件提名奖,取得了中国海洋大学iGEM团队8年参赛时间以来历史最佳成绩。

<h2 style="text-align:center">饮水思源　不忘初心</h2>

"纸上得来终觉浅,绝知此事要躬行。"只有在实践中运用能力,才能知道自己的能力。在实践活动中,我尽己所能,发挥长处,希望用自己的行动感染身边的人。

2017年暑假,我带队前往自己的家乡湖北孝感进行"品味孝感米酒醇香 助力传统食品发展"的暑假"三下乡"调研,希望通过自己的努力,真正地把所学知识运用到实际生产中,促进家乡企业的发展。白天,我们顶着烈日酷暑,在湖北将近40℃的高温下走访不同规模的米酒生产企业,了解米酒生产工艺中存在的问题;晚上,我们将这些问题整理成册,查阅文献并找到解决方法后反馈给当地企业,真正地做到产学研结合。同样是2017年暑假,一群整日忙碌于校园报道的记者忽然有了闲暇。"我们的镜头不该只留下海大的景色,我们的文字能传递更多的精神文化。"怀揣着对新闻报道和传统文化的热忱,鱼山观海听涛记者团成员一同前往重庆荣昌进行荣昌非物质文化遗产的保护和继承的"三下乡"调研。采访非物质文化遗产传承人、记录非物质文化遗产的手工工艺、调查重庆荣昌非物质文化遗产传承的现状……我们惊叹于中华文化瑰宝的绝美,也为中华非遗文化的传承忧心忡忡。

"浩海求索是,谋海济国功。"大三暑假期间,我与海洋生命学院的同学一起参加"海洋生物技术发展现状及成果转化"的"三下乡"调研,该项目为省级重点项目。在调研期间,通过对生物科研公司、海洋所等的调研,我们总结了青岛地区海洋生物技术成果转化现状和当前存在的问题。暑假学校举办了首届全球海洋夏令营时,我主动请缨,为来自不同国家的大学生全英文讲解海洋生命学院生物标本博物馆,在国际友人前展示了海大学子的良好风貌。

我热爱科普,希望将自己所学知识以更简单直白的语言普及给更多的人。对人们关注的食品安全问题,我制作科普 H5"食品安全知多少",把食品安全的基础知识传递给更多的人;iGEM 比赛以合成生物学为主,我希望能够促进合成生物学在世界范围内的普及程度,而不仅仅是让大学生了解,于是我组织联系国内外 iGEM 团队将我们团队成员所画的合成生物学科普宣传册翻译成 10 多种语言并且将其普及,如今,世界范围内都流传着我们团队的科普宣传册。

我希望用自己的行动感染身边的每一个人,我所在的宿舍学习成绩优秀、宿舍环境干净整洁,获得了学院"金牌宿舍""优秀宿舍"称号,宿舍成员均获得过校学习优秀奖学金。

不忘初心,方得始终。四年如歌,愿我们用汗水谱写出动听的曲调。

学在海大，筑梦远航

医药学院　陈梦婷

陈梦婷，女，汉族，1996年2月出生，中共党员，医药学院药学专业2014级本科学生。曾获国家奖学金、国家励志奖学金、校学习优秀一等奖学金，第三届药学知识与实验技能竞赛专业组一等奖，校优秀学生、优秀团员、优秀毕业生等荣誉称号。

四年前，我在志愿表上写下药学，立志学习医药专业；四年后，这条路已然成为我矢志不渝的选择，无怨无悔。在不断成长的过程中，我曾经历过困苦难堪、疲惫乏力，但是我一直保持一颗单纯的心，始终追逐自己的信仰与梦想。

坚持初心，笃学不倦

我的家境并不富裕，父母忙于工作，我从小便由年迈的奶奶看护抚养。然而天有不测风云，高考那年，奶奶不幸被诊断为脑癌晚期，虽然冒着风险做手术切除了部分肿瘤，但能治愈肿瘤的药物寥寥无几，最终奶奶还是离开了人世。从那时起，我便立志将来努力发明一种能治愈肿瘤的药物，让无数像奶奶一样的肿瘤患者摆脱疾病的折磨，重获健康，因此我与药学结缘。为了这个梦想，大学填报志愿时，我毅然决然地选择了药学专业。

进入大学后我格外珍惜这来之不易的学习机会，在海大这片能让我的梦想展翅翱翔的天地里，尽情地汲取知识，立志要学有所成。

学海无涯勤可渡，书山万仞志能攀。刚入学，专业知识的匮乏一度让我怀疑自己是否应该坚持当初的梦想，理想与现实之间的差距使初入大学的我陷入迷茫和失落,但每每想起进入大学时的梦想,想起奶奶因病去世的事实,便发觉自己浑身又充满了力量,这力量促使我在求学道路上披荆斩棘、砥砺前行。因为热爱药学,便不轻言放弃,对药学知识的渴望就像是一座灯塔,为迷茫的我指明前进的方向,给予我不竭的学习动力。为实现当初的梦想,我以月光为伴,以晨曦为友,大学期间我几乎门门课程优异,却很少有人知道这优异成绩的背后我为之付出的努力。道足以忘物之得丧,志足以一气之盛衰。三年里,几乎每天早上我都是第一个到教室;晚上经常踩着关门的时间点冲进宿舍楼;考试周,当有的同学翻开还很陌生的课本时,我已经将全部知识点复习了数遍。因为我深知:业精于勤而荒于嬉,行成于思而毁于随。当然,一天到晚伏案苦读并非良策,学习讲求劳逸结合。玩的时候我会痛快地玩,学习的时候我更会全身心地投入,手脑并用,常有陶渊明虽居闹市却无车马喧嚣的境界。药学于我而言,是一种精神的盛宴。正所谓"宝剑锋从磨砺出,梅花香自苦寒来",学习的过程虽然辛苦,但其中的乐趣却是旁人所无法体会的。正是怀着这种对药学最纯真的热爱,我通过大学三年的努力,总成绩排名年级第一名。如果说以前是因为奶奶而选择药学,那么我现在是因为热爱而坚持初心。

投身科研,执着前行

长风破浪会有时,直挂云帆济沧海。在实践过程中,随着专业知识学习的不断深入,我对海洋天然产物抗肿瘤活性的研究产生了浓厚的兴趣,为探索明白其中的真理,我积极申请了本科生研究发展计划(OUC-SRDP)"一种西沙海绵中等极性段化学成分及生物活性初步研究"。初入实验室,一切都显得格外生疏,一切都是那么的难以融入,我发现自己存在很多欠缺,特别是阅读英文文献的能力。天行健,君子以自强不息。困难并没有将我打倒,反而使我越挫越勇,充满斗志。为了能够尽快掌握必备的实验技能,使项目进展进入正轨,我自学了大三的专业课程,跟着师兄师姐们认真学习实验操作,熟悉实验流程,掌握实验原理,研究实验数据并分析实验过程中存在的问题,慢慢提升自己。但是,从数以万计的天然产物中寻找目标产物如同大海捞针一般困难。前期产物的分离提纯工作对于实验的成败至关重要,可能因为加错一种试剂,几个周的努力便会付之东流。初学乍练,实验难免会遇到做不下去的时候,每当此时我就会想起刘同在《你的孤独,虽败犹荣》中曾说的,"如果你停止,就是低谷;如你还在继续,就是上坡"。我没有怨天尤人,也没有自暴自弃,相反,我先暂停了实验,认真整理现有的数据和现象,沉着冷静地思考,客观地分析出现问题的原因,究竟是自己没有吃透文献还是选择了一条难度很大或者根本做不下去的线路,找到了原因我就努力去寻找相应的对策。天道酬勤,过程的艰辛锻炼了我独立思考和查阅文献等科研能力,为以后的科研生活奠定了坚实的基石。更重要的是,团队成员的通力合作使我对药学的热爱愈加浓厚,让我更加有信心继续自己的科研梦想。

知行合一,充实自我

知识并不是衡量大学生的唯一标准,大学给予我们平台,我们便是主角。秉承学习药学、奉献药学的精神,在学院老师的指导下,我成立了学院第一个科研性质的社团——药学协会。协会自成立到现在已经有一年多的时间,一直以一个生机勃勃的面貌呈现在同学们面前。在这里,没有懒惰与安逸;在这里,有一群志同道合的朋友,我们以兴趣交友,启迪智慧,轻松惬意。协会成立之初可谓困难重重,知名度不高,资源欠缺,几乎无人问津。但是作为一名药学人,我肩负着发展药学的责任,不会轻易放弃。为了提升协会的知名度,我们举办了多场宣讲会,并在学院各个平台以不同的方式进行宣传,让同学们了解我们、喜爱我们、加入我们。为了增加协会成员之间的专业交流,经过与学院和其他院系不断沟通,协会成功承办了第三届药学知识与实验技能竞赛,吸引了来自全校百余名同学积极参加,切实实践着药学协会向全校同学普及药学知识、为学院本科生接触药学前沿搭建平台的初衷。此外,我热心公益,参加了"金色翅膀"志愿服务活动,为单亲家庭的孩子送去了温暖与关爱;我热爱班集体,作为班长,认真对待班级事务,利用自己积累的管理经验服务班级同学,帮扶学习困难生,以实际行动影响和带动身边的同学积极投身班级建设当中。

我坚信,每一次实践都是自我的发展,每一份成绩都是对自己的肯定,这些都会使我在追逐梦想的道路上更有动力!

脚踏实地,砥砺前行

千淘万漉虽辛苦,吹尽狂沙始到金。大学四年,支撑着我脚踏实地走过来的是对父母那份沉甸甸的责任、对悉心指导过我的老师们的那份真挚的感恩、对药学那份如饥似渴的热爱。从未计较过付出是否有回报的我,如今细细想来,四年来的每一分努力和付出都已让我收获满满。随着专业课程学习的不断深入,我的目标也越来越明确。怀着对肿瘤药理学的热爱,我选择在中科院上海药物所攻读硕士学位,潜心科研,继续深造。科研之路并非坦途,但我坚信我们都是一颗小水滴,只有汇入药学的洪流中,才能真正发挥作用。

大学时光是人生中最为宝贵的岁月,四年的时间里,我在海大这片沃土上汲取知识、学会思考、甘于奉献。回顾大学四年,我很欣慰自己一直都在前进的道路上奋力拼搏,这也让我的大学生活充实而又精彩!梦想,不是浮躁,而是沉淀和积累。前路艰辛,但我绝不退缩,从来只有拼出来的美丽,没有等出来的辉煌。时间还在流逝,我依然会继续前行,勇敢地追逐自己的梦想。

坚持梦想,砥砺前行,青春无悔!

星光引路,寻梦而去

医药学院　刘亚萍

刘亚萍,女,汉族,1996年5月出生,中共党员,医药学院药学专业2014级本科学生。曾获国家励志奖学金、社会实践奖学金、文体活动奖学金,校优秀毕业生、优秀学生、优秀团干部、助学公益岗之星等荣誉称号。

闭上眼睛,心中感觉清静。沿途是歧路,我方向未能明。沿途寂静,似只有呼吸声。缓步前行,决意走崎岖山径。踏过荆棘,苦中找到安静。踏过荒郊,我双脚是泥泞。满天星光,我不怕风正劲。满心是期望,过黑暗是黎明。星夜灿烂,伴我夜行给我影;星光引路,风之语轻轻听。

满天星光,不怕风正劲

病魔将母亲从我们的身边掠走,一夜之间,父亲苍老了许多,而我也被迫迅速成长。那时的我不足10岁。接踵而至的是父亲腰椎间盘突出复发,那段时光,沉重、灰暗得让人透不过气。父亲的坚强,让这个已破碎的家庭重新鲜活起来。后来我问过父亲,他跟我说,那时的他想过跟母亲一起走,只是,看着少不更事的我,看着刚成年的姐姐,他放心不下,他得护着我们成长。

父亲跟我说,他心疼我,因为我的懂事,因为我的过早成熟。他为我自豪,因为我从不放弃,因为我自立自强。其实,如果不是他的默默陪伴,不是他的谆谆教诲,我又怎么能成长为现在的自己呢?

父亲只是一个老实的农村人,他没有太多的学识,没有让人佩服的经历,但是他勤劳、善良,是村里公认的"老好人"。我的学习成绩并没有一直很好,在刚升初中的时候，我跟不上同学们的进度，第一次考试，成绩很不理想，那时，明明还在壮年却已生华发的父亲没有责骂，只是陪在哭泣的我身边，跟我说，只要尽了自己最大的努力便好。从那时起，我便尽自己最大的努力去做所有的事情，从不曾放弃，为了自己，更为了这个让我心疼的老父亲。

当拿到中国海洋大学的录取通知书时，看着父亲的笑容与眼泪，我知道，我没有让他失望，我的人生将进入一个崭新的世界。对于我来说，父亲就是那满天星光，是他在黑夜里照亮了我前进的道路，是他让我踏过荆棘，迎来康庄大道。

寻梦而去，不惧路险阻

进入中国海洋大学药学专业后，我一点点接触药学，学习它并热爱它。因为家里的经济条件有限，所以我努力靠自己兼职挣生活费，在学院里做"四助"，在校外做家教，最忙的时候有四份家教工作，但是不管怎么累怎么忙，我从来没有耽误过学习，抓紧每一分每一秒学习专业知识。

对于药学来说，专业知识重要，实验技能同样重要。在初中和高中生活中实验课并不多，而现在，我有了能够自主做实验的机会，因此我格外珍惜，抓紧每一堂课的时间去动手、去实践。通过参与本科生研究发展计划，我走进实验室，与老师和师兄师姐们一起，探究"前体饲喂的方法获取浅蓝霉素类似物"项目，培养自己的实验技能并建立实验探究思想。以前我的化学学科比较弱，成绩较低，但是我努力坚持，不曾放弃，最终在中国海洋大学第二届药学知识及实验技能竞赛中获得专业组优秀奖。

我做到了自己的承诺，尽自己最大的努力，让自己变得足够优秀。三年的国家励志奖学金是对我的肯定，也激励我一直前进。中国海洋大学医药学院于我而言，是一片星空，我在这里发光发亮，在星空中寻梦而去。

星光引路，风之语轻轻听

医药学院学生会是我人生中加入的第一个学生组织，对我而言，更是一个充满活力与温暖的家。在这个家里，我们所有人朝着一个方向努力，只为带给大家温暖快乐又积极向上的活动。这样一个用心去服务同学、用心去办每一个活动的团队，让我无法割舍，我想把这份热爱和归属感一直传递下去，因此我竞选生活部副部长,竞选学生会副主席,留在这里三年,和大家一起成长。

在这个大家庭里,我策划的最后一个活动让大家看到了我们的成长。我与分管的两个部门一起将往年同学们参与度与兴趣度都不高的心理健康节活动办成了一个"活"的活动。我们根据同学们的需求,加入了两大创新点:"赏心画"——通过心理沙盘来让大家自己动手操作,拼出自己心里的那幅沙画,并邀请青岛沙盘游戏协会会长和各位老师为我们讲解,让我们更直接地认识自己;"颂有声"——央视播出的"朗读者"受到大家的一致好评,让我们意识到了朗读的美好,因此我们借此机会,让更多的人朗读,体味撩动心弦的遇见的美妙。参加活动的同学们说,在这里,我们第一次拼沙画,第一次正视自己内心的想法;在这里,我们颂出了自己的心声,感受到不一样的自己。我们的努力让我们的活动在全校评选中获得学校第十三届大学生心理健康节心理健康教育创新活动优秀奖第一名、第十三届大学生心理健康节优秀组织奖一等奖等各种奖项。

至今,我仍记得老部长跟我说过一句话:"想办好一个活动最重要的就是细节和创新。如果失去这两点,那这个活动就失去了灵魂。"现在,不光是办活动,在做任何事情时,这两点都成为我的准则。医药学院学生会这个集体,就像是星空里的星光,为我引路,助我前行。

星光灿烂,缓步前行

对于朴实的父亲来说,他心心念念的就是希望我好好读书,将来能找到一份好工作,却从不心疼一下自己,腰椎间盘突出复发也要下地干活儿,直到疼得无法起身。这样的他,让我心疼,让我尽一切努力去减轻他的负担。这样的父亲,让我无法不让自己优秀。因此,在大学期间,我凭借自己的努力,让自己各个方面都得到了锻炼,能够独当一面。

我相信凭借自己的努力,我可以为自己、为父亲营造一个美好的未来,可以有能力去帮助更多需要帮助的人,用自己的实际行动回报学校和国家对我的资助。星光灿烂,引我前进,我将不怕风劲,不惧险阻,全力以赴,寻梦而去!

寄诗和远方于当下，寄理想于现实

医药学院　欧美彤

欧美彤,女,汉族,1995年12月出生,医药学院药学专业2014级本科学生。曾获国家励志奖学金、校学习优秀一等奖学金、文体活动奖学金,第五届全国医药院校药学/中药学专业大学生实验技能竞赛二等奖。

有句歌词说,生活不止眼前的苟且,还有诗和远方的田野。对于现实和未来,对于眼前和远方,我想做的便是:寄诗和远方于当下,寄理想于现实。

珍惜当下,书写青春最美的诗

因为对海洋的好奇,我来到了中国海洋大学,随着知识的不断积累,我对海洋产生了不一样的认识,她是一个闪烁着光芒、期待人们发掘的宝藏！海大不仅给我们传授了丰富的知识,还在每个海大学子心中播撒了一颗敢于冒险和拼搏的种子。作为从小就不喜欢循规蹈矩、偏爱尝试新鲜事物和喜爱探索未知的我,总希望有一天能够用自己的双脚丈量祖国的大地,也无时无刻不憧憬着诗和远方的美好。因此,自迈进校园以来,我虽然时常会被忙碌的学习生活压得喘不过气来,却也于复杂而紧张的环境中发现了身边存在的许许多多的美好,譬如——运动。

对,就是运动,这就是我在现实中书写诗和远方的方式！

我非常热爱运动,喜爱冒险,喜欢骑行,无论再忙再累也从未放弃过这项爱好。

　　大学期间,我和海大自行车协会的5名同学从学校出发,沿着海岸线一路向北,途经即墨、田横、海阳、乳山,共骑行256千米,历时3天到达威海,完成了我人生的第一次长途骑行。我至今仍然清楚地记得,我们出发的那天,六级大风刮得我们前行艰难,天气显得暗沉而阴冷,似乎老天爷都不看好我们,但我仍然坚定不移地选择了和同伴们一起出发,去迎接这场未知的挑战!或许是我太过大意,或许是老天觉得我们第一次旅途太过顺利,这次骑行之旅并没有想象中的那么顺利。过程中经验不足的我不慎遭遇了髋关节受伤,这让我感到非常的沮丧,同时也为影响了整个团队正常前行而感到十分的愧疚,但是队友们却丝毫没有把我当成负担,而是一起鼓励我,为我加油打气,这让我重拾了信心,整理了心情,一鼓作气,继续前进。我真正地收获了一次心灵的洗涤,真实地感受和触摸到了心中的诗和远方。

　　骑行让我明白了很多重要的道理,它使我明白了坚持的重要性,懂得了冲动只能提供一时的爆发力,不坚持就永远无法到达胜利的彼岸。也让我明白了脚踏实地的价值,不管远方有多远,都要戒急戒躁,稳步前行,不管理想多么丰满,也应该结合实际,一步一个脚印地去实现。

　　多年来,坚持不懈、永不服输的精神一直激励着我在探索自然的道路上大胆前行,在我学习和生活中遇到困难时,不断给予我前进的力量,助我突破重重的艰难险阻,寻找到隐藏在事物表面下的真理。如2015年9月,我参与了本科生研究发展计划,研究斑马鱼itsn基因突变体的构建及功能,我们每天都要花费大量的时间在实验室里工作,几乎一没课就会去实验室学习。回到宿舍后我们还不能松懈,通常会利用熄灯前半小时对当天的实验进行总结并对下一步实验进行安排。有时候为了挤时间完成课题,我们经常会牺牲周末的休息时间全天待在实验室工作。从斑马鱼胚胎培养、itsn突变体构建再到突变体筛选和培养,我们一项项都坚持了下来。但不幸的是,紧张忙碌了3个月后,我们第一批构建的itsn突变体斑马鱼宣告失败。当时大家的心情都跌到了谷底,大家难以接受3个月来全部的努力都白费了的事实,我们十分绝望,想要放弃。但我天生就是一个不服输的女孩,只要是认准了的事情就一定会拼尽全力地放手一搏。我鼓励团队成员振作起来,查阅文献,重新调整实验方案,一点一点攻克难关,终于顺利完成了课题。骑行如人生,有起有落,没有永远在低谷,也没有永远在高坡。无论你选择爬、推或是骑过坡顶,只要坚持下去,总会遇见美丽的下坡,收获到不一样的风景,遇见不一样的诗和远方。所以,请努力生活,用心享受沿途的风景,感受身边存在着的美好,生活一定会对我们微笑。

脚踏实地,瞄准目标步步前行

理想有些时候似乎离我们很遥远,但只要像长途骑行一样,一点点地去征服脚下延伸的道路,理想便会在我们一天天的努力下离我们越来越近。

因为对自然的热爱和崇拜、喜爱探索未知,我对科研有着浓厚的兴趣;因为我是中国海大学医药学院的学子,在学习过程中对我国医药现状有了更深刻的认知,我更有了一种致力于发展我国医药行业的使命感。当今我国药物制剂产业基础薄弱,帮助我国药物制剂产业从中国制造、中国仿造走向中国创造,让科研成果真正服务社会,是我的理想。

了解社会需求,培养解决实际生产时遇到问题的能力,是实现科研成果产业化的重要一步。为锻炼这方面的能力,我争取到了青岛创筹科技有限公司的实习机会,主要工作是对我校老师的科研专利进行对标分析,发现有市场开发价值的专利,协助企业和老师进行沟通,以进一步推进成果产业化。经过一次次专利分析汇报的经验积累,我的产业化嗅觉愈加灵敏,也愈加清楚人们的生活需求,更加懂得企业在考量一个成果是否适合产业化生产时的关注点。我很感激这次实习经历,我相信这将是帮助我实现未来药剂学成果产业化理想的一笔重要财富。

要成为一个产、研、学一体的复合型人才,不仅要有敏锐的市场嗅觉,还要有夯实的专业基础、开阔的视野、良好的逻辑思维能力和表达能力。

为提升自身科研素养,我大一就进入实验室学习,在查阅文献时,我未感觉到枯燥乏味,而是切身体会到每一组数据、每一句归纳总结背后科研工作者的钻研与激情。为夯实自身专业基础,我积极参加学校举办的各种竞赛,在备战全国医药院校药学/中药学专业大学生实验技能竞赛的一个月内,我每天都泡在各种实验室学习,几乎得到了全院所有实验室师兄师姐及实验任课老师的亲自指导,凭借着不耻下问、"吃百家饭"的学习方式,我的专业能力得到了很大的提升。为锻炼自身表达能力和逻辑思维能力,虽性格内向,但我积极参加各类演讲比赛,"逼"着自己往前走,为2分钟的自我介绍我斟酌了一周,为5分钟的演讲稿我反复修改了十几次,台下的不断努力使我最终获得"海之子"超级演说优秀选手称号,而我也为自己一点一滴的进步而感到骄傲。

  正是大学四年的不断沉淀和积累,让我在保研面试中脱颖而出,扎实的专业基础和从容自信的表达给老师留下了深刻的印象,最终我获得了中山大学、上海交通大学和浙江大学的接收资格。为能实现帮助我国药物制剂产业走向中国创造的理想,我选择了工业药剂学方面实力强大的中山大学,并打算在这条路上坚定大胆地走下去!在单调苦闷的科研生活中坚持自我,不放弃对兴趣爱好的追求,享受生活,感恩当下,是我在现实中书写的最美的诗。满怀理想,把理想化作一个个小目标,在现实中一步步实现,是我追逐理想最坚定的方式。怀着一种寄诗和远方于当下、寄理想于现实的心态,让理想在现实中步步前行、步步实现,或许理想的诗可以渐渐将生活的苟且冲淡。

走在这条路上

医药学院　刘雪忻

刘雪忻,女,汉族,1996年11月出生,医药学院药学专业2015级本科学生。曾获国家励志奖学金、文体活动奖学金、校学习优秀奖学金,校优秀学生等荣誉称号。

刘同在《谁的青春不迷茫》中写道:"美好似乎往往很难在回忆里留下那么深刻的印象。觉得幸福时,只顾记下父母的笑脸了;觉得甜蜜时,只顾听你发出的爽朗笑声了,而其他,却丁点儿都想不起。花香、鸟鸣、清新也不过是当时的心境而已,而那些痛苦,那些遗憾,反而能将当时的场景完全还原。"

成长并不是学会躲避危险,而是学会了不怕疼痛;成长中的每一次低头,都是对自己的肯定。这应是对成长最深刻的感悟。

旅途的开始

我来自山东农村,父母文化水平并不高,从小到大,他们没有能力去辅导我的功课,但我从未放弃对知识的渴望,所以我的成绩一直名列前茅。在这样一个家庭里长大的我,对外面的世界总是充满向往。一颗懵懂的心一直在悸动,一直在积攒能量,终于在高考能量爆发。

2015年8月,我来到了中国海洋大学。难以忘记初次见面时朋友的那句话:"这是一场奇妙的缘分,正是如此我们才能相遇。"是啊,正是因为缘分,我才能遇见你——海大。

"思想,总是一个人身上最重要的一部分"

进入大学之后,通过老师的教导和与优秀学长学姐的接触,我更加深入地了解了党的历史和理论知识。我毫不犹豫地向党组织递交了入党申请书。从那一刻起,我就用党员的标准严格要求自己,对自己提出了更严格的要求。通过学习,我深刻地认识到,我们作为新一代的青年应当坚定共产主义信念,树立共产主义伟大理想,把为人民服务时刻牢记在心头。只有这样,我们才能更好地肩负起新时代青年的责任,才能更好地为祖国、为人民献出自己的光和热。2016年,我有幸成为一名入党积极分子。我积极地向党组织递交思想汇报,认真学习每一份教育材料并进行深入的思考,从未缺席任何一场学习交流会……我知道这会是一条很长的路,但我会一直坚定地走下去。

"人生最大的冒险就是不冒险"

我相信,每个大学新生都会被各种各样的社团活动迷花了眼睛,我也不例外。我鼓起勇气,做了第一次"冒险",敲响了医药学院自强社和校学生会文艺部的大门。很幸运,这两扇门都为我打开了。刚开始,我有些不知所措,是学长学姐们一次次地支持我,给我信心;我们这一群不懂事的小干事互相鼓励,摸索着前进。这两个大家庭都给了我宝贵的温暖,我选择了留在这里,留下来将这份温暖延续。

从干事,到部长,到社长,我的身上多了一份责任。一开始我并不知道该如何组织一个活动,如何与学弟学妹们相处。我不停地向学长学姐讨教,认真听取他们的建议,渐渐地,我找到了方向。

作为自强社社长,这一年我努力地想让自强社变得更好。那颗"想冒险"的心又一次不安分了起来,我参加了"优秀分社"的答辩。从接到答辩通知的那天起,我便开始"疯狂"地搜集材料。我联系了前两届的学姐,"搬空"了她们所有关于自强社以及其他社团的资料,然后自己一点一点整理、筛选。去年的我们与这个荣誉擦肩而过,今年我不会再错过它。我已经记不清答辩用的幻灯片被修改了多少次,也不记得自己排练了多少遍,但是看到答辩结果的欣喜我不会忘记,我们用自己的努力为院自强社重新拿回了荣誉。

校文艺部每年最重大的活动就是校园歌手大赛,我不想一直沿着老路走,于是我又一次"冒险"——提高留学生的参与度。留学生也是我们海大的一份子，但是他们参加活动的次数少之又少。我带着忐忑的心情，用有些蹩脚的英语跟他们聊天，发现其实他们很希望跟我们一起交流，只是不知道该如何开始。于是我们设计了英文版宣传单，鼓励他们也来参加我们的活动。虽然我们的交流存在一定的障碍，但是我能从他们的眼睛里看到热情与友好，最终一位来自德国的姑娘用自己天籁般的嗓音征服了大家，拿到了亚军。

人生最大的冒险就是不冒险。总有一些一直想做的事萦绕在心头久久不能散去，却因自己一时的犹豫而错失宝贵的机会。这一次，我选择勇敢地迈出这一步——2017年夏天，我们11个意气风发的大学生踏上了前往临沂沂水县支教的路。

支教的环境并不是特别好。那里的蚊虫特别多，每天晚上睡前扫一下床单，都会扫起一床的小虫子，我的腿也被虫子咬得"面目全非"。开始的几天总是艰难的，特别是中午，骄阳似火，每个人仿佛都洗了"热水澡"一般从头湿到尾，我们总是互开玩笑——满大街都是"熟人"。可是恶劣的条件并没有让我打退堂鼓，反而更加坚定了我要认真做好这次支教活动的决心。我们每天都是兴致勃勃地走去教室，去拥抱孩子们可爱的笑脸，即使烈日当头，又或是大雨倾盆。

不少孩子基础很差，甚至快上初中了拼音还不会，而且他们普遍不重视也不喜欢英语。为了尽力弥补他们的弱项，我们制订了针对性的计划，我来负责教孩子们英语音标。毕竟自己不是英文专业的学生，讲这么正式的课还是挺紧张的。我担心自己的发音不对，担心音标记不全，担心孩子们听不懂、记不住，担心……于是我连续几天都在认真地备课，详细地做笔记，先把自己弄懂了，然后再去教他们。后来，看着他们能记下来、能学会、能够自己读单词，心里有一种从未有过的满足与骄傲。

我们11个人互相照顾，一起奋斗，在这个过程中我收获了宝贵的友谊。当地村民见到我们会赞不绝口，会热情地邀请我们去家中做客，会主动接送我们上下山……我们的能力毕竟有限，但是我们打开了孩子们的眼界，而且琅琊网、临沂电视台等当地有影响力的媒体对我们的活动进行了报道，相信一定会有更多的社会力量来关注这群孩子，给予他们更多的帮助。

"让梦想成真最好的办法就是醒过来"

当失去方向的时候，看看内心的光亮，就不会感到惶恐了。

大一的生活，有些浑浑噩噩，一度迷失了方向。记得杨绛先生说过："你的问题主要在于读书太少而想得太多。"后来一有时间，我便往图书馆跑。小说、散文区是我常去光顾的区域，科学教育区也没少涉猎。翻开书，能看到人类不同文明的相互碰撞，感受上天入地的科技发展，走在求知路上，我只希望可以用自己的绵薄之力去叩开一扇扇紧锁的大门，去探索门后的未知与神奇。

大一一年的努力，让我有幸获得了校学习优秀奖学金，这给了我很大的鼓励。我深知学生的天职就是学习，于是大二一年我在学习上投入了更多的精力。功夫不负有心人，我的成绩取得了不小的进步。"成熟的谷子从不会昂首挺胸，而是低着头，向着大地，向着它的母亲。"大三了，我对这句话有了更深刻的认识。于是我静下心来，踏踏实实地提高自己的专业成绩，也取得了明显的进步，最终拿到了保研名额，成功保送到了四川大学华西药学院。

大二我参与了本科生研究发展计划（OUC-SRDP）"新颖的合成含 N、O 化合物的方法"。走进那个令我向往的科研世界，我感到激动而新奇。理论与实际总是存在差距的，在这一过程中我学到了课堂上学不到的东西，提高了自己的实验操作技能。

不要总是说我的梦想是什么，如果这样，它就永远只能是梦想。唯有醒过来，脚踏实地，才能一步步靠近那个你称之为梦想的地方。

在追梦的路上，我们踩过荆棘，我们在成长。其实每个人都不曾因为苦而放弃，只会因为扛而成长。有些事情，你觉得值得就不要问公不公平。那些苦难既然发生，就得接受，因为它们的存在，过去才显得有意义。

我的追梦之旅，未完待续。

| 北海虽赊，扶摇可接 |

北海虽赊，扶摇可接

工程学院　何垚垚

　　何垚垚，男，汉族，1996年1月出生，中共预备党员，工程学院机械设计制造及其自动化专业2014级本科学生。曾获国家励志奖学金、校学习优秀奖学金、社会实践奖学金，校第三届工程制图大赛二等奖、第十四届山东省大学生机电产品创新设计竞赛三等奖、第五届山东省大学生工程训练综合能力竞赛三等奖，校优秀学生、优秀学生干部、优秀团员等荣誉称号。

　　时光匆匆，从指间溜走，转眼间，大学时光已度过三年。怅然回头，走过的路那么长，真正留下烙印的，有多少呢？和家人离别时的不舍，和师长交谈时的收获，和朋友团聚时的欢乐……一幕一幕，在一次又一次的轮回中，在我心中留下的烙印越来越深，如果生命中没有他们，也许会欠缺不少的色彩吧！

寸草春晖——你们是我一切力量的源泉

　　"总是向你索取，却不曾说谢谢你，直到长大以后，才懂得你不容易"，一曲《父亲》激起了我对家人无尽的想念。

　　记得小时候，我在外婆家读小学，外公外婆白天要去山上干活儿，所以我只能自己去学校，看着别的同学有爸妈接送，总是很羡慕。后来，上初中了，三年家长会，我的座位上都空着，无限失落；再后来，高中的几次家长会，都是我自己去开，旁边坐的都是叔叔阿姨，那时我因自立而自豪。

　　十几年来，真正跟你们在一起生活的时间，不超过6年。小时候，我不懂生计的艰难，经常问外婆："我爸妈去哪了？怎么还不回来？"外婆总是很耐心告诉我:"爸妈出去挣钱了,等过年就回来了,还会给你买新衣服呢!"我总是很耐心地数着,离过年还有多少天,那时,过年对我来说比什么都重要。终于等到过年了,你们回来了,我吵着晚上要跟你们一起睡,你们也很开心。但好几次,晚上我醒来,总是哭着说:"我要外婆,不要爸妈了!"我清楚地记得,爸爸很无奈地把我抱到外婆的房间,而妈妈,眼睛通红。老师总是说我很独立,什么事都可以自己做,我总是笑笑不说话。有时候学习累了,跑不动了,就想想你们;心里烦躁了,想放弃了,就想想你们;遇到困难了,坚持不住了,就想想你们;开家长会作为学生代表讲话的时候,我的心里,想的也是你们:你们,是我一切力量的源泉。

北海虽赊,扶摇可接,谢谢你们做的一切,双手撑起我们的家。我也会努力,成为你们的骄傲,让你们过得更好,我愿用一切,换你们岁月长留。

春风化雨——你们是引导我前进的灯塔

"春蚕到死丝方尽,蜡炬成灰泪始干",我的恩师们,我很想念你们。

我是个调皮的学生,多年来,不知道给你们惹了多少麻烦,但你们依然细致耐心地教导我成长。

我的英语非常差,高一的时候只能考70多分,每次考完试,曹老师都会把我叫办公室去教育一番,然后耐心地给我讲解每一道错题,总是喜欢拿笔指着我的头叫我好好学习。慢慢地,能及格了,我很开心,曹老师却说:"还不够,你要逼自己一把,还有进步的空间。"高考前那一年,我选择一直坐在最后一排,每一节英语课都站着上,每天做一套模拟题或者往年高考题,一本做完了,再问曹老师要一本……高考英语考了121分是我万万没想到的,总之,感谢曹老师。

老师不仅仅是老师,还可以是成长道路上的朋友。我喜欢摄影,中国海洋大学新闻中心的吴老师常指导我拍摄,有时还会把相机借我自由发挥。当我迷茫的时候,我就会找系里的老师谈心,张保成老师告诉我,迷茫是本科阶段的常态,重要的是在迷茫之中找准自己的定位,然后一步一个脚印,朝着自己的目标前进。

高山流水——你们是我成长路上的影子

有朋友的地方不会有伤心,不会有孤独,不会有一切不美好。

前不久听歌入眠,《富士山下》让我惊醒。我看到十五的月亮在窗外挂着,耳边是室友们均匀的呼吸以及偶尔的梦话。看了看久违的社交圈,空间里有些陌生的温暖,微信里有灿烂的幸福。

在海大,我同样有一批一起疯的人。班里有众多志同道合的人,我们喜欢动手制作各种小东西,喜欢一起参加各种比赛,一起疯、一起闹、一起学习,班集体是我在海大的第一个家。视频海大也是我另一个温暖的家,这里朋友众多,我们有着共同的爱好——拍摄和制作视频。记得我在实习期的时候,在师父的指导下,跟众多师兄弟一起做视频,当自己的第一个视频作品诞生的时候,心情是无比激动的。后来,我们一起报道校内各种活动新闻,一起拍微电影,一起为毕业晚会做背景视频,一起战斗在毕业典礼的现场……

希望你们不要忘了最初的梦想,不管遇到什么困难,我们要微笑,我们要坚强。你们看车辆穿梭,远处霓虹闪烁,这多像我们的梦。

风华正茂——我的未来我做主

这个世界上的每个人都是不同的,不同的性格,不同的生活方式,不同的人生轨迹,不同的过去,不同的未来。有太多的人被过去困扰,而我绝不能活在过去,用幻想把自己欺骗。我们总喜欢把未来想得太美好,有时候想得太多反倒不好,规划未来、活在当下,梦就在前方,不多想,只去追。

记得那个疲劳充实的周末,星期六上午在崂山拍了几个学院的毕业晚会视频,下午跟自强社一起在李村义卖报纸,晚上赶末班车赶到流清河,跟部门的朋友们一起才得以放松,但轻度失眠的我并不能好好休息。第二天,独自一人背着相机和架子来到鱼山校区,拍完了那边几个学院的视频素材,坐车回来的时候,整个人都是晕的。我庆幸体力活动让我远离了轻度失眠,远离了所谓的人生思考。只是早起时沉重的头告诉我,睡眠质量确实不好,要远离混乱的梦境,融入单纯的现实。

我相信,只要努力,所有的憧憬都会成为现实,所有的期许都不会被辜负,所有的渴望都将被满足,所有的梦,所有的誓言,所有的约定,都将永久保留在心田,等待一树花开,释放沁人的心香,永不枯萎,不留遗憾。

最重要的，是你能为自己感到骄傲

工程学院　赵思远

赵思远，男，汉族，1996年1月出生，中共党员，工程学院工业设计专业2014级本科学生。曾获国家奖学金、校学习优秀奖学金、校社会实践奖学金，第十四届山东省大学生机电产品创新设计大赛一等奖、2017年度山东省"挑战杯"创新创业大赛一等奖、2017年度"挑战杯"创新创业大赛全国总决赛三等奖、2017年UXPA亚太用户体验大赛中国北京赛区第一名与全国总决赛二等奖、第十届全国大学生节能减排科技竞赛三等奖，校优秀学生、优秀学生干部、优秀毕业生等荣誉称号。

"过去的只有过去，永存的只有未来，我渴望获得这次国家奖学金，这是对我过去三年的成长的最好的肯定……"

2017年9月14日下午，工程学院国家奖学金答辩现场门外，我打量着身边或焦虑不安、或踌躇满志的每一个人。

大概工程学院各年级各班的第一名都聚集在此了。真是不可思议，每个人看起来都那么不像"学霸"，我压制着心里的紧张。"他们都在想什么呢？"我继续打量着每一个人——悄悄地，生怕被某个学妹认为是一个不怀好意的学长。每个人看起来都很紧张，但每个人眼神里似乎都透露着对国家奖学金的期待。

"那么国家奖学金对他们来说，究竟意味着什么？"

最重要的，是你能为自己感到骄傲

一个月前，素质测评结果出来了，我是上学年班级第一，我被通知参加本次答辩，我来到了这里。我走过了一切程序化的道路，仿佛所有事都顺理成章，却始终没有思考过一个本质的问题：国家奖学金对我来说，究竟意味着什么？

答辩现场，一分钟自我陈述。

"大一时，我不思进取，没有目标，最终平庸地度过了这一年。国家奖学金对我来说，只是一个不切实际的梦想。"这是实话，初入大学的迷茫是谁都有的，我当时只是觉得每天都很忙，但都是瞎忙吧，最终一年过去了，我却一事无成。懊恼，担忧，都是有的。当时的我，碌碌无为，却还在安慰自己平凡可贵。

"大二时，我转正成为正式党员，并竞选成为班长，责任心驱使我重新审视自己，也是在这一年，我逐渐懂得了努力的意义。最终，一年结束后，我已名列班级第三。国家奖学金，成为我的一个目标。"

我是高中开始入党并在高中成为预备党员，骨子里的一点不安分又让我竞选了班长。也许是逐渐成熟的认知和不甘平凡的决心让我开始发愤图强，立志与过去颓废的自己决裂；和大一时一样，我还是很忙，但我已逐渐学会把时间分配在真正有意义的事情上并加倍努力——而不是每天忙忙碌碌而又每天碌碌无为，却还在朋友圈嚷嚷着生活不易，大学不易。

"大三一年，是我荣耀的一年。我加倍努力，努力做好班级工作，努力参加党员志愿活动，积极参加实践赛事，共获得国家级奖项4项，省级3项，获海尔暑期设计夏令营总分第一以及'最佳个人'称号，分别获得了'感动工程'活动团体奖与个人奖。同时以最高要求投入学习，最终位列班级第一，取得了竞赛与学习双重的保送研究生的资格。"

我想，每个人在用一小段话概括自己所获得的成就时都会感慨万千——别人永远都无法体会寥寥数语背后，那无数个奋斗的日日夜夜的艰辛与珍贵，纵使心中有着千言万语的过往，却也只能化成嘴边的云淡风轻。我面对着的评委老师，说着预先准备好的台词，思绪却早已翻江倒海——无数个皓月高挂的夜晚，只有音乐和还在修改的课程作业与我为伴；在青岛里院热浪荡起的历史尘埃中，我挨家挨户去听老人诉说里院的故事；在青岛国际马拉松的赛场上，我拖着抽筋的双腿一步一咬牙地完成着最后的三公里；在烟台酒店的凌晨三点，我还在一遍遍地琢磨、背诵演讲稿，备战第二天的"挑战杯"决赛答辩。我曾在与父母的通话中，因自己的前途一片迷茫而落泪；也曾在哈尔滨国际大学生雪雕大赛的零下30℃中，强忍浑身颤抖没命地凿着代表海大的雪雕作品……都是多么痛苦的回忆，又都是多么美好的回忆，仿佛大学本应该就是这样，仿佛青春本就是应该这样。别人说的"有目标就有希望"，别人说的"永不言败"……终究是别人说的，但当我自己去经历，当我们真的能够体会到了曾经不屑一顾的"鸡汤"的深刻，我们才像触电一般地感受到了一些什么，我们才那么深刻地记得了这些经历所带给你的一切。

"过去的只有过去，永存的只有未来，我渴望获得这次国家奖学金，这是对我过去三年的成长的最好的肯定，我将在接下来新的人生道路上继续努力，努力成为一名优秀的毕业生，为母校争光。"至此，我的一分钟个人陈述，也结束了。

那一刻，我也意识到了，国家奖学金对我来说，究竟意味着什么。

我不禁想起了最爱的电影《天国王朝》里一段感人至深的对话，那是一个王与另一个王的对话："耶路撒冷对你来说究竟有什么价值？""Nothing……Everything！"

每当人们将一件事情赋予了自己的感情与经历，这件事情便会与你交织、共融，它不再仅仅是它原本的意义，更重要的，它成为一份信仰，一份映射着你的影子的信仰。国家奖学金对我来说，也是这样的。它是一个奖项，但更重要的，它是一份肯定，一份记录并升华我过去三年大学生活里所有宝贵经历的一个肯定。

只是，获得这份肯定的路太漫长了，以至于自己都忘记了停下来，去回望过去三年不断成长着的我。现在再重新来看，这一路走来，我终于知道了是什么让我成长：是哈尔滨雪雕比赛里结在脸上的霜，是青岛国际马拉松中洒在路上的汗，是"挑战杯"决赛掷地有声的演讲，是里院调研听老人诉说时一转身留下的泪，也是无数个深夜里伴随着的孤独和烙在心里的滴答声。这些宝贵的经历与我取得的成果和肯定交织，共同形成了一个良性循环，到最后，"努力"二字已化入骨髓，过往我所坚持的一切经历也化作了血肉，使我得以昂首阔步，迈向未来。所以，比起虚伪的谦虚，我更愿意去感谢过去三年来不断坚持、不断努力、不断成长的自己，我为自己感到骄傲。

及时当勉励，岁月不待人

工程学院　周　媛

　　周媛，女，汉族，1996年9月出生，工程学院土木工程专业2014级本科学生。曾获校学习优秀奖学金，校优秀学生等荣誉称号。

　　盛年不重来，一日难再晨。及时当勉励，岁月不待人。
　　青春一旦过去便不可能重来，一天之中永远看不到第二次日出。应当趁年富力强之时勉励自己，光阴流逝，从不待人。
　　我的父母早年离异，母亲只是普通工人，一个人抚养我的压力可想而知。我深知母亲的辛苦，便决定从此以后只能让她看到我的乐观与向上。为了有更好的学习环境，我从初中就开始了住校生活，但也正是这么多年的住校生活，让我在与人交往时，能更轻松自然，也让我从小时候那个胆小忧郁的孩子，成长为现在这个朋友们眼中活泼开朗的自己。后来，我成功地考上了当地最好的高中，并通过高中三年的不懈努力，来到了中国海洋大学。
　　进入大学的第一学期，是我在北方度过的第一个冬天，因为南北生活习惯上的差异，一开始的不适应让我在第一个学期没能在成绩上名列前茅。但我加入了学院的自强社，在那里，我遇到了很多和我一样，决定用努力改变命运的人。社团的组织的爱心活动与义卖报纸等志愿活动，我都积极参与，想用自己微不足道的力量，去帮助身边更多的人。在这个社团的两年里，从干事到部长，我学会了如何组织活动，如何领导干事，也交到了许多朋友。大二和大三时，为了给家里减轻经济负担，我还在学校的后勤集团担任了"四助"的工作，拿着用自己汗水换来的工资，我更加渴望成为一个独当一面的人，去报答那些爱我和帮助过我的人们。我一直告诉自己,要以不以物喜、不以己悲的心态,全力以赴地走下去。对待学习,我一直认真踏实,像高中时那样刻苦钻研,无论是基础课程还是专业知识,我都努力做到深刻理解、牢固掌握、灵活运用。终于,大二学年我获得了学习优秀三等奖学金。但我深知这些努力还不够,随着专业知识难度的增加,我待在自习室和图书馆的时间越来越长,终于在大三学年获得了校学习优秀一等奖学金。除了学习,我还喜欢参加各种志愿者活动,班级组织的各种活动我都积极参与。

大一时的结构设计大赛是我参加过的第一个与专业有关的比赛,我和队友熬夜到凌晨,一次次地设计,一次次地优化方案,有过激烈的争吵,也有达到预期效果后的会心的相视一笑,最后终于加载成功,也让我第一次真实立体地感受到与专业有关的知识。这次比赛,比起结果,我更享受过程,因为我在和队友共同努力的过程中,学会了团结合作与互相沟通,这也是作为土木工程专业的学生,在未来的工作中所需要的能力。

大二下学期我和其他四位同学共同申请了大学生创新创业训练计划项目(OUC-SRDP)。和以往的实验课不同,这次我们需要按照自己的试验方案,在没有老师指导的情况下独立完成试验,我们在烈日炎炎下把砂石等试验材料搬进实验室,利用课余时间完成制备试块,因为试验需要连续的时间,我们只能抓住每一点空余时间,学院、教学区两头跑。在最后的试验阶段,为了使结果更加准确,我们每一个人都认真仔细地查阅资料,并向实验室的老师们虚心请教。最后,在导师和研究生学姐的帮助下,在我们的不懈努力之下,我们顺利地通过了结题答辩。通过这个项目,我懂得了,要学好土木工程这个专业,并不只是依靠书本,很多结论与经验需要从实践中获得,而各种试验更是必不可少的。在试验过程中,需要认真仔细,例如原材料的配比,如果在粗心大意之下"失之毫厘",那得到的结果就有可能"差之千里"。这次经历增强了我的动手能力,也极大地提高了我的耐心与专注度,我不再觉得做试验是一种无聊又枯燥的事情,反而萌生出了一些兴趣,从而激励我更好地学习这门专业。

回首这过去的大学三年,说不上波澜壮阔,但也算是充实,我能感受到自己在每一个平凡的日子里为未来所做出的不懈努力,单是看到成绩名次的直线上升,我也能欣慰地告诉自己,这三年总算没有虚度。当然,更让我感到开心的就是拥有了一些志同道合的朋友。土木班级大家庭的温暖,每一次相聚都是最美好的回忆。拥有一些可爱的舍友,让我感受到家人一般的关心。

  总而言之,我相信,在泪水中浸泡过的微笑最灿烂,从迷惘中走出来的灵魂最清醒。失败了,但自己永不放弃,坚持到最后,获得了胜利,这时候成功的喜悦才是最光荣的。当我们在人生的道路上迷途知返,这时候,自己的内心才是最清醒的。只有经历过困难,锻炼自己,心灵才会更加坚强。

  我始终相信,时间从不会等待任何人,每一次跌到谷底,反而都是努力的最好时机。

心种工程,花开海大

工程学院　葛　超

　　葛超,女,汉族,1998年1月出生,工程学院自动化专业2015级本科学生。曾获国家励志奖学金、校学习优秀奖学金,全国海洋航行器设计与制作大赛一等奖、第十三届全国大学生"恩智浦"杯智能汽车竞赛全国二等奖、2017年全国大学生电子设计竞赛山东赛区一等奖等奖项,山东省大学生优秀科技社团干部、山东省优秀毕业生、校优秀学生、优秀团员等荣誉称号。

种下梦想,不离不弃

　　不忘初心,方得始终。踏入中国海洋大学的那一刻,我内心激动万分,学校浓厚的学习氛围、丰富的馆藏图书、鲜明的海洋特色深深地吸引了我。我坚信:知识改变思想,思想改变行动,行动决定命运。进入大学以来,我始终保持着良好的学习态度,刻苦钻研。课前做好预习工作,课上认真听课,紧随老师的脚步,课后认真钻研,灵活运用知识点,努力塑造和培养良好的学习习惯。"通识为体,专业为用",我时刻牢记中国海洋大学的教学理念,在课本知识扎实牢固之余,积极拓宽视野,实现博雅教育与专业教育的有机融合。

　　克服恐惧,勇登舞台。怀揣着对大学生活的憧憬与向往,我来到了工程学院2015级迎新晚会招募现场。不会唱歌、不会跳舞,没有特长的我能参加哪个项目呢? 忐忑不安地走到主持人面试处,紧张地拿起主持稿,深呼吸,想要声情并茂地念出这段文字,但不自信导致声音在颤抖,甚至几度出现发音错误的问题。在学长学姐的鼓励与支持下,艰难地完成了面试。本以为希望渺茫,却在第二天收到了面试成功的短信,欣喜若狂。在之后的排练过程中,学长们经过多方面权衡,认为我更加适合诗歌朗诵节目。几经波折,终于拿下了属于我自己的第一个角色。这一首诗歌朗诵道出了新生对家乡的思念与对未来的期盼,舞台上灯火璀璨,台下掌声雷动。大学给我上的第一课便是勇于尝试,无论成或败,这就是最大的收获。

扬帆起航,破浪前行。2015年10月,第四届山东省机器人大赛在中国海洋大学隆重举行,作为志愿者,我第一次如此近距离地接触这些科技产品,灭火机器人、六足机器人、双足机器人……它们形状各异却又功能强大。那时的我只是个懵懂的大一新生,但科技创新的种子已深深地埋在我的心中;那时的我并没有想到三年后自己会在科技创新方面发光发亮,在我心里那是一个遥不可及的梦,但这将会是大学四年里我要追逐的最高目标。

风雨无惧,梦想发芽

刻苦努力,坚韧不拔。我坚信机会总是留给有准备的人。大一下学期,全国海洋航行器设计与制作大赛校内选拔赛如火如荼地举行,我毅然决然地参加了智能航行类比赛。由于难度超出大一新生所学范围,我选择自学单片机、焊接电路等知识,遇到问题便积极请教老师、学长。暑假,烈日炎炎,大部分同学都选择回家,而我却扎根实验室,与队友一起探讨电路、探讨算法。尽管最终惨败而归,但这次经历让我对专业的认知更进一步,也为之后的经历打下基础。我以竹笋自喻,虽然柔嫩,但不怕重压,敢于奋斗、敢于冒尖。

热爱班级,甘于奉献。高考分数低于海大在江西省招生平均分的我,在大一学年竟取得班级第二名的成绩,意料之外,也在情理之中,这源于平时付出的点点滴滴以及逐步培养的良好的学习习惯。成绩给了我极大的信心,我成功竞选为班级学习委员,我想将我的经验、我的学习方法分享给更多同学,使大家共同进步。集体的习惯,其力量更大于个人的习惯。我积极联系各科教师,上传下达,辅助老师完成教学工作,带动同学们一起学习,为基础薄弱的同学一遍遍讲解知识点,尽绵薄之力。作为班级的一员,2018年10月,承担起优秀班集体标兵答辩的重任。答辩场上我意气风发,我深知班级的优秀,我为自己是其中的一员而感到骄傲。2015级自动化一班获得中国海洋大学优秀班集体标兵称号,并被评为山东省优秀班集体。

理想枝头,生命花开

　　求索不止,创新不竭。100次的跌倒,只愿101次地爬起来,只要爬起来,就会有进步。尽管大一暑假时参加的海洋航行器设计与制作大赛最终失利,但学到的知识是无价的。我越挫越勇,先后报名参加了多项科技创新竞赛。学习的重压,社团的工作,竞赛的压力,没有拖沓,没有抱怨,我合理分配时间,逐个击破,融会贯通,课堂的知识在竞赛中得以验证,各竞赛间的学习内容相互促进,取长补短。准备了整整一年的智能车比赛,在青岛市赛上试车时跑得稳定,但正式比赛时三次机会竟没有一次成功,我的心情跌入谷底。一年的努力是否就此付诸东流?我积极寻找问题,尝试解决,永不言弃。两年的智能车参赛经历,从电磁普通组到信标创意组,从山东省二等奖到全国二等奖,甚至差零点几秒与全国一等奖失之交臂,这段经历教会我的是知识无界、学海无涯。取得优异成绩的同时,不忘回馈他人,我积极参加学院"学长领航计划",凭借自己丰富的参赛经验,悉心指导学弟学妹成长,发挥"传帮带"作用,传承竞赛创新精神。

　　敢为人先,青春飞扬。担任工程学院科技爱好者协会主席期间,我以逢山开路、遇水搭桥的精神迎难而上、攻坚克难。第七届工程学院科技爱好者协会成立大会时,我指出本协会意在构建一支具有较高学术水平和创新能力的科技人才和创新团队,加强多学科的交叉与融合,完善科技平台,提供后勤保障。我积极联系经验丰富的学长学姐为新生讲授CAD、solidworks等专业软件的使用;加大工业设计、土木工程等专业科技竞赛的宣传工作,鼓励跨专业组队,共同学习;重新定位宣传部、新闻部、外联部的职责与工作内容,分工合理,运作高效;传承主要品牌活动的同时,开展有意义的新活动,提供更多的实践机会,营造科创氛围。任职期间,我的工作获得老师和同学们的一致好评,该年度,工程学院科技爱好者协会被评为山东省大学生优秀科技社团,我被评为山东省大学生优秀科技社团干部。

　　有志者,事竟成。三年的风雨洗礼,我收获到的不仅仅是专业知识,还有成长路上的伙伴与思想的蜕变。大学生活,教会了我出现问题就积极寻找原因并尝试解决,取得好成绩的同时更要学会总结长处与不足。同时,我也深刻认识到团结协作的重要性。竞赛团队目标统一,社团成员齐心协力,班级成员友爱互助……一滴水只有投身于大海才不会泯灭,一粒沙只有跻身于沙滩才不会被吹散,一只雁只有排列于雁队才能飞得更高更远,一个人只有融入团队才能发挥个人作用,促进团队更好发展。我始终认为,生命之花因为年轻而生彩,青春因为活力而生辉,是海大培育了我,工程学院是我梦想开花的地方。追梦的路上,既然选择了,我定会风雨兼程;追梦的路上布满荆棘,但我心怀梦想,勇往直前,定会披荆斩棘,走出一条康庄大道。

我的未来我做主

工程学院　李尹硕

李尹硕,男,汉族,1997年11月出生,工程学院自动化专业2015本科学生。曾三获国家奖学金、校学习优秀一等奖学金、实践奖学金,全国海洋航行器设计与制作大赛全国一等奖、"恩智浦"杯智能车竞赛双车会车组全国总决赛二等奖、光电竞速组山东赛区一等奖、山东省高校机器人竞赛六组竞速二等奖,校优秀学生、优秀班干部、优秀团员、优秀团干部荣誉称号。

男儿志兮天下事,但有进兮不有止

经过高考的洗礼,我终于如愿以偿,怀揣着目标与希望,憧憬着未来与梦想,来到了让我自由翱翔、放飞理想的地方——中国海洋大学。尽管在海大新生中,我并不突出,单论高考,以农村单招方式进入海大的我没有任何优势,但我相信高考只是过去,未来要靠自己书写,拼搏就能成功,平凡的我也能书写不平庸的大学生活。所以入学伊始,我就给自己做好了规划,并且一直努力奋斗,一步一步实现。大学三年,一路走过,风雨兼程,历练出的是成长,磨砺出的是品行,坚持不懈的是信念,永不放弃的是追求。

宝剑锋从磨砺出,梅花香自苦寒来

确立了目标,我便没有停下过奋斗的脚步。自动化的专业课程很难,为实现自己的目标,我不得不放弃休息玩耍的时间来写作业、学习功课。我有个习惯：每一节课都认真记笔记，不放过任何一个知识点，期末复习的时候许多专业课甚至可以抛开课本，通过笔记复习。

我坚信，功夫应该在平时，在我的大学里没有考试复习周，复习备考，从考前两个月就开始了。学习，是一个螺旋上升的过程，学习下一章的时候就是复习上一章的时间点。其他同学赖以突击式学习知识、提高成绩的考试周，在我眼里是比较轻松的一段时间，因为这时候整学期的课程我都已经系统地复习完并串在了一起，考试周，是我最自信的时候。

"宝剑锋从磨砺出，梅花香自苦寒来"，我在每学年都取得了专业第一的好成绩，这个成绩是对我付出最好的回报。我也格外重视专业相关的各种等级考试，除了英语六级，我还取得了全国计算机等级考试最高等级——计算机四级网络工程师的合格证书。在过去的大学时光里，我素质测评全优，凭借拼搏与努力、怀揣梦想与希望，我成功地通过了清华大学研究生推荐免试的考核，成为一名清华大学准研究生。这些成绩不是我炫耀的资本，但却是收获的证明。我相信每一份付出都会结出硕果，每一个青春都会因为奋斗而变得精彩！

千淘万漉虽辛苦，吹尽狂沙始到金

有了一定的知识储备后，我开始参加各种学科竞赛，智能车竞赛收获最多。大二上学期时我开始沉浸其中，在智能车队伍中，我感受到了超出比赛的归属感。在这里，有总是恨铁不成钢但又像家长一样爱护我们的老师；有教我们相关知识、悉心指导我们起步的学长学姐；还有相互交流、共同前进的同学们。每天下午下课之后六楼智能车基地全是在努力调车的同学，有的独自面对着电脑，绞尽脑汁地改程序；有的拿着焊枪，聚精会神地焊电路；还有的三三两两凑在一起，集思广益地找方法。智能车基地环境较差，到了夏天更是热得我们大汗淋漓，但是我们坚持每两周制定一个目标、进行一次检查、开一次总结会议，因为我们选择了现在流汗而不是将来流泪。

在汗水与欢声笑语中，我们从想方设法安装编译环境的"小白"，变成了赛场上从容调试的合格选手，一步一步从校际交流赛、青岛市智能车竞赛走到山东省智能车竞赛、国家总决赛。入此门来选择奋斗，出此门去已成"大牛"，在老师和学长的鞭策指导下，我们不仅做出了一流的智能车，先后拿到了相关竞赛的山东省一等奖、国家二等奖，还提高了自己的专业技术。我们在智能车竞赛中学到的专业知识和思维方式,是任何专业课中都学不来的。我相信,不管多久以后,我们回忆起这些片段,也许结果和成绩已经忘记,但是当时的拼搏、挫折和坚持,我们永远记得。而这些也一定会在我们将来面临艰难困境时,推动我们突破困境,走得更远。

参加竞赛,我收获到的不仅仅是证书和知识,在竞赛中,能深刻感受到团队带来的归属感。智能车竞赛组是个团队,更是一个大家庭,在这里同学们互帮互助,相互支持,在马达的轰鸣声中携手前行。通过智能车竞赛获得的专业知识远大于课堂,工科生,就应该在实践中获取知识!

智能车竞赛使我爱上了编程,课下自学了 C#、Java、Python,持有计算机二级 C、C++,三级计算机网络,四级网络工程师证书。平时喜欢动手编写一些使学习、工作和生活变得更方便的小程序。现在学院有几位老师正在使用我编写的小程序点名;大四的班长和团支书们使用我编写的程序计算成绩与排名,大大减少了成绩计算的工作量。

"大一看热闹,大二探门道,大三做主力,大四做指导",这是我们工程学院自动化系的竞赛培养模式,也是我的竞赛之路。不忘初心,方得始终,怀着一颗感恩的心,我积极加入"学长领航计划",作为智能车学生指导团队成员,凭借自己多年丰富的参赛经验,悉心指导学弟学妹成长,传承竞赛精神。

一花独放不是春,百花齐放春满园

作为班长,我的责任不仅是尽职尽责地通知大家大小事务并督促大家完成,还要带领全班同学一起努力,做到大学四年不留遗憾。大学对同学们的自主性有很高的要求,一些自制力差的同学可能会由于对自己要求不严格,成绩一落千丈。所以,大一时我就在班级内组织开展了集体晚自习,并建立签到制度,给自觉学习的同学一个舒适的学习环境,并督促自制力较差的同学保证学习时间;同时建立帮扶制度,成绩好的同学要带着学困生一起努力,课下答疑解惑,"一对一"帮扶。2015级自动化入学时分为两个班级,分班时两个班学生的水平基本相同,然而在大学学习时光接近尾声时,我所在的 2015 自动化 1 班表现极为突出。专业前 10 名中有我们班 9 名同学,专业前 20 名有我们班 15 名同学,专业前 30 名有我们班 23 名同学。全班 42 名同学,有 18 人保研,是专业历史之最。这与集体晚自习和帮扶制度密切相关。

宿舍可以说是大学集体的最小单位,我在宿舍的身份是宿舍长,我所在的宿舍学习、科研氛围浓厚,而且大学四年一直很团结,四年来每天早上四个人都在一起吃饭,这让其他同学十分羡慕。在浓厚的学习氛围与科研氛围的影响下,我们四个人在自动化专业名列前茅,最终分别推免到清华大学、北京理工大学、华中科技大学。

路漫漫其修远兮,吾将上下而求索

大学时光是人生中最为宝贵的岁月,我在海大学会学习、学会思考、学会奉献、学会做人。我庆幸四年来自己都在努力为梦想奋斗,甘于平凡却不甘于平庸。四年的大学生活中总是面临很多选择,我们可能曾计划着旅行、交流、竞赛、支教或者加入某个社团,却担心现实可能存在的种种问题。其实,青春最大的本钱就是想做就去做,有机会就去试,专注学业的同时别忘了追求梦想,埋头苦学的时候别忘了出去看看。大学生的世界,是多姿多彩的并行世界,学习、竞赛、社团……种种主线有条不紊地进行。

经过四年的风雨兼程,大学时光已接近尾声,但是奋斗之火将继续燃烧。在我的字典里,没有骄傲,只有自信;没有后悔,只有遗憾;无论取得了什么成就、有什么遗憾,都是过去式,我会从中汲取经验,但绝不会沉浸其中,我的目光,在远方!

不接受命运的安排,我的未来我做主!

立德立言,无问西东

工程学院 张小行

张小行,男,汉族,1997 年 7 月出生,中共党员,工程学院自动化专业 2015 级本科学生。曾获国家励志奖学金、校学习优秀奖学金、校社会实践奖学金,第六届山东省机器人大赛二等奖,校优秀志愿者、优秀学生、优秀学生干部、优秀团员、优秀毕业生等荣誉称号。

奋斗的青春最美丽。每个人在成长的道路上,都有着不一样的奋斗青春,我也一样,在平凡的道路上坚持不懈地奋斗着。

笑对苦难,自强奋发

三年级的某一天,还在上课的我被带回了家,看到已经入殓的父亲,我不知道这将意味着什么,只是依偎着妈妈不断流泪,只可惜任凭千行泪、万般语,再也唤不醒他。父亲走了,但日子还得过下去,36 岁的妈妈独自挑起了家中的重担。一个农村妇女供养两个孩子,艰辛可想而知。面对巨大的压力,妈妈从未说过苦,硬是用一双手为我们兄弟二人撑起了一片天。妈妈不善言谈,说的少,做的多,说到一定做到。不畏艰难、不向命运低头的她从小就给我和哥哥树立了榜样,而她的言传身教,是我们一生用之不竭的财富。

因为家庭情况,妈妈从小就让我好好读书,为自己谋个好生活,也为她争口气。我也深知只有学习是我唯一的出路,所以在我的求学之路上,我丝毫不敢有所松懈,并始终用高标准、严要求对待自己,不甘落后于别人。初中三年,每天都坚持全校第一个起床,大声晨读,当了全校师生三年的"闹钟",最终功夫不负有心人,我以优异的成绩考上了全市最好的高中。经过高中三年的不懈努力,我也不负众望地考上了中国海大,给妈妈带来了最好的安慰。

扬帆起航,圆梦海大

开学季,辞别家人,我一人坐车从云南来青岛。当看到大海的那一刻,抑制不住心中的激动,我流泪了,那是我第一次走出大山,见到外面的世界。但面对这个陌生的城市和即将开始的新征程,我有些惶恐和不安,因为我还不知道该怎样开启它。虽然心有疑虑,但我告诉我自己,只要脚踏实地、自律谨慎,就肯定能学有所成、德有所长,平凡的我也能做一些不平凡的事。

进入大学伊始,新的环境、新的学习模式让我有些迷茫。一方面,我不知道应该怎样去学习;另一方面,大学的课程让我感觉学起来很吃力,但是笨鸟先飞,我始终相信天道酬勤,不比聪明比勤奋,所以不管什么时候,只要有空,我都去上自习而不是待在宿舍里。经过一段时间的认真预习、复习,定期做总结,慢慢地,我逐渐适应了大学的学习方式。三年多的学习生涯里,我听过太多诸如"不翘课的大学不完整""不挂科的大学不完整"这一类的说法,但我始终踏实认真,从未缺过一节课,也没有任何一科不及格,并且获得多项奖学金。这些奖励,是对我刻苦学习的最好认可,也是激励我不断前行的动力源泉。

奉献自我,创造价值

"让其他人因为我的存在而感到幸福"——这是我的座右铭,我希望奉献我自己,尽己之力去帮助他人,所以在课余时间,我积极参加各类志愿服务,并在2015年10月在第四届山东省机器人大赛的志愿服务中被评为省级优秀志愿者。

秉持"捧着一颗心来,不带一根草去"的理念,我竞选了班级团支书。为了不辜负全班同学的期望,在团支书的岗位上,我始终尽职尽责,以饱满的热情对待工作;将心比心,以亲和的态度对待同学,尽力为每一位同学解决他们遇到的问题,所做工作也赢得了学院和同学们的肯定。2018年5月,我带领团支部获得了学院唯一一个"雷锋团支部"的光荣称号。在班委工作中,我体会到了帮助他人的快乐,也成长了不少,这段经历让我从一个懵懂少年变成了一个更加认真、负责的人。

在当班委的同时,我也不断提高自己的思想境界,积极向党组织靠拢,时时处处以共产党员的标准严格要求自己,经过自己的不懈努力,我于2017年11月入党,成为2015级自动化专业在大学入党的第一人。

乐观、积极、不抱怨,是我的工作态度,不管什么时候、在做什么,我都告诉自己要不忘初心,要让其他人因为我的存在而感到幸福。

情系远征,心系老兵

在学习专业知识之外,我积极投身社会实践。为了让更多人了解中国远征军,关注关爱抗战老兵,锻炼自己的实践能力,2016年11月,我和同学以"了解历史,珍惜和平;收获感动,自强奋发"为主题,申请了马克思主义学院"滇西抗战健在兵口述史研究"的OUC-SRDP并成功立项。2017年春节刚过,我便带队奔赴云南腾冲,开始了为期10天的实地调研。10天时间,我们实地走访了滇西抗战遗址,参观了国殇墓园与滇西抗战纪念馆,并采访了5位中国远征军老兵和1位中国野战军老兵,得到了5万多字的老兵口述和500多分钟的老兵访谈视频。

调研结束之后,我们结合相关史实对老兵们的口述进行了整理,克服方言、逻辑错误等重重困难,字斟句酌地翻译,最终形成了近4万字的老兵口述史,并分编为46个故事;结合图片,我们还编著了《滇西抗战老兵口试史》一书,并剪辑制作了一个老兵访谈视频。此外,我们还积极利用新媒体工具,对抗战老兵的故事进行宣传,发表的文章累计阅读量超过12万人次。在队员们的共同努力下,我们的项目在国家大学生创新创业项目结题答辩中获评"优秀"。

项目的开展,让我对那段鲜为人知的历史有了更加清晰全面的了解,此外,当我在看到国殇墓园里9168名烈士一排排的墓碑阵和滇西抗战纪念馆里千余顶钢盔组成的钢盔墙的时候,我的内心受到了强烈地震撼,我深深地体会到了我们今天的和平是如此的来之不易。

在采访老兵们的过程中,老兵们给我们讲述了70多年前他们一腔热血参军报国的故事,那些故事栩栩如生,感人肺腑。李芳公爷爷为了赶走侵略者,作为家里独子的他瞒着老母亲参加了八路军,以至于老母亲去世时也没能陪在身边。谈起此事,他泣不成声,在座的我们无不被爷爷那份舍孝尽忠的爱国情怀所打动。卢彩文爷爷"誓死不当亡国奴",为收复家乡,毅然携笔从戎,学成之后主动请缨前往最危险的地方开展工作;为获取敌军情报,一个人冒着生命危险闯入日军大本营与汉奸打交道。李洪熬爷爷为了保护战友,在日本人用开水烫他的脚时,依然正义凛然,视死如归……老兵爷爷们的动情讲述深深打动了我,带给了我太多的感动与思考。他们不怕牺牲、藐视困难、临危不惧的大无畏精神,报效国家、"誓死不当亡国奴"的爱国精神,带给我强烈的震撼,让我感到由衷的敬佩。

从腾冲回来,我的心情久久不能平静。我告诉自己要好好珍惜今天这来之不易的美好生活,传承抗战精神,将自己的人生理想同国家、民族的命运结合起来,不怕困难,勇敢正义,努力学习,报效国家。

腾冲之行,是我大学阶段最精彩最难忘的经历,是我受益一生的宝贵财富,这些财富是我前行路上的明灯,为我指引前进的方向,并激励着我不断前进。

选择

环境科学与工程学院　刘美燕

刘美燕,女,汉族,1996年12月出生,中共党员,环境科学与工程学院环境工程专业2014级本科学生。曾获国家奖学金、国家励志奖学金、獐子岛百佳优秀学生奖学金、校学习优秀一等奖学金、校优秀学生,优秀志愿者等荣誉称号。

生活的轨迹错综复杂,每一步都在面临选择。选择自己人生的终点轮廓,选择自己将要从事的职业,选择与人相处的模式,选择坚持抑或放弃,选择克制抑或放纵。选择不单是我们口中常说的人生十字路口,却更像是一段又一段累积的弧线,铺垫成完整的人生。

你能否相信一个从不敢在公共场合大声讲话,为了一次演讲而焦虑至彻夜难眠,因为担心说话时结巴而从不主动给别人打电话的人可以成长为一个在辩论场上巧舌如簧,与陌生人侃侃而谈,主动在公共场合表达自己想法的人?

大学,是机遇,是挑战,是我绽放青春之花的殿堂。人生就像一张单程的车票,任何人的手中都没有返程票;人生又像一盘不能悔子的棋,每一步都不允许走错。爸爸妈妈送我来学校的那刻起,我就下定决心要在大学四年的时间里闯出自己的一片天地,做一个优秀的全面发展的人。

大学校园生活里的社团活动琳琅满目,面对的各种选择对我来说是很大的挑战。满怀着想要提高自己综合素质,锻炼表达能力的希望,我在2014—2015学年伊始选择参加了许多社团活动,最幸运的是我参加了辩论队。当时报名的时候得知选拔过程就是新生赛,心生惶恐,担心自己万一冷了场、丢了人怎么办,但又想抓住这难得的机会。所谓初生牛犊不怕虎,忌惮终敌不过自信,我毅然决然地在报名表上写下了自己的名字。我还记得新生赛抽到的辩题是"人生之喜在于不可重来 VS 人生之悲在于不可重来",我的辩位是反方三辩。自从辩题确定以后,紧张又兴奋的心情难以言喻,进行着十分认真的准备,每天到图书馆机房搜集各种资料,在网上看经典辩论视频,了解一个合格的辩手在赛场上的表现,在本子上一条条地记下需要注意的细节,兴致所到极处还会模仿语调手势。初进大学,同学们之间毕竟都不了解,正巧队友里就有士气低迷之人,庆幸的是通过几个人的积极鼓动,大家的热情也算恰到好处。这也是此次新生赛让我感触颇深之处:只要坚持想做,必会排除万难!之后,组员们一起积极讨论,交流想法,补充意见,有时还会各执己见,争辩到面红耳赤。我很享受这个过程,在这种氛围下会发现,每个人都有自己独到的想法,诡异、新奇,实乃语言的交流、思想的碰撞。每天讨论结束回到宿舍,就趁着头脑清醒、整理辩论稿,用两三百字涵盖几天以来的想法,字字斟酌。撰稿过程中主动向学姐请教后,常常感到豁然开朗。老天不负有心人,最终我在第一场新生赛上表现非常棒,成为那一场新生赛的最佳辩手,也如愿成为辩论队的一员。经过大家的不懈努力,辩论队硕果累累,2014—2015学年上学期在校辩论赛中荣获冠军,下学期在八院辩论赛中成功卫冕。通过反复训练,我的语言表达能力有了很大的提高,同样是在这里,我深切地体会到了什么是队友情谊,懂得了团结协作的重要意义。因为辩论赛,自己犹如变了一个人,自主学习,相互激励,交流包容,虚心求教,不断坚持,合理安排时间,这些可贵的品质,与辩论赛相伴的日子里我不断地培养着。

如今辩论场上的日子已不再,然而辩论对我的影响仍存。辩论是一种提升思考能力、锻炼理性客观分析问题能力的方法。辩论的乐趣在于有正反方,即便个人主观看法与拿到的辩方观点相悖,在辩论场上仍要为维护原本反对的观点而战,因此辩论有助于帮我把思想中那些刻薄、偏激的部分抹去,培养客观看问题的能力,包容不同层面、不同思考立场上的观点,从而渐渐地让我在生活中遇到问题时总能从正反两方面全面地进行分析,沉着冷静去面对;辩论是一个不断探寻自己的过程。如果说我们现在学习的知识大多数是在认识客观世界,那么辩论的矛头则是指向了自己的思维能力,如何组织自己的语言、逻辑、思考方式是一种挑战,在这种挑战中不断探索、认识、超越自己的固有思维方式;辩论是一个培养感情的过程,辩论过程中并肩作战的战友之间建立起来的友谊,将使我终生难忘。感谢辩论队,感谢自己的选择!

选择,有时并不为自己的意志所操控,双向选择的过程体现了一个人积淀的能力,而机会永远只留给有准备的人。在2015—2016学年下学期,我申请到爱尔兰科克大学进行为期一个学期的交流学习。学费由科克大学支付,生活费可以申请国家留学基金委资助,前提是申请人的语言水平要达到对方学校的录取要求,即六级成绩达到500分。然而我的六级成绩只有497分,由于语言成绩达不到要求,生活费及往来机票全需自己承担,于是选择放弃了这次难得的机会。经过这次教训,我意识到自己一定要准备好各种基本的、可能会用到的技能,比如雅思托福考试成绩、游泳技能等等。想要争取的机会越多,自己前期需要进行的准备也要越多,前提是自己已有未雨绸缪的思想,对自己的未来有一个大体的规划,然后时常咨询、考虑自己为达到目标可能选择的道路有哪些、要为之做哪些准备。只有这样,当机会来临时,我才可以胸有成竹地说:"我准备好了,这次机会是属于我的!"我才可以有资格做出想要的选择!

如今,我的大学时光已经接近尾声,面对今后的发展方向,这次的选择又是一次处在交叉路口的判断。大四的时候选择跨专业保研,是我做出的极具挑战但意义非凡的选择。要想自己的人生活得精彩,就要勇于跟随自己的心,选择了便也不再后悔。选择之后,只剩奋斗!

| 珍惜当下，拥抱未来 |

珍惜当下，拥抱未来

环境科学与工程学院　苏　垚

苏垚，女，汉族，1995年12月出生，中共预备党员，中国海洋大学环境科学与工程学院环境科学专业2014级本科学生。曾获得国家励志奖学金、学习优秀三等奖学金、科技创新奖学金、文体活动奖学金，校海洋知识竞赛亚军，校优秀学生、优秀团员、优秀团干部等荣誉称号。

我来自一个普通的农村家庭。小时候，生活的艰辛，学习的不易，让我对生活更加热爱，对学习的机会更为珍惜。父母用他们质朴的言行告诉我：路在脚下，未来的一切都要凭借着自己的努力去奋斗，去改变。在我看来，努力学习不仅仅是为了自己，而是通过学习能给自己和家人创造一个美好的未来。虽然会有各种各样的挑战，但我依然会通过自身的努力去克服，要知道蝴蝶破茧而出才开始它真正的一生。

有这样一句话："奋斗以求改善生活，是可敬的行为。"一直以来我都把这句话作为努力的动力，进入大学后更是将它运用到了实践中。虽然在一开始也有些松懈，但是后来慢慢地找准了自己前行的方向。我不希望回忆大学时光的时候脑袋是空白的，或是只有窝在宿舍吃喝玩乐的记忆。我希望毕业以后回忆大学四年，我是充满怀念的，有着我为了考试而挑灯夜读的情形，有为了某个比赛而紧张准备的画面，有我拿到奖状、奖学金而向家里人报喜的画面。我希望我的大学生活是丰富多彩的，不留遗憾的。

刚刚进入大学时，对我来说一切都充满着新奇，激动地想要了解大学的一切但却又有点陌生和胆怯。陌生的人群、环境，里面的林林总总让我有了一丝迷茫,想要前进,却找不到正确的方向。还好,这时,出现了我大学里很重要的一个人——海洋与大气学院的学姐。她很耐心地带着我买了各种东西,带着我逛校园,她还告诉我说:"大学并不像高中时想的那样,玩玩就过去了,在大学里,我们能做的事有很多,比如我们可以参加各种社团、各种比赛,认识更多的人,学习更多的东西。此外,作为一个学生,首先应该完成的是自己的学习任务。"此后,我开始摆正自己的态度,意识到不能让关心我的人失望,更不能自己看低自己,放纵自己。我开始学着充实我的大学生活,在各种活动中都能看到我的身影,在学习上也从不懈怠。我的大学生活也变得丰富多彩,我庆幸自己还在努力成长。

在我的大学生活中,学习永远是生活的主旋律。在和同学的相处中,我看到自己的不足,认识到自己的小聪明完全不能让我轻易地获得比他人更好的成绩,所以要比别人花更多的时间学习。图书馆开始成为我最频繁出现的场所,我如饥似渴地不断地丰富自己的知识。对于专业课的课程,我认为必须要学好,在课堂上,老师讲的知识比较陌生或是不能很好理解的,自己会到图书馆找书看。作为一个想要全面发展的学生,我认为仅满足于专业知识的学习是不够的。于是除了努力学好每一科的专业课程外,我更是充分利用课余时间去充实自己。例如学习英语,尽管英语基础不好,但我还是坚持每天去做阅读、听英语歌曲。在我长期的努力下,英语基础薄弱的我取得很大的进步,我已经连续通过了英语四六级考试。这对我是一个鼓励,让我对学习的热情越来越高。

同时,大学期间我也参加了一些科研活动。我们成立了科研小组,成功申请了科研立项"我国贝类水产品沾染神经毒素BMAA现状调查分析"。在导师李爱峰的指导下,我们在我国10个具有代表性的沿海城市采集了53个常见的双壳贝类作为本实验样品,并应用LC—MS/MS分析方法检测样品中游离态BMAA、DAB和AEG的含量。在一次又一次的检测后,我们了解到我国近海环境中可能分布着能含有DAB、BMAA毒素的贝类水产品,而这些贝类水产品可能会对人类健康造成威胁。在研究项目结束之后,我主动向班主任寻求跟研究生学姐学长一起进实验室学习的机会。通过这些学习,我深刻地意识到了我对实验室的渴望,想要凭借自己的能力为环境科研事业做出一点点成绩。虽然这是一个漫长的过程,但我愿为之奋斗。

大学三年在学习以及科研方面取得的成绩,让我在2017年暑期南京大学的夏令营活动中脱颖而出,顺利被南京大学录取为2018级的研究生。现在的我只能用努力学习、优异的成绩来回报父母,回报给我提供帮助的学校、社会和国家,到以后才能真正有能力为其献出一分力量。我不会因为一点点成绩就骄傲,我会一直坚持。

学习要认真,生活亦是如此。对于我这样一个热爱生活、爱运动的学生来说,能够在这样一所充满活力的大学中学习是一件非常幸福的事情。在大一开始的时候,我就积极参加了我们院的迎新晚会,加入了研究会,并积极参与了其组织的活动"家乡美",并获得了大学的第一张奖状,让我更有信心。后来又陆续参加了"超级演说"、健美操比赛等。我很荣幸作为我们学院的一员连续参加了两届健美操比赛,天天一起训练让健美操队成为一个温馨的大家庭,在这里我找到了归属感。健美操比赛结束后,我又加入了学校的轮滑社,并作为轮滑社的一员代表学校参加了青岛市的科技机器人比赛并获得了三等奖,虽然途中有些受伤,但是我们乐在其中。俗话说,实践是检验真理的唯一标准。在校期间参加的各项活动对我来说既是一个挑战,也是一个机会。能够将所学的知识运用到所参与的社会实践中,是对我自己能力的一种检验。虽然在大学期间我取得了一些还不错的成绩,但是也让我深刻认识到了学习无止境,人生的路还很长,唯有坚持不懈地学习才能让我有机会为这个社会贡献薄弱的力量。

在2016—2017学年,能够得到国家奖励志学金对我来说是非常有意义的,这是对我过去一年所做出的努力的肯定。但我不会因为这份荣誉就此松懈,我会更加努力地去证明自己真的配得上这样的荣誉。同时这份荣誉也是一种激励,让我更加想要继续努力提高自己的各项实力,用一颗感恩的心不断奋进。

荣誉已经过去,现在我还是得继续学习,有更高的追求,才能有更多的动力。我相信唯有努力奋斗,才能拥抱自己的梦想。

追梦赤子心

环境科学与工程学院 毕研栋

毕研栋,男,汉族,1997年5月出生,中共党员,环境科学与工程学院环境工程专业2015级本科学生。曾获国家奖学金、国家励志奖学金、校学习优秀一等奖学金、獐子岛百佳优秀学生奖学金,2017年全国大学生数学建模竞赛山东省区一等奖、山东省第三届环境类专业大学生科技竞赛一等奖,校优秀学生、优秀学生干部、优秀团员、优秀毕业生等荣誉称号。

时光荏苒,转眼间三年已过去。回想起刚来到海大时的懵懂与向往,回想起三年来的点点滴滴,有成功也有失败,有欢笑也有泪水,有科研路上老师的谆谆教诲,也有生活中同学们的支持帮助。一路走来,是海大锻炼了我,让我在成长道路上不断成熟,对未来有着更加执着的追求,对前景更加充满希望。

与"环协"共同成长

2015年,怀揣着梦想与向往,我离开了从小到大生活的城市,第一次一个人来到陌生的城市求学。因为对梦想的坚持,因为对环保的好奇,我不顾父母的反对选择了环境工程专业。来到环科院,也是因为对环保的热爱,自然而然地加入了中国海洋大学环境保护协会(简称"环协")。当初的我也没有想到,在"环协"一待就是三年,从干事到部长,从部长再到主席团。"环协"成立15周年时,一位学姐曾说,"我是你的五分之一,而你却是我的四分之三"。平淡的话里是一届届的"环协"人对梦想的坚持,对绿水青山的渴望。而我也跟随着学姐的脚步,践行着这句话,也相信会有更多的人为了梦想而坚持……

出于对摄影的热爱、对平面设计的好奇以及对文字的敏感,我选择了环境保护协会的网宣部,希望能够通过自己的镜头让更多的人认识、了解这个协会。活动前的海报设计,微信、微博宣传,活动过程中的摄影记录,以及活动完成后的撰稿发闻,这些环节中都有我的身影,而我好像也习惯了这样的生活,通过文字、图片或视频的形式记录下"环协"的点点滴滴。

初加入"环协",就为其协会理念所吸引——爱自然文化、家文化、蜗牛文化以及老人与小孩文化,"渗透于心,表达于行"8个字更深深地打动了我。环保事业任重而道远,只有心有自然,落实行动,才可以真正推动环保事业的发展。想当初我就是被这种理念所吸引才一待就是三年吧!

三年中,我从一无所知的小干事——练习撰稿、学习摄影、维护平台等,逐渐成长为一部之长——制订部门发展计划,主办活动以及配合其他部门完成特色活动,再到主席团,为社团的整体发展献计献策。一路走来,除了对梦想的坚持,我还收获了珍贵的友谊,提高了综合素质。

海边净滩、"环教"、自然体验营、旧衣回收、油与皂、光棍节、水果贺卡、"地球一小时"……参与的活动都历历在目。还记得"海边净滩"中呼吁游客捡拾垃圾的身影,还记得"环教"时那一张张单纯稚嫩的笑脸,还记得"旧衣回收"时快乐的汗水,还记得"地球一小时"活动中整个楼栋组起的大大的"60"字样……

环保不是一句口号,身体力行才是关键。而我们环协人要做的就是通过自己的践行带动更多的人参与进来。如今我已经离开协会,但是我仍将带着"渗透于心,表达与行"的理念继续走下去。

关于理想我从来没选择放弃

如果说社团是我大学生活的"调味剂",那么科研和实践就是我的"强心剂"。

很多人少年时都有一个科学家梦,而我也不例外,我对科研有一种说不清道不明的眷念。在大二时我与同学组队参与了校本科生研究发展计划(OUC-SRDP),研究课题为"改性生物炭对铬污染土壤的生态修复效能研究"。在陈老师以及师姐的指导、帮助下,我们首先确定了课题,在对青岛某铬污染场地进行了详细的勘察、取样分析后,研究了改性生物炭对铬的去除效率问题。

然而，我们在申请国家级创新训练项目时失败了，之后的一段时间里我们消极对待，没有了科研的动力。此时，老师发现了我们的状况，跟我们谈心，指出我们的问题，并指导我们下一步的科研方向。在老师的帮助下，我们撰写了《铬渣堆场污染区域铬迁移转化调查与分析》，获得了山东省第三届环境类专业大学生科技竞赛一等奖，又重拾了对科研的热情与信心。

此外，实践志愿服务活动也让我的生活多姿多彩。在张民生老师的指导下，我参与了"环境科学与工程学院土工试验竞赛"的筹备志愿服务工作。设计竞赛流程、讨论评分标准、准备实验仪器、实验现场评分等环节既巩固了我课堂所学的专业理论知识，锻炼了我的试验操作能力，又锻炼了我组织筹备活动的能力。

经过此次锻炼，在刘老师的指导下，我又参与了山东省海洋环境地质工程重点实验室学术年会（2017）暨第三届海洋工程地质发展战略研讨会的志愿服务工作，与会人员的联系安排、展板、邀请函的制作以及现场的茶歇准备、嘉宾接送，让我真正感受到一次重大学术会议的成功举办是与许多幕后工作者的辛勤付出分不开的，而我也为能够在本科期间为这样一次学术盛会贡献一分力量感到幸运和骄傲。

科研、竞赛、社团、志愿服务……这可能就是我高中时对大学生活的憧憬，而转眼间我已走到了大学生涯的终点，回首过去，没有遗憾；坚持理想，相信充满鲜花的世界就在眼前。

付出所有的青春不留遗憾

从小到大，我总是对数学、物理着迷，沉迷于解出难题的乐趣。高中奥林匹克物理竞赛、数学竞赛和化学竞赛都充斥着我的身影，而我也取得了优异的成绩。进入大学后，数学建模竞赛就成为我努力的方向，想取得较好的成绩来证明自己。大二夏季小学期，我与两个志同道合的同学组队参加了2017年全国大学生数学建模竞赛。台上十分钟，台下十年功，我们从基础做起，学习Matlab、SPSS等编程和数据分析软件以及数学建模课程……试题公布后，我们小队通力合作，熬夜奋战，经过几天几夜的努力，最终取得了山东省区一等奖的好成绩。

当然，人的精力不可能是无限的。繁忙的社团活动，科研、志愿服务以及社会实践等占用了我过多的学习时间,导致我的学习成绩在大二期间严重下滑。但是,站在大四的时间点上,回首过往,我不后悔,正是有了丰富的社团活动经历以及科研和实践经历,我才锻炼成为现在的我,"书呆子"永远不可能成为我的标签,面对各种事情游刃有余才是我为之努力的方向。

时光荏苒,大学四分之三的时光在不知不觉中从指间偷偷溜走,我基本完成了初入海大校门时立下的目标,没有后悔,没有遗憾;我也即将要离开青岛,离开这度过了美好时光的海大校园,向更高的目标努力,去追求更美好的未来!

"路漫漫其修远兮,吾将上下而求索",面对保研还是就业的人生抉择,因为对科研的热爱,因为对海洋地质的好奇,我选择了去同济大学继续深造,在地质领域继续摸索前行。

回首往事,感谢父母无言的支持、平凡而伟大的爱,感谢海大给予我这样广阔的舞台,感谢给予我无私帮助的老师、同学和朋友们。我会继续努力,超越自我。

不畏将来,不念过往

环境科学与工程学院　王恒琪

王恒琪,男,汉族,1996年2月出生,中共党员,环境科学与工程学院环境科学专业2015级本科学生。曾获国家奖学金、国家励志奖学金、校学习优秀一等奖学金、永旺奖学金和中国银行"自强大学生"奖学金,校优秀团员、山东省优秀学生、山东省优秀毕业生等荣誉称号。

时光荏苒,中国海洋大学四年的历练使我从青涩逐渐走向成熟。四年前,怀着知识改变命运的信念我走进了校门,从那时起便立志要充分利用大学时光,用不懈努力和奋斗实现自己的价值,发挥自己的能量。四年后,我即将离开这里,但是母校所赋予我的精神将伴我一生,激励着我向着理想不断前进。

红心向党,争当时代先锋

加入中国共产党,一直是我的理想,因此入学后我便向党组织递交了入党申请书,并在日常生活中始终以党员的标准严格要求自己,不断锻炼党性,提高自身素质。在大学期间,我始终牢记一名共产党员的责任与担当,在各个方面都努力发挥先锋模范作用,争当时代先锋。

大一入学,我便报名参加了环境保护协会的义工部和学生会的实践部,和同学一起去海边净滩、巡林护鸟,一起募捐去帮助贫困儿童。在社团中我遇到了志同道合的伙伴,共同践行着服务社会、帮助他人的目标。在实践部,我明白了"给予"的快乐,更体会到了幕后工作者的幸福。同时,我还是数学科学学院成立的"数学公益平台"和学院"学业帮扶小组"的一员,利用所学知识帮助同学提高成绩。作为班级的学习委员,我将自己定位为师生之间的桥梁,始终坚持全心全意为同学和老师服务。2016—2017学年,班级成绩得到了明显提升,平均分在70分以上的人数更是达到了100%。

先进的思想引领着我不断向更高处攀登,但我始终没有忘记自己的责任与担当,始终以党员的标准严格要求自己,也正是这种精神使我不断进步,在各方面都能发挥模范带头作用。

以勤为桨,探寻知海奥秘

四年来,我勤奋刻苦,成绩始终保持在班级前列。正如校训"海纳百川,取则行远",在学习专业知识的同时我根据自己的兴趣学习不同方面的知识。英语基础比较薄弱,我便利用课余时间不断扩充自己的词汇量,不断充实自己;对大气气溶胶比较感兴趣,我便开始自学大气科学专业的相关课程,对气溶胶进行更深的了解;平时科研中需要作图,我便在Fortran的基础上自学了MATLAB,尝试将自己想表达的东西用计算机表达出来。学习不止为了分数,而是为了应用于实践,这是我大学四年以来总结的经验。知识的不断积累,为我今后的科研奠定了良好的基础,让我能够在科研的道路上坚定不移地走下去。

全力以赴是我不变的信念,为了实现这个信念,我以勤为桨,探索未知,不断改变着命运之舟的方向。勤奋,使我的精神世界变得更加丰富多彩,将我的眼界变得更加开阔,更使得一个农村娃有机会看到更加绚丽多姿的世界,成就更好的自己!

讷言敏行,醉心科研实践

"把会做的做到最好,把不会做的努力做到最好"是我对待科研实践的态度。我注重在科研中多思、多想、多尝试,把科研真正当作一件有趣的事去做。

大一的"三下乡"是我对科研的初步尝试,从那以后,科研便正式进入我的生活。大二期间,我同时参与两个OUC-SRDP项目,和团队成员一起展开对大气气溶胶和PM2.5的研究,现在两个项目均已顺利结项,其中一项还以综合评分第一的成绩获得优秀项目称号。大三学年,基于自身兴趣,我和同学组队进行一项有关大气中芽孢杆菌的研究,现在该项目已经进入收尾阶段,相关文章也即将撰写。丰富的科研经历使我从夏令营中脱颖而出,最终获得了复旦大学和清华大学的预录取通知书,最终我选择清华大学继续进行大气气溶胶的相关研究。

"以梦为马,不负韶华",我便是那科研路上的逐梦者。热爱科研,勇于实践,面对困难也无所畏惧,科研上的失败并没有使我丧失信心,反而激发了我的斗志;取得的成果没有让我骄傲自满,而是坚定了我一路向前的决心。

穷且益坚,锻造坚毅性格

穷人的孩子早当家。我出生在农村,家中经济情况不容乐观,我明白父母的辛苦,从小就比同龄人听话懂事,也早早地就实现了独立。大一那年,我带着父母给的8000元生活费只身来到青岛,一直到现在都没再向父母要过一分钱。不仅如此,每次回家我都会为家里人带些特产。大学四年,我做过十几种工作,这些工作不仅使我实现了经济独立,更让我得到了锻炼,积累了丰富的实践经验。

不卑不亢,自立自强,这便是我对待生活的态度。"穷且益坚,不坠青云之志",贫穷并没有成为我自暴自弃的理由,而成为我不懈奋斗的动力,正是贫穷磨炼了我的意志,不断锻造了我坚毅的性格。

有句话说,"不畏将来,不念过往"。高中时我还只会在作文中引用这句话,但现在我对这句话有了更深的理解:不念过往,告诉我不要因贫穷感到卑微,也不要因成绩而感到自满;不畏将来,便是要谨记中国海洋大学所赋予我的精神,在未来的日子里直面挫折与困难,永远保持积极向上的心态,不断奋斗,去创造更加辉煌美好的未来!

未能如愿，幸未如愿

管理学院　李晓宇

李晓宇，女，汉族，1996年11月出生，中共预备党员，管理学院电子商务专业2014级本科学生。曾获国家奖学金、中国银行自强大学生奖学金、青岛银行优秀大学生奖学金、校学习优秀一等奖学金、社会实践奖学金、科技创新奖学金，"创青春"全国大学生创业大赛MBA专项赛全国铜奖、"创青春"·海尔山东省大学生创业大赛铜奖、"互联网+"大学生创新创业大赛校级一等奖，校优秀学生、优秀团员、优秀团干部、优秀毕业生等荣誉称号。

辛弃疾有句词，"叹人生，不如意事，十常八九"。回看我这近四年的大学历程，仿佛也是如此，所幸自己不是一挫即败的性格，反而在一次次的遗憾中愈挫愈勇。当时的未能如愿，如今看来，倒成了指引方向的路标、催人奋进的号角，是黎明破晓前的短暂黑暗。

初到有憾，指引成长

2014年，备战三年的高考悄然落幕，我从家乡来到中国海洋大学，满怀着对大学生活的憧憬，一头扎进了社团招新和迎新晚会选拔的热潮，然而现实却给我当头一棒。在社团申请表的"爱好"一栏中，我无法理直气壮地写下任何一个字；精心准备去参加迎新主持人面试，面对学长学姐却紧张到语无伦次，被温柔地提醒注意口音和舞台表现，被淘汰也成了意料之中的事；就连班级的自我介绍和班委竞选，我也是支支吾吾，无法脱稿。这个时候，在或是多才多艺或是口若悬河的同学们的包围下，我猛然意识到，我所拥有的高中时代的学习优势，

已经随着考试结束的铃声,一起留在了家乡那座小小的城市里。在中国海洋大学,高手如云,我只是一张最普通的白纸。

为了跳出不断的自我否定,我把精力重新转移到学习上,渴望从成绩中找到自信。于是,清晨教学区的占座大军和夜晚图书馆的拥挤人潮里都多了一个我,在不断地跟懒惰与倦怠抗争。凭借着慢慢养成的新的学习习惯,我顺利积攒了一箱厚厚的课程笔记,也水到渠成地安然度过了全部期末考试。在这期间,从学习中获得的满足和自信,鼓励我开始尝试新的挑战,跟一群热爱摄影的伙伴到处走走停停,拍了无数张废片以后,找到了人生爱好;从体育课、塑身营,到最终加入"快闪",努力跟不协调的肢体做斗争,也算圆了小时候的舞蹈梦;在每一次答辩和展示中,抓住机会苦练表达能力,最终甩掉了那个关键时刻怯场的自己。

所以说,如果没能在一开始就如愿以偿,也不必气馁,因为在一番汗水之后的得偿所愿,反而能让你收获更多。当我被迫看到除了学习一无是处的自己后,才更清醒地认识到自己迫切想要改变的决心,也才有机会迎接这些努力过后的意外之喜。

落选国奖,重新起航

2015年,带着专业第一名的成绩、丰富的实践经历,我满怀自信地成为国家奖学金候选人,但经历过答辩等环节后,我落选了。至今我还清楚地记得,在概率课上,本以为经过公示就获奖的我,反复确认着最终名单,妄图在细小狭窄的缝隙里重新看到自己的名字。那一刻,老师粉笔敲击黑板的响声,泪水滴在手机屏幕上的声音,都戏剧般地被放大,然后跟随落选的挫败感,被深深地刻在脑海里。

但于我而言,有机会感受这种突如其来的大起大落,未尝不是一件好事,这不仅让我切实感受了一次现实的残酷,也让我失去了未来懈怠的理由。在不断与优秀同学的对比和自我反省中,我意识到自己最大的问题在于没有核心竞争力,换句话说,我太平庸了,在成绩和社团——这些几乎所有候选人都拥有的优势之外,我毫无亮点。

于是,带着一股不愿服输的劲儿,我重新回到图书馆,继续着日复一日、从清晨到夜幕的生活,同时分出大部分精力参加创新创业活动,希望能在各类竞赛中积累丰富的创新创业经验,打造自己的核心优势。记得在第一次参加创业计划项目时,我还是年纪最小的成员。作为市场部分的参与者,为了在了解产品的基础上制订营销计划,我翻阅了数十篇相关文献,浏览了上百个相关网页,总算打破了对护理行业的一无所知。那些晦涩难懂的医疗知识和参考资料,不仅让我对一个陌生领域有了新的认识,也让我对创新创业有了新的理解,这不仅是我培养核心优势的开始,更是我坚持参加创新创业活动的契机。在随后的一次次尝试里,我从团队成员到核心成员,再到团队负责人;从医疗护理到家居装修,再到敬老公益,我对这条道路有了更多感悟。热爱之余,自己也在不断进步,努力成熟。

大二学年结束后,我再次作为国家奖学金候选人参与答辩,结果如愿以偿。回头看这段经历,如果不是第一次落选,我可能没有机会去正视自己的平庸,更不会选择通过创新创业来提升自我、积攒核心优势,而最终只会在安逸的生活中逐渐丧失了前进的动力。

创业为帆,终圆初梦

本科前三年,我先后参加了4个创业项目,大大小小10多场比赛。在不断地总结与尝试中,我意识到自己是理论型的创业爱好者,于是便在心里悄悄埋下了一颗种子,希望能在研究生期间继续研究创新创业。等到后来真正向这个梦想迈进时,我发现先前的经历不仅让我找到了心中热爱,对我的求学之路也有着重要的作用。

在每个创业项目的冲刺阶段,我白天向老师讨论求教,跟队员头脑风暴;夜晚整理材料,熬夜赶稿。这种紧迫感让我能够在短暂的时间内分清任务缓急,找准重点,也提高了我的时间管理能力;队内的意见协调则让我学会妥善处理观点分歧,维持合作的稳定;不断地创新思维,开拓视角,让我善于从新的角度发现问题、解决问题;而对计划书的细细打磨更锻炼了我的写作能力和逻辑思维能力。这些,刚好也是进行科学研究所必须具备的基本能力。

2017年7月,我接到中国人民大学商学院的夏令营入营通知。在炎热的北京,在烈日和蝉鸣的见证下,我跟心心念念的明德楼再次相遇。面对来自五湖四海的优秀学生,看到他们简历上数不过来的科研经历和荣誉称号,我忽然就理解了"人外有人"这四个字。但即便如此,我依然坚信,创新创业经历赋予我的科研基本能力、处变不惊的心态和百折不挠的精神,能够帮助我在众多优秀者里脱颖而出。于是我在窗外球场凌晨两点的灯光的陪伴下,为自己的梦想苦熬了三天。凭借着相对稳定的笔试发挥,在交流过程中不断展现的创新能力,以及对创业的热情与喜爱,我最终幸运地通过考核,拿到了预录取资格,圆梦人大。

之所以用"幸运"形容这个结果,是因为过程并非全如我所愿。在面试环节,我的英语"短板"暴露无遗,不会听,不敢说,几乎让我名落孙山。值得庆幸的是,这次不如意让我发现了自己在语言能力上的不足,在意识到英语对科研的重要性后,还有机会及时学习,及时弥补。击败我们的,不是面前的困难,而是心底的怯懦。努力、努力再努力,那些不如意终会消失,取而代之的是更为强大的自己。

大多数人总是在抱怨生活中的不如意,不愿去思考那些挫折和失意带给我们的方向和动力。而事实上,那些不如意在某种程度上也成就了现在的我们,幸未如愿,才有了之后的不懈努力和种种可能。冬天清晨图书馆门外灌进领口的冷风,秋天傍晚镜子前练习跳舞的汗水,夏天凌晨自习室外摇摇晃晃的灯光都是奋斗的附属品,都在指引你前行的道路。

也希望读到这儿的你,能从每一次不如意中获得成长。

迈入海大，走向成功

管理学院　魏先昌

魏先昌，男，汉族，1996年4月出生，中共预备党员，管理学院会计学（ACCA方向）专业2014级本科学生。曾获文苑奖学金、国家奖学金、杰出学生奖学金、獐子岛百佳优秀学生奖学金、校学习优秀一等奖学金、文体活动奖学金、社会实践奖学金、科技创新奖学金、ACCA优秀学生奖学金，山东省优秀学生、山东省优秀毕业生和校优秀学生标兵、优秀学生、优秀团员、优秀毕业生等荣誉称号。

2014年6月24日下午，高考成绩公布，不如意的结果提醒了我：如果一个人不脚踏实地，那么所希望的一切就会落空。但也许是命运的眷顾，我幸运地收到了中国海洋大学的录取通知书。从那一刻起，我告诉自己：大学四年的时光一定不能荒废，要不断努力，奋勇向前，让自己成为同龄人中最璀璨夺目的那一个。就这样，怀着对大学生活的无限憧憬以及对未来岁月的无限期盼，我踏入了校门。开学报到时的入学寄语，我为自己写下了"迈入海大，走向成功"。四年来，我没有追求安逸享乐的生活，未曾想过安逸舒适的时光，而是始终心怀进取之心，勤奋学习、精益求精，力求在德智体美等方面全面发展，不断朝着梦想前行，相信未来成功的我一定会为一直以来的努力感到自豪。

勤奋学习，出类拔萃

入学伊始，一次选拔考试使我成为管理学院会计系的一员。坦率地讲，那时我对会计学知之甚少，但学校优越的学习资源和永不服输的勇气使我下决心，一定能把专业学好、学通、学精。无论是必修课还是选修课，我都以满分为

目标,课前做好预习,每节课坐在教室前排,遇到问题就向老师和同学虚心请教,中午疲惫时就趴在课桌上休息片刻,晚上在教学区坚持自习到10点关门才离开。ACCA学习的是国际会计准则,我就在图书馆借阅书籍,拓展学习中国会计准则与中文会计术语。就这样,我用对成功的信念抵制住了日常生活中的种种诱惑,一天天地坚持了下来,我理解了会计报表对于平衡的追求,懂得了中国会计准则与国际会计准则的趋同与差异,领悟了"决策有用观"与"受托责任观"的哲学。

功夫不负有心人,前三年我取得了加权平均95.03分的优异成绩,位列年级第一名,5门课程取得满分,通过了ACCA全部14门考试,以优异成绩通过了大学英语四六级考试、证券从业资格考试和计算机二级考试,与国家海洋局第一海洋研究所的老师共同撰写的论文被核心期刊《海洋通报》采用。现在的我深深感受到了会计学的魅力,不仅彻底爱上了这门"记账"的学问,更对继续探索会计学奥秘底气十足。

知行合一,明确方向

只有登上山顶,才能看到那边的风光,我始终执着于当初的信念,勇往直前。会计学是应用性极强的专业,它要求我们不仅要有扎实的理论基础,更应具备优秀的实践能力。实习和竞赛是提高职业素养的有效途径,我曾在广发证券、德勤华永会计师事务所、蓝光地产实习,曾参加上海财经大学夏令营案例大赛、全国ACCA就业力大比拼等多项比赛。实习经历让我对金融业和房地产业有了相当的了解,深刻体会到会计知识是投行实务工作的核心,体会到表面光鲜的工作下往往需要卓越的沟通能力、超强的抗压能力和优异的身体素质,需要忍耐枯燥的生活。竞赛经历让我懂得了团队合作的重要性,开阔了眼界。在工作和比赛中,团队中每个人会有不同的想法与观点,难免会产生分歧,甚至在激烈讨论之后仍然不能说服对方,这时某个成员就应顾全大局做出一些让步,使工作顺利进行下去。学习之余,我积极参加社会实践、志愿服务,在乡村、在基层、在祖国的山川大河中学习、认识,体会国情、民情。我热爱体育锻炼,文体兼修,曾获管理学院运动会男子100米第一名和200米第二名。经过历练,原来那个内向、不善言谈的少年蜕变为志存高远、性格开朗、乐于交往、全面发展的青年,遇到事情更加成熟冷静,懂得了在面对困难时要努力保持良好的心态、做出理性的判断,选择一条正确的道路前进并最终获得成功。

更重要的是,我逐渐明确了自己努力的方向,有了更高的目标,渴望登上更大的舞台。大三下学期伊始,我就积极关注保研信息,结合自身的优势与劣势,我锁定了上海交通大学安泰经济与管理学院的会计硕士项目,凭借精心打磨的简历和对专业的深入理解,我在7月份夏令营的笔试和面试中均取得了优异成绩,顺利获得了该项目的录取资格。2018年金秋,我前往具有百年历史的徐汇老校区攻读研究生。

履责践行,服务同学

我相信,一个人无论怎样进步,若不能使周围的人们共同进步,他对社会的贡献将是极其有限的。我要担起责任,使大家都进步,至少使周围的人都进步。在老师、同学们的关心和支持下,我担任了班长等职务,热心为同学服务,关注他们的思想动态,分享自己的学习经验实习经验,主动承担学业帮扶任务,营造良好学习氛围,尽己所能为他们排忧解难,这也锻炼了我身为一个领导者的沟通能力、协调能力以及统筹安排能力。作为管理学院的朋辈导师,我耐心细致地为学弟学妹们解答疑惑,分享经验,我所带的7位同学中,有3人获得校学习优秀奖学金,6人在班级、学生会或社团中担任学生干部,无一人挂科,我也被评为优秀朋辈导师。充实、丰富、精彩的大学生活让我对未来充满信心,也使我离心目中的海大学子形象更近了一些。

四年的大学生活即将结束,回首2014年的盛夏和"迈入海大,走向成功"的入学寄语,我无愧于当初许下的誓言,无愧于青春年华。大学时光的历练使我从一个迷茫的新生成长为一个有信念、有奋斗、有奉献、有担当的海大学子。我会珍惜荣誉、勤奋学习,牢记党员的使命,以设立文苑奖学金的文圣常先生为榜样,奋勇争先,全面发展,不忘初心,用自己的实际行动回报关心我成长的所有人,传递"海纳百川、取则行远"的校训精神,尽己所能地回报母校、回报社会,展现一名海大优秀学子的风采。

回首无悔

管理学院　吴　婷

吴婷,女,汉族,1997年8月出生,管理学院工商管理专业2014级本科学生。曾获国家奖学金、国家励志奖学金、校学习优秀一等奖学金、社会实践奖学金,校海尔创客市场营销大赛第一名,青岛体育大会优秀志愿者、校优秀学生、校"三下乡"优秀社会实践个人等荣誉称号。

大学三年,我用汗水和泪水铺就无悔的青春。

我是一个从贫困家庭里走出来的孩子,父母的文化水平都不高,我是家里唯一的大学生。从小学到中学一直到进入大学,我都是在别人的资助下完成的学业。从小我就知道自己不甘于平凡,我想用自己的学识与努力去改变全家面朝黄土背朝天的命运。这个理想一直如明灯一般指引着我,继续向前。我不敢忘记也不能忘记那么多善良的人们给予我的帮助,让我如同迷失的羔羊,寻找到了前进的方向。我唯有努力一点、再努力一点,让自己变强,去传递爱心的接力棒,才是对他们最好的回报。

考入海大,悲喜交加

大学的录取通知书对我们家来说无疑是喜讯,然而我在父母的笑容下看到了隐隐的担忧。学费是一笔不小的费用,父母一时半会儿凑不齐这么多钱。在家总能听到他们隐忍着的叹气声,总能看到母亲偷偷抹泪的身影。庆幸的是,我从国家开发银行贷款,交上了我的第一笔学费。要开学了,人生第一次出远门,父母尽管很不放心,却舍不得那一两千元的火车票,只得让我一人踏上求学之路。父母依依不舍地在车站送别,我背上行囊,一个人踏上了求学之路。看到校园里一个个有父母陪伴入学的同学,我并不羡慕,因为我知道父母的心一直是牵挂着我的。我更明白,独立让我成长。

兼职实习,独立自强

大学是人生中一个新的起点,进入大学,也就意味着我不再是处处都需要父母呵护的小孩了,我要开始自食其力,独立自强,只希望父母可以轻松一点。作为穷人家的孩子,我身上背负着比其他人更重的责任,我是家里的希望和未来。我利用课余时间去赚取学费和生活费,我卖过牛奶,一站就是一天;发过传单,走遍了大街小巷;做过家教,无论风吹雨打,准时上课;也种过花,在花棚中蹲得直不起腰来。我也曾在华润置地的客户关系部和市场推广部做过实习生,将专业所学应用于实践;在青岛德隆装饰有限公司做过业务员,业绩遥遥领先;还在网上平台当老师,一天有时八九节课,上得喉咙都冒烟了;自己也曾怀着一腔热情和梦想去创业,成立了嗨羊工作室做体验式教育,学会了如何找到隐藏的客户,如何去配置和最大限度地利用自己已有的资源……每当夜幕降临时,我拖着疲惫的身体回来,在公交车上都能睡着,到寝室洗漱完之后,室友们也都已入睡了。而此时,我尽管疲惫不堪,但仍然挑灯夜战,准备明天上课的课程。大一的第一年暑假,大家都兴高采烈地收拾行李,准备奔向家的港湾,而我却选择了独自一人留校工作。不是不想家,而是无奈的选择。首先由于家远,来回的路费就得六七百元了,而且一开学就又得交学费了,所以我只能用暑假来挣取第二年的学费。每周一至周五去给高二的学生做家教,从早上8点一直到下午6点;周末也不闲着,去各个超市做促销员。每天回到学校时,食堂也早已过饭点了,所以晚餐总是泡面加火腿。终于,一个暑假的努力让我赚够了一年的学费;终于,父母不用再为我的学费发愁而去低声下气地东拼西借了。看着母亲为学费松了一口气,我为自己骄傲。工作的过程也是我慢慢变得成熟的过程,也让我更加明白生活的艰辛,更深入地去思考自己的未来。从刚开始的为了赚钱而赚钱,到现在的为了充实自己而赚钱,这是一个很大的进步。

转换专业,艰辛不易

进入大学之后,我时刻提醒自己仍要保持朝气蓬勃的精神面貌,仍要坚持一颗永不言败的心,仍要怀着顽强拼搏的信念去度过自己的大学生活。在学习上,我孜孜不倦,从鱼山校区转专业转到崂山校区,先是从生物工程转到计算机中法班,再转到工商管理专业,并且成功拿到保研名额,保送到中山大学岭南学院,其中的艰辛可想而知。转专业最痛苦的莫过于孤独,和原班级的同学以及新班级的同学都不是那么亲近,难以得到认可,很多时候不知道自己归属何方,尤其是在进行一些班级团建活动的时候。尽管需要跑来跑去,我也尽量参加每一次班会,为班级贡献出自己的一份力。尽管转专业的过程坎坷,但我也收获颇丰。因为转专业,很多消息和通知并不会那么及时地转达给我,所以我需要积极和主动地去找老师和同学,这种生活态度会让你比别人得到更多的机会。此外,就是每到选课时心急如焚,加课时泪流满面,害怕自己无法转专业成功,并且无法正常毕业。我永远相信,Nothing is impossible。为了能转专业成功并且顺利保研,我每个学期都修了30多个学分,课程安排得满满当当。上课时我永远坐在前排,认真听讲,与老师互动,课后我会认真巩固和复习,图书馆的斯文堂是我最爱去的地方。终于,皇天不负苦心人,我在大三下学期的时候转专业成功了,并且成绩排名靠前。很感谢海大的人性化选课,能够让我们在不断地探寻和摸索中找到真正适合自己的。很多人像我一样,刚入大学时对各种专业都感觉很陌生,也不知道自己到底喜欢什么、适合什么。那么一次次的尝试,一次次被撞得头破血流之后也许才会知道心之所属。最重要的是拥有一颗永远积极向上,对自己的人生负责的心。在发现自己并不喜欢生物工程专业之后,我毅然决然地决定转专业,转到计算机的中法班,一边学习法语,一边学习计算机专业。自己在语言方面比较有天赋,可是在计算机的学习上,尽管我比大多数人都努力,可仍然是徒劳无功。这让我不禁问自己,我是否努力错了方向呢?于是我决定再转一次专业,几经考量之后选择了工商管理,想要去成就自己企业女强人的梦想。其实不是没有徘徊犹豫过,因为再转一次专业意味着我要重新开始学别的课程,能否顺利毕业都是一个问题,更别提保研了。自己在计算机专业待着,考个好成绩并不是难事,让自己轻松一点,等到毕业不就好了?可是我害怕会虚度光阴,终于,在经历过很多个夜晚的辗转反侧之后,我咬牙做了第二次选择。回首看看,尽管一路走来酸甜苦辣,但我并不后悔当初的选择,现在,一切不都有了最好的安排了吗?

课外实践,精彩纷呈

大学生活五彩斑斓,精彩纷呈。大一的时候我参加了市场营销大赛,作为队长带领团队获得了一等奖。想想那时候,真是初生牛犊不怕虎,敢闯敢拼。一个团队,齐心协力,不怕苦不怕累地去干好一件事情。大二的暑假,我带领团队进行了大学生暑期"三下乡"活动,对云南大理特色农业进行调研。此次活动,最大的收获也许不是我们调研的结果,而是我们在大理巍山县播下了爱的种子。出发之前,我们了解到云南大理巍山县的山区孩子们的学习环境非常艰苦,于是我们便自发组织了募捐活动。我们通过微信、空间转发、刊登报纸、众筹、联系旧书店和海大出版社捐助等方式最终为他们带去了6000多本书和1万元左右的现金。也许我们对他们的帮助微不足道,但是当我们把学习用品发放到他们手中,看到他们天真无邪的笑脸,听到他们真诚的道谢时,我相信,我们给予了他们爱的鼓励。就像我小时候一直受到别人的捐助一样,他们也会常怀感恩之心,将爱的接力棒传递下去。大三的时候,我和其他几位同学申请了本科生研究发展项目,研究南极磷虾多酚物质的提取。这个项目最困难的一点是当时我们学校鱼山校区的实验室正在进行搬迁,先是在浮山校区,然后又到了鱼山校区。在浮山校区的时候,实验条件和工具非常的简陋,甚至连一个精确的量筒都没有,但是为了实验的进度,我们还是在进行。之后搬回鱼山校区之后,我们考虑到数据可能失真,就暑假留在学校,每天泡在实验室里,重新将所有实验做了一遍,而且里面很多实验需要等待发酵,每次需要等待三五天。最令我感动的是我们在面对科研时的严谨和认真。最终,我们得到了比较满意的结果,并且顺利通过答辩。无论结果如何,我们都曾努力过,留给了自己一个无悔的青春。我相信,这种一丝不苟的精神,将指引我们在人生路上越走越远。愿每个人在多年后的某一天,在回想起自己的大学生活时,都可以骄傲地说,青春无悔!

不负内心渴望，不惧未知前路

管理学院　李俊彦

李俊彦，女，汉族，1996年5月出生，中共党员，管理学院会计系财务管理专业2015级本科学生。曾获国家奖学金、校学习优秀一等奖学金、社会实践奖学金、科技创新奖学金、文体活动奖学金、山东省优秀学生、校优秀团员、优秀团干部、优秀学生干部、优秀毕业生等荣誉称号。

丘吉尔说过，我能奉献的只有热血、辛劳、汗水与眼泪。

——题记

坚定信念，服务同学

多年的班级工作经历，让我在进入大学之后毅然决然地选择为同学们服务。大一上学期的团支书培训，让我认识了一群志同道合的朋友，我们共同探讨工作经验、学习彼此的工作思路，我看到了学长学姐们对于工作的那份笃定的信念，那份为同学服务的初心，这坚定了我服务同学、提升自我的信念。

为建设支部、提升支部成员的奉献精神，大一伊始，我在班级组建了海贝志愿者队，"海贝"寓意来自海洋的财务学子，同时取英文happy的谐音，想为更多人带来幸福和快乐。组织志愿者们每周前往敬老院开展志愿服务活动，在敬老院的年终答谢活动中，我们获得了莲花关怀老年公寓优秀志愿者队的锦旗，这是对同学们志愿精神的认可。为了加强班级同学未来的发展定位，我们多次邀请校友和老师做讲座,开展校友访谈和师生面对面等活动,受到老师和同学们的一致好评,班级也先后获得先进班集体和先进团支部等荣誉。

在担任学生干部期间,我精心准备每一次活动,生怕自己的一点疏忽,辜负了同学们的期待;作为一名朋辈导师,我悉心解答学弟学妹的每一个问题;作为学业帮扶岗的同学,我认真对待自己的帮扶对象,帮助同学顺利完成学业。因为奉献,我由衷地感受到了幸福和满足,自己的付出,能让同学们得到哪怕一点点的收获就足够了。

不辞辛劳,鱼与熊掌可以兼得

一个人的精力是有限的,但一个人的潜力是无限的。我始终坚信,不辞辛劳,鱼与熊掌可以兼得。

大学四年,我一直坚持学习与实践并行,扎实学习专业知识,加权平均分92.5分。秉持着"学以致用、用以促学"的信念,我积极参加各类专业赛事,提高自己的综合能力。参加模拟商务谈判大赛获得一等奖,参加MPAcc案例大赛获得二等奖;参与中国海洋大学本科生发展计划(OUC-SRDP)1项,对历史上有关钓鱼岛的资料进行汇编,形成17万字书籍一本。三年来,我取得了证券从业资格证、会计初级资格证书等专业资格证书,也通过了计算机二级和BEC剑桥商务英语中级等技能考试。

收获的背后,是始终不变的付出和努力。我仍记得大一开学时,老师在新生见面会上说,作为一名学生,学习是"1",实践和积累是后面的"0",只有保障了前面的"1",后面的"0"才有意义;有了后面的"0",前面的"1"才更加丰满。我也将这句话一直铭记在心,作为自己努力的方向,鞭策自己不断前行。

实现鱼与熊掌兼得并非易事,在这个过程中,合理规划自己的时间是至关重要的。每天一页的手账本,是监督我的"利器",同时记录着我努力的轨迹。回头翻开手账本,那些熬夜准备比赛与考试的夜晚,都像星星般闪烁着光芒,睡前看到手账本罗列的事项被逐个划上对勾,这是对自己的肯定,也是对时光的交代,结束一天的忙碌也能做一个心安理得的梦。如果说人生有捷径,那一定是你付出足够的汗水和热情。

创新创业,挥洒汗水

为了提升自己的综合能力,响应创新创业的号召,学习工作之余,我投身于创新创业活动中。作为"学在大学"创业项目的核心成员,我们将中学生带进大学校园,体验校园文化,为中学生提供定制化培养方案。项目在2018年"创青春"创新创业大赛中获得山东省银奖。当我和中学生家长交流时,我能感受到家长望子成龙的殷切;当我和中学生交流时,我能感受到他们对于未来的渴望和对应试教育的反抗;当我和在校大学生交流时,我也能体会到他们勤工俭学又担心自身安全的矛盾心理。发现社会的痛点问题并用自己的所学去解决,这或许就是鼓励大学生创新创业的意义所在吧!作为一名共产党员,我不断前进也不断思考,看到了社会发展仍然不均衡,社会仍然渴望知识的力量。2018年我选择加入中国海洋大学红旗智援博士团,利用产学研转化,对革命老区进行精准扶贫,同时传递正能量,引导更多的青年学有所成、扎根基层。在团队中我负责红色革命精神的宣讲,呼吁更多青年继承红色基因,弘扬革命精神。活动被《人民日报》等30多家媒体报道,获得全国"互联网+"创新创业大赛青年红色筑梦之旅赛道银奖。

  在这个过程中,我深切感受到了贫困老区对于知识的渴望,那些干涸贫瘠的土地注入新鲜活力就能绽放新的生机。当然,我亦在这贫瘠的土地上看到了希望,我看到了那些本可以在大城市享受舒适生活的青年,带上知识和勇气,回到乡村,脚踏泥泞,俯首躬行,为打赢扶贫攻坚战贡献自己的青春!这是当代的青年,有担当有作为,自此我也更加坚定了自己未来努力的方向。洒下的汗水,终将浇灌出美丽的花朵。

  为了准备一次完美的活动,我见过午夜12点的管理学院、凌晨2点的管理学院,我也见过一群人为了一件事埋头苦干和努力之后绽放的笑容。在看到我们的成果给别人的生活带来改变时,过程的辛苦也变得甘甜。踮起脚尖,就能更接近太阳。

感恩的心,热泪盈眶

  "我只是做了一个学生应该做的事情,却得到了这么多帮助和支持。"三年来,我多次获得奖学金,实现了经济上的自立。2018年暑期,我作为队长参与了大学生"行远励志"赴新加坡文化交流活动,在这个过程中,除了一路的学习,我更加感恩新加坡商会和学校为我们提供的机会,增长见识、提升自己。

  心怀感恩,便有所行动。在担任管理学院自强社社长期间,我带领社团完成了爱心包裹活动,并在全校自强社评选中,获得优秀分社的荣誉称号。

我一直坚信行走的力量,利用寒暑假时间,我5次参加社会实践活动,结合专业特色深入大庆探索油田的转型与发展;基于实践层面探讨双重股权结构在我国的应用;赴德州庆云,探索贫困县的发展方向,所形成的调研报告和结果受到当地人社局好评;三年来,持续关注太阳村服刑人员子女的健康发展,通过九九公益日等活动累计为太阳村筹集善款7万余元,2018年暑期,北京太阳村正式建立中国海洋大学社会实践基地;2018年6月,担任上海合作组织青岛峰会志愿者,为峰会的顺利举行贡献自己的青春力量。

我感谢学校提供的学习环境,让我能够充分吮吸知识的雨露;我感谢国家,为我们创造受教育的条件,给予无限的帮助和支持;我更感谢时代,让每一个愿意奋进的年轻人,都能用自己的努力实现理想。

展望未来,我亦将坚定自己前进的脚步,赴南开大学攻读会计学硕士学位,带着"海纳百川"的精神,不断前进,做到"允公允能",努力科研,为国家会计体系的构建与完善,为资本市场的建立和健全,贡献自己的力量。

不负内心渴望,不惧未知前路。怀着一颗感恩的心,热泪盈眶,继续前行!

学海泛舟意遄飞，
书山踏石悟真知

管理学院　李沐春

　　李沐春，男，汉族，1996年10月出生，管理学院财务管理专业2015级本科学生。曾获国家奖学金、校学习优秀一等奖学金，第九届全国大学生数学竞赛（非数学类）山东赛区二等奖、第八届山东省大学生数学竞赛（非数学组）一等奖、2016年全国大学生英语竞赛C类二等奖，山东省优秀毕业生、校优秀学生干部、优秀学生等荣誉称号。

　　青岛,碧海蓝天,帆船之都;海大,群英荟萃,海纳百川。扬起风帆,泛舟于文卷简牍的浩渺烟波,知识的英华,与一船的星光,交相辉映。然学海拾贝,唯有不止于实践磨砺,方能一览明珠之璀璨;亦如书山登攀,唯有不怠于踏石辟径,方可极尽顶峰之奇伟。

　　我陶然于富有年级特色的墨香书海,不论是涉猎广泛的基础学科,还是静水流深的专业知识。凭借着对数学和英语的兴趣,我选择投身于学科竞赛之中。与平日所学不同,竞赛对于知识的深度和广度要求更高,以数学为例,只有在充分掌握知识的基础上,不倦于钻研习题,打磨思维,才能不断登攀,更上一层楼。为此,学海泛舟时的闲情逸致,不得不"慷慨"地留给了胜若繁星的习题公式。虽然是我兴趣所向,解答正确时心情舒畅,但有些时候,苦思不解,也使我心生烦闷。于是,在白纸黑字的连篇练习中,在运算绘图的堆叠稿纸间,我体会着得意和失意的冰火两重天,有时也会纠结这样花费时间是否值得。我不断地打磨与提高自己,在2017年10月的数学竞赛中一展身手,获得了第九届全国大学生数学竞赛(非数学类)山东赛区二等奖,第八届山东省大学生数学竞赛(非数学组)一等奖。

大二下半年,我组织参与了以"科技型中小企业技术资本化融资策略"为主题的OUC-SRDP调研,调研目的在于根据科技型中小企业融资难的现状,探寻技术资本化的方式和以此为融资模式的操作途径。这些企业的特点是轻资产,拥有一定的技术,因而如果能给技术定价,将其资本化,借此以融资,或许是解决融资问题的一条新出路。但是,在利用课余时间大量发放问卷和走访企业的过程中,我发现技术资本化融资策略并不像想象中的那样效果非凡。因为技术的定价专业要求高,存在信息不对称的问题,所以融资双方在缺少具有公信力的第三方的定价条件下很难达成一致。而技术本身随着科技的发展,价值也有很大的不确定性,这又给技术融资增加了困难。这些问题在我们立项之初是未曾深入思考过的。随着调研过程的深入,我们收集到的信息与之前理想化的认知之间的分歧也逐渐显现,这促使我和组员们思考在已有限制因素的情况下如何保障技术融资的可行性。这种更深入的实践让我意识到,理论知识不能只是空中楼阁,仅可远观,唯有植根于实践的土壤,才能接地气,孕育出饱含个人汗水和思想的果实。

从竞赛到OUC-SRDP,由具有实际背景的题目到立足实际,分析思考问题,我在这条知识实践化的探索道路上不断前行。尽管要对条理井然的理论与实际运用的局限进行否定之否定,尽管调研走访、数据收集的过程要经受日晒雨淋和许多次的拒绝,但是正所谓"纸上得来终觉浅,绝知此事要躬行",我愿意继续砥砺前行!

期待未来,我们可以不忘初心,加强实践,积跬步而至千里!

雪路

管理学院　钟林生

钟林生,男,汉族,1996年8月出生,中共预备党员,管理学院旅游管理专业2015级本科学生。曾获国家励志奖学金、校学习优秀奖学金、社会实践奖学金、优秀新生奖学金,杰出青年志愿者、优秀学生干部、优秀学生等荣誉称号。

和我共度童年时光的,是炙热的夏和湿冷的冬;19年来,我却不曾见过雪,它无数次在梦中呼唤我;那声音,清脆而温柔。2015年秋天,19岁的我,一个人背起行囊,踏上了来北方的路。

由南一路向北的2000公里路途,漫长又充满憧憬;一路上,人群的欢闹、火车的擦肩相遇还有窗外飘着的雨滴……一幕幕的美景,使我几乎沉醉。我拿起笔,细细端详着身边的这群偶遇的"行人",并开始书写我大学的光阴和故事。

漫天的雪花,轻盈飘落洒下,却掷地有声。2015旅游管理,是我大学的港湾,也是我热爱着的、愿意全心呵护的一个地方。从团支书到任期两年的班长,我把自己最真挚的感情,放在了这个集体。从每次班会的筹备、班级集体活动的组织到处理每一项日常班级工作,我都不敢掉以轻心。尽量做好每一件和班级有关的事情,这大概是对班级同学一直给我信任和理解的最好回报了。班级大一、大二蝉联运动会团体总分第一,各项集体比赛中屡获佳绩,先后荣获先进班集体、活力团支部等集体荣誉称号。还记得在大一拔河时,我们是看起来实力并不强的队伍,像我这种"170俱乐部"的南方小伙都派上了场。抓住绳子的那一刻,我们所有人就如手里拽着的那根绳一般,紧紧地拧在了一起,竭尽全力地拼搏。胜利的那一刻,我们抱在了一起,欢呼着。那一幕,我从来没有忘记过。

看着大家对各项班级活动的热忱,我能真切感受到大家对这个集体的热爱,也能够感受到同学们彼此间的关爱与温暖。我总觉得自己是个幸运的人,有幸遇到一群可爱的班级同学,遇到一个温暖的班级。

大一时,我曾经听过"大学的班级没有任何归属感,大家只会顾着自己的事情"的说法。三年前的我,深信自己不会变成对班级"没有归属感"的人。三年的时间,我一直努力为这个班级注入自己的一份正能量。我们都是一片雪,怀着纯洁的梦,从远方而来,飘落在这海边的岛城,成为彼此的信任与陪伴。

落在地上的那一瓣雪,孤零零地被风吹着跑,直到它遇到另外几片,欢呼着,拥抱着,就团成了彼此依靠的雪堆。大学里最难得的莫过于有一群志同道合的朋友。对志愿活动的热衷,让我从志愿活动中收获了一段难忘的时光。大一时我成为一名志愿者协会的干事和志愿者,和一群满怀热忱的志愿者,一起为这个社会需要善意的地方带去我们的活力与爱心。一次又一次的志愿活动,我和这群朋友的感情愈加深厚,对志愿者协会的归属感也随之加深。从一名普通的志愿者,到V爱青年志愿者协会的负责人,我和这群朋友,一直在尽自己的努力,向社会展示我们大学生志愿者活力阳光的一面,为这个社会带去我们纯真的笑容和青春的气息,为他人传播大学生的正能量。敬老服务、贫困山区教育援助、特殊儿童教育、流浪猫狗救助、城市名牌的马拉松赛事……担任志愿者协会负责人的一年里,我清晰地记得在活动中志愿者们所露出的笑容。他们的内心是充实的,我们也是充实的,这段时光我们既是组织者,也是参与者。我们为了自己的热爱而聚在一起,彼此信任,在这里迸发我们热爱的火花,慢慢就成了彼此的挚友,彼此依赖。

担任负责人的一年时间里,社团先后获得校级、区级和国家级的多项荣誉,这些既是对我们所组织的志愿活动的认可,也是对我们这群志愿者的鼓励。作为一名志愿者,我流过汗水,也充实了自己的大学时光;作为一名志愿协会的成员,我感受到了这群志同道合的朋友的真诚和真心。

我愿是一片雪花,在空中飞舞,走过千百里路;山川河湖的朝阳暮雨,我都想尽收眼底。选择旅游管理专业,既源自对旅游的热爱,更是出于自己对祖国大好河山的向往。三年的学习中,我对旅游管理专业的学习逐渐深入,对于能把自己的兴趣作为专业,我觉得这是很有满足感。三年的专业学习中,我逐渐学会关注身边的旅游现象、关注旅游行业的"大动作""大事件"。学会用更专业的角度去看待和分析旅游现象,是我的追求。每一次专业实践考察,我都能真真切切地感受到这个专业的魅力,如同在冬天里的第一场雪,每一片雪花都融化在我的心头。对专业的热爱使我对旅游系的情感也在潜移默化中加深。在两届新生入学时,我都积极参与了入学辅导工作和班级活动,希望他们能更快地喜欢上这个专业。

"多参与、多感悟"是我经营大学生活的理念。除了担任班长和在社团担任学生干部以外,我尽己所能地参加了演讲比赛、田径运动比赛、团队科技竞赛、国家级创新创业调研项目等活动。参加这些活动的过程,有收获与欢欣,亦有遗憾,使我慢慢学会感悟生活,从中收获了一份幸福。

世界以痛吻我，我要回报以歌

经济学院　董美霞

董美霞，女，汉族，1996年6月出生，经济学院国际经济与贸易专业2014级本科学生。曾获国家奖学金、国家励志奖学金、校学习优秀奖学金、校优秀新生奖学金，暑期"三下乡"社会实践活动优秀团队队员，校优秀团员、校优秀学生、优秀青年志愿者等荣誉称号。

在中国海洋大学近四年的学习生活中，我怀揣着"人活，就要活得热烈而起劲"的想法，我不断地充实自己、丰富生活，在思想、学习、能力等各个方面都获得了巨大的进步，综合素质得到了很大的提高。

家庭激励学习

我出生于一个农村家庭，成绩优异无疑是父母最大的骄傲。从小学开始，"读书、考上大学是你唯一的出路"这句话就不停地在耳边萦绕，老师、家长无时无刻不在提醒我要好好学习并且对我寄予厚望。高考期间父母关系出现了问题，这让一直以来对家庭、父母十分依赖的我完全无法接受，在将近一年的时间里，我沉浸在失落、情绪化的状态之中。家中当时还有正在上小学的弟弟，亲戚朋友们不断地鼓励我、开导我，最终让我逐渐走出了父母分开的阴影，使我意识到自己应该承担起一个女儿、姐姐的责任，不能在生活的泥淖中无法自拔。

对于一个单亲家庭来说，我和弟弟的学费是一个难题。父亲给的抚养费加上母亲打工赚的钱是家庭全部的收入来源。因此,我在大一、大二申请了学院的勤工助学岗位,大三担任院辅导员助理,还积极参加暑期实习工作,在锻炼自己工作能力的同时,尽自己最大的努力减轻家里的经济负担。但我始终牢记"学生的本职工作是学习",始终秉承着"学生始终应以学业为主"的信念,从入学第一天至今,从未放松过学习。课上,我端正学习态度,做好笔记以备课下及时复习,积极配合老师教学,努力提高自己的专业知识水平;课下,我虚心向老师、同学请教,认真预习并完成老师布置的作业,做到当日事当日毕,并探索出适合自己的"劳逸结合"的学习方法。通过我的不懈努力,我不仅每一学年成绩都位于班级前列,还获得了国家奖学金、国家励志奖学金、校学习优秀奖学金等各类荣誉,现已取得研究生推免资格。

自强提升能力

"天助自助者",在学好专业课的同时,我也不忘自强拼搏,努力成为一名高素质、全面发展的祖国栋梁。在完成自己正常的学习任务后,我会在业余时间参加学校、学院组织的各类活动,提高人际交往能力,促进自己全面发展。

大一入学以后,虽然不是班委,但我总是积极参与班级活动,主动协助班委组织好班级文艺活动,熬夜思考创意、编排舞蹈、设计唱法,曾带领班级在学院红歌赛中获得"最佳风采奖"。经过一年的磨炼和提升,大二我主动申请担任班级文艺委员,以便更好地为班级服务。在班级工作中我坚持以身作则、有错就改,接受和采纳老师、同学的建议,绝不以公谋私,徇私舞弊。因此我始终与大家保持着良好的关系,也赢得了老师和同学们的尊重和支持。

大三我在学院"海洋之心"青年志愿者协会担任副主席一职,在积极参加学手语等社团志愿活动的同时,提高了自己的人际交往能力和工作能力,为以后毕业进入社会打下坚实的基础。

志愿传递温暖

经历过困苦的生活,才知道伸出的双手有多么温暖。大学生活中有许多难忘的志愿服务经历。我印象最深的一次志愿服务经历是走近听障儿童。小百灵听力康复中心里有许多孩子的听力存在障碍,大部分都需要佩戴助听器才能听见外界的声音。第一次到那里的时候,虽然志愿者们与孩子们只有短暂的半天相处时间,但是志愿者们都深有感触。等到半年后再走进康复中心时,半年前的一个孩子从教室中跑出来紧紧抱住了我,让我意识到自己所做的是多么重要且有意义。当我们想要抱怨自己的人生有多么悲惨的时候,想想那些有缺陷的人,他们生下来就少了该有的完整,但他们都还在跟生活做斗争,积极拥抱阳光与希望,我们没有理由再去抱怨、去蹉跎。

世界以痛吻我,我要回报以歌。世界给了我们一些苦难与磨砺,有时我们会受到身体或心灵上的伤害,但是我们仍要以积极的态度来面对和热爱生活。所以在大学中,我刻苦学习,努力拼搏,时刻提醒自己只有努力学习,将来有所作为,不让梦想只是幻想,才能回报辛辛苦苦培养自己的父母,回报在成长道路上帮助过我的人们,真正的以优美之歌回报世界!

翻山越岭,逐梦远方

经济学院　杨依佳

杨依佳,女,汉族,1995年9月出生,中共党员,经济学院物流管理专业2014级本科学生。曾获国家奖学金、校学习优秀一等奖学金、校社会实践奖学金,山东省第十五届"挑战杯"大学生课外学术科技作品竞赛二等奖、山东省商业案例分析大赛优秀奖、青岛U7模拟经济峰会三等奖,校优秀学生标兵、优秀学生、优秀学生干部、优秀团员、优秀青年志愿者等荣誉称号。

故事前奏,是我第一次一个人离家远行,第一次来到青岛这个美丽的海边城市,第一次来到中国海洋大学。2014年8月31日,委婉地拒绝了父母的送行,我独自一人来到学校报到。虽然父亲从小教导我独立自强,但是初至陌生城市的我难免感到迷茫。我对这个未知的地方充满好奇,对未来的四年充满了向往。

坐在大学生活动中心会议室中,静静听着台上学长学姐的分享,我对这所大学的认知开始变得清晰,学长学姐们优秀的学习成绩和丰富多彩的实习经历感染了我、震撼了我。那天,一位学姐的话深深刻在了我的脑海中:学习,就像是登山,你永远不知道登顶之后会看见什么风景,但那一刻永远是那么令人向往。

书山有路勤为径

大学的课没有强制性约束,因此不少同学在自由中迷失了方向。而我很幸运,在学习的攀登中,我找准了方向。除了课上的认真听讲,我还会在课余时间完成详细的笔记整理。如果说科比为自己见证了凌晨四点的洛杉矶而自豪,那么晚上10点空荡且安静的自习室也是我的骄傲。

作为一名海大学子,我一直牢记自己的学习目标,一直保持着紧张的学习状态,向着学习的山峰发起一次又一次的冲击。三年来,每个奋斗到自习室关门的夜晚,都见证了我的努力。而学习过程中良师的指引、益友的同行,都成为我向上的助推器。成功总会眷顾努力的人,我很荣幸,连续三年获得国家奖学金、学习一等奖学金和校优秀学生等荣誉称号。

纸上得来终觉浅

纸上得来终觉浅,对科技创新的极大热情,激励我将所学知识运用于实践。知行合一,立足于民众关注的食品安全问题,结合中国海洋大学的学科优势,我参加了"挑战杯"大学生科技作品竞赛,与队友们一同探究政企协同情况下海洋食品安全的治理问题及对策探究。前期充分的准备工作为日后的成绩打下扎实的基础。我们一起讨论课题方向,分工合作写报告,查找资料,请教指导老师,工作到深夜准备答辩等等,这一切很辛苦,但却很值得。有了充分的准备做保障,我和队友前往大连市走访了政府和企业,进行了为期3天的社会实践调查。经历,沉淀,思考,创新,我们忐忑但也信心满满地交上了团队作品。

经过一系列的考验,我们的作品被评为校一等奖,并紧接着代表学校参加了省赛,最终经过层层考验,获得了山东省二等奖的成绩。我在学习这座绵延不绝的山峰中,终于登上了小小的一座。我开始见证学姐所说的那种风景,这是一种实实在在的收获,我切实地了解了海洋食品安全,真正地感受了团队同呼吸的力量,也第一次觉得,自己未来可以在学习这座山峰上继续攀登。

大三伊始,我接手班长一职,开始向班级现阶段存在的问题展开攻势。为了加深全班同学的专业实践能力,我组织全班赴青岛港、颐中烟草物流中心等大型企业实地参观学习。组织过程异常困难,我几乎把所有课余时间都用来与企业交洽、与老师沟通,以及对学校不同的组织机构的攻关。但是,每每想到这些参观学习可以提高同学们的专业知识,我便咬牙坚持了下来。功夫不负有心人,集体活动时的欢声笑语和活动后的满满收获描绘出了一幅于我而言最美的风景。我从中收获了丰富的组织经验、老师和同学们对我的认可以及工作能力的极大提升。我相信,在未来的工作中,我定能将所有的热情投入创新中去,面对社会现实,永远年轻,永远热泪盈眶。

不畏浮云遮望眼

  全球化已然构建出了一个人类命运共同体,作为新一代中国青年,我努力成为一名新时代的接轨者,不断向更高处攀登,提升国际化视野,眺望更广阔的世界。

  我在繁重的课业之余,为来自澳大利亚的国际教师担任助教,协助其顺利完成为期一个月的交流教学工作;在国际青少年篮球邀请赛中作为领队,带领委内瑞拉的青年队员披荆斩棘,顺利完成比赛;活跃在蓝色经济洽谈会、全球经济管理大会、挑战吉尼斯等大型比赛的会议服务活动中,用自己小小的力量助力大会的举行。面对这个充满挑战的世界大环境,面对这个充满机遇和挑战不可能的时代,面对这个变幻莫测的环球风景,我看到了自己的口语在与外国友人的直接接触中不断提升,看到了自己的组织协调和沟通能力不断见长,看到了自己的国际视野不断得到拓宽……我紧紧抓住每一次开拓国际视野的机会,不断提升自己的学习高度,让自己不断勇攀时代的高峰。

  故事的结尾,我回首学习这座大山,发现美景处处萦绕我左右。获得校优秀学生标兵称号这一本科生的最高荣誉是对我努力奋斗的肯定,我也终于理解了学姐说那句话的含义:学习是一座大山,我们一心向上,不怕一路跌跌撞撞,只为心中所期待的最美风景。

以青春之我，
创青春之国家

经济学院　丛 菡

丛菡，女，汉族，1997年3月出生，中共预备党员，经济学院金融学专业2015级本科学生。曾获国家奖学金、校学习优秀一等奖学金、文苑奖学金、社会实践奖学金、文体活动奖学金、科技创新奖学金，校优秀学生标兵、优秀学生、优秀团员、优秀团干部、优秀学生干部和优秀青年志愿者荣誉称号。

小时候的我很要强，学校里的任何活动我都有兴趣参加，并且想在任何团队里都做得出色。我参加民乐队、田径队、篮球队和舞蹈队，这些兴趣活动让我从小就对音乐和体育有更深刻的体会。但也因为参加了许多活动，让本来外向的我缺少耐心而不够专注。于是妈妈想出个办法，把我领进了城里的琴行，当看到老师的双手在黑白琴键上飞舞便奏出美妙的音乐时，我羡慕极了，就嚷嚷要学琴。谁知道刚开始入门时非常枯燥乏味，我要放弃，可妈妈坚决不同意，我只能含着眼泪默默练习。就这样，我在五年的练琴生涯中爱上了钢琴，学会了坚持，变得更加专注。十分幸运，这种专注和坚持的品质在我大学生四年中起到了非常关键的作用。

勤学苦练，挥洒青春汗水

初入大学时，庞大的工作量以及学习上的不适应让我觉得自己的生活很乱。在我迷茫的时候，一位非常优秀的学姐为我指点了迷津。她告诉我，如果一个人总是做她能力之内的事情，怎能提高自己呢？她的话让我受益匪浅，青春应该是充满挑战的，要正视自己、帮助自己、发展自己。

在这句话的引导下，我勤学苦练，在86人的大班取得班级排名第一名的成绩。在学术上，我突破自己，参加科研竞赛、数学建模竞赛等挑战自己。因为我对学生干部任职、文体志愿等课外活动投入了很多精力，所以为了保证自己的学习质量，我有意锻炼自己的专注力，提高思考效率，尽可能做到短时间内深刻掌握知识点。三年来，我从未有过真正的休息日，即使在周六周日，我也会保证每天至少6小时的高效学习时间。我国金融体系正处在转型期间，随着国际关系复杂化、金融联系全球化的发展，我清醒地认识到，在金融科技化浪潮与国际化的背景下，成为一个拥有优秀数学、计算机和英语能力的金融工作者是十分必要的。因此，我利用课余时间参加数学建模竞赛、学习高级英语。在汲取知识的同时，我也在努力运用知识解决问题，不断追求创新。在SSCI检索期刊上，我以合作作者的身份发表了一篇论文；在美国大学生数学建模竞赛中，我担任队长，经过四个日夜的奋战，最终获得二等奖；在国家级大学生创新创业项目评选活动中，我们的结题作品被评为优秀；除此之外，我还参与撰写了王舒鸿副教授的《中国海洋环境经济发展报告》；成功入选全国优秀大学生经济金融论坛，与来自其他高校的同学共同为我国经济金融问题出谋划策。

如果说我离开大学后让我记忆最深刻的是什么，应该就是夜晚10点的樱花大道，数学建模时四天的不眠不休，考托福时的压力，写论文时的煎熬。我一直在挑战自己，也在提高自己。

担当奉献，贡献青春力量

士不可以不弘毅，任重而道远。大学中最重要的是学习，但绝对不能"两耳不闻窗外事"。我想做一名有担当的大学生。我利用课余时间关注时事政治，在逐渐清楚认识复杂的国际形势之后我明白，想要成为对社会贡献更大力量，就要端正自己的思想，树立为国家为人民而奋斗的终极理想。这种信念的激励下，我努力用自己的行动去发挥先锋模范作用，选择让自己学会承担责任。我在大一时参与竞选班委并荣幸地成为团支书，为了引导同学们的思想，我组织了"红色经典诵读比赛""筑梦十九大"等主题团日活动；为了强化同学们的专业能力，我邀请了招商银行、青岛市投资引导基金等金融机构，合作开展支部活动。在党支部中,我也主动发挥积极作用,参与组织了"海边小卫士"党支部志愿活动,加入党建活动月的行列,并在党史表演赛中取得了第一名的佳绩。这些活动不仅让我得到了同学们的认可,还让我收获了友谊、信任、机会和成长。让我找到了自己的归属,自己的责任。

研究高深之学问,养成健全之人格。作为一名受国家、社会和学校关爱与培养的大学生,我告诉自己要做一名有担当懂奉献的大学生。我积极担任上海合作组织青岛峰会、海外院士青岛行等国际会议的志愿者,这些活动给了我奉献社会的途径,更成就了一个有大局意识的我。为了帮助班级的潜力生,我与他们分享我的笔记,和他们一起自习。我也通过"海洋之心"青年志愿者协会给山区的孩子送去温暖。赠人玫瑰,手有余香。这些活动带给我的感动和温暖远远超过了我所预想的,而且也让我更加坚定,一个懂得并擅于感恩的人才是完整的人、大写的人。

勇于开拓,搭建青春舞台

以青春之我,创青春之国家,青春之民族。习总书记说过,青年如旭日之初升,草木之方萌,要有一股"于荆棘里踏出一条路"的闯劲儿。为了践行这句话,我与来访的罗马尼亚教授合作,落实罗马尼亚国立大学短期游学项目,为桂林电子科技大学的同学提供了第一个受学校认可的出国游学机会。另外,出于对创业的兴趣,我加入了教育创业公司,参与策划的北美国际冬令营,吸引了200多个学生参加。

同时,为了帮助学弟学妹更好地实现保研目标,我邀请保研到"清北复交人"名校的小伙伴一起创立了保研公众号,为学弟学妹分享经验干货。开拓需要勇气,需要坚持;一个需要踏出自己的光明大道的民族更加需要能够开拓的青年。

三年来,满满的活动不仅排满了我的日程表,更充实了我的思想与人格。我不会忘记凌晨一点的海大,不会忘记这拼命而又满足的三年。事实证明,所有走过的路都是值得的。感谢爱护与鼓励我的同学,感谢帮助并指导我的老师,让我成长为一名严于律己、勇于担当、感恩奉献、开拓创新的新时代大学生。

追逐幸福

经济学院　曲晓婷

曲晓婷,女,汉族,1995年11月出生,中共预备党员,经济学院国际经济与贸易专业2015级本科学生。曾获国家励志奖学金、校学习优秀奖学金、校社会实践奖学金、校文体活动奖学金,第四届"福特杯"财务会计大赛二等奖,校优秀学生、优秀毕业生等荣誉称号。

"风可以吹走一大张白纸,却吹不走一只蝴蝶,因为生命的力量在于不顺从。"冯骥才如是说。不顺从,是在挫折面前勇于前进、毫不退缩的勇气;不顺从,是逐梦路上即使荆棘丛生但仍然坚定向前的决心;不顺从,是即使目前生活困顿但仍追求幸福的动力。带着这股不顺从、全力以赴的精神,我经历着精彩的大学生活。

我出生在一个普通家庭,家境一般,没有背景、没有资源,但所幸父母足够爱我,他们付出一切想让我过上更好的生活。他们教导我要坚强、要善良、要有上进心。自懂事以来我就深知父母的不易,所以一直告诉自己要足够努力,去看更大、更华丽的世界,让父母过上更好的生活。我也深知,对于所有家境普通的孩子来说,上学、考学是唯一一条可以凭自己的努力去争取更高平台、获得成功的捷径,所以,我在求学路上一直勤勤恳恳,保持着优良的成绩。拿到中国海洋大学录取通知书那一刻的感受,至今记忆犹新,我知道,多年的寒窗苦读给了我一份满意的答卷,为我打开了那扇通往多彩世界的大门。

通过自己的努力,大二上学期我取得了去西南财经大学的交换资格。当时的情景和感受依然历历在目,我是个典型的风险规避者,第一次去离家那么远的地方,心里不免忐忑,但当时好像就有一股神奇的力量在推动着我——"去尝试一下吧,去看一下不一样的世界!"所以,当我申请成功时,还依然不敢相信。于是,怀着忐忑又兴奋的心情,我步入了西南财经大学。

在西财的半年,是反思和冷静的半年,思想的转变和通透往往就是一瞬间的事。高中三年,我的世界里只有高考模拟卷和数理化公式,视野和思想不免过于狭隘,对大学有着许多神化的憧憬。进入大学,生活一下子变得眼花缭乱,尤其是大学中需要自己做出许多选择,不管是学习还是生活。我突然变得手忙脚乱。去借鉴学长学姐的经验,却发现他们走着不一样的路、有着不一样的感悟、收获着不一样的成就,于是我变得非常焦虑,觉得每一个选择都很精彩,不知道怎样的选择更适合自己,所以大一一年是非常迷茫的阶段。但我一直专注于学习,取得了优异的成绩,从而获得了去西南财经大学的机会。这个机会使我跳出了原来的迷茫圈和焦虑圈,给自己一个冷静思考的缓冲期,意识到每一个人都是独立的个体,别人的经验只能借鉴而不能复制,孤独和迷茫也是追逐幸福路上的风景。就这样,我渐渐看清了自己的目标,坚定了自己的想法,心态也变得更加轻松。这段经历也让我明白,勇于挑战自己,你会看到不一样的世界,也会遇见不一样的自己,体会到超越自己的幸福,这些经验将会是我未来人生路上很宝贵的财富。

从西财回来,一次偶然的机会让我有幸加入了班委,成为一名学习委员。对工作内容由开始的不知所措到后来的了然于心,这个过程中很感谢班级同学的包容和谅解,给我成长和适应的机会。学习委员这份工作带给我很多收获,一方面,这份工作将我这个不起眼的小人物带入大家的视野,让我有机会和班里同学交流,收获了很多好朋友;另一方面,这份工作带给我的忙碌感,让我没有时间去质疑自己,而是将所有的精力都放在平衡工作和学习上面,这样当沉下心来学习的时候会更加的专注和高效率。更重要的是,在这份工作中我能感受到大家对我的信任,每天很开心地为大家服务,也让我变得更加自信和开朗。班委工作给我带来了许多爱和温暖,让我体会到了大家庭的幸福。

除此之外,我还参加了许多比赛,印象最深的便是2017年4月份参加的中国海洋大学第四届财务会计大赛和青岛市高校数学建模联赛,我从这两个比赛中不仅获得了相关知识体系外,更重要的是收获了与团队成员之间的亲密友谊。比赛期间我们互相信任,互相鼓励,共同朝着一个目标努力,在这样的合作团队中让我找到一种归属感。比赛结束站在领奖台上的那一刻,心中的自豪和兴奋无法用语言来表达,我知道,我在朝着梦想和幸福前进。

　　《阿甘正传》里说,生活就像一盒巧克力,你永远不知道下一颗会是什么味道。的确如此,生活是不确定的,但是我相信,只要我们在追逐幸福的路上不断努力,全力以赴,幸福终究会来敲门。现在的我决定毕业之后直接就业,我也深知离开了学校这座象牙塔会有很多困难和阻碍,但是我会一直努力下去,追寻更好的自己,追寻更好的幸福! 在生活的风沙中,愿我们每个人都是一只美丽的、不顺从的蝴蝶,飞往自己梦中的花海!

Be Growth-oriented

经济学院 王 畅

王畅,女,汉族,1997年2月出生,中共预备党员,经济学院国际经济与贸易专业2015级本科学生。曾获国家奖学金、校科技创新奖学金、校科技创新成果奖、全国大学生英语能力竞赛特等奖、全国大学生节能减排社会实践与科技竞赛一等奖、美国大学生数学建模竞赛一等奖。

还记得初入大学时,我并不明确自己四年后要成为什么样的人、这四年要怎样度过,但我给自己定下了一个小小的目标:要以个人的成长和提升为导向,无论遇到什么样的挑战,都要扎实、认真地对待。大学四年,我有过很多不自信、失望、荒废的时候,但我也会经常提醒自己,要努力提升自我,认真对待每一件事情。就这样,将近四年的时间过去了。幸运的是,我的身边有很多各方面比我优秀的人,让我能够不断从他们身上学习。因而国家奖学金对于我,既是一个意外的惊喜,也让我坚定了努力前进的决心。

怀揣着忐忑不安的心情进入大学校园,这里的一切让我感到新鲜和陌生,那时的我不知道自己能做成怎样,只想尽力把自己该做的事全都做好。是否要读博、做研究是我一直以来纠结的事情,而过去的这一年里,发生了许多让我印象深刻的事情,它们让我渐渐明白了自己的方向和目标。

首先是大三寒假,我有幸前往北京大学汇丰商学院萨金特数量经济与金融研究所,开展系统的经济学科研训练。这段经历对我来说首先是一种"磨难",身边的同学们都有比较好的数学或编程基础,而我终日坐在电脑前,盯着屏幕"妄图编程"却没有结果,感觉自己的存在简直没有价值。那时的我彻底否定了自己读博的目标。而冬令营结束后我回校重新开始写自己的第一篇正式的论文,我才发现"科研虐我千百遍,我待科研如初恋"的感觉,我尽力去看懂每一篇文献的原理和内容,并从阅读论文、获取知识、增长见识、创新延伸中获得了很强的满足感。

  大三寒假还有一件让我印象深刻的是大学最后一次参加北美大学生数学建模竞赛。这一次,我们看到只有C题给了数据集,便毫不犹豫地选择了这道题。在这四天中,我们进行了很多讨论,制作了100多页的图和表。没有想到的是,这次经历激发了我对能源经济的兴趣,也使它成了我的备选研究方向之一。

  开学后,令我印象最深刻的事莫过于参加第十一届全国大学生节能减排社会实践与科技竞赛。比赛前期队员们赴我国各省的生活垃圾焚烧处理厂调研,收集各个厂的资料,我则主要负责欧洲两国的调研(大二参加志愿者活动时去调研过),并分享了一些自己对中欧生活垃圾治理状况差异的感受。我们的调研报告从"政府补贴"和"企业技术进步"两方面入手,为生活垃圾治理的"减量化、无害化、资源化"处理提出可能的思路和建议。这次比赛让我意识到自己所学和所做的项目不是空中楼阁,而是可以用于解决实际问题的。作为科研工作者,其职责应包括"利用西方经济学范式,解决中国经济发展中的实际问题"。

  此外,我在暑假时到兰州大学经济学院,参加了金融征文大赛的夏令营。在这次夏令营中,我感受到兰州大学浓厚的经济地理研究氛围,也让我了解到更多西部地区对经济与社会发展的观点和看法。目前,甘肃地区的经济发展水平和基础设施建设还与我国东南沿海地区有较大差距,在制定国家的战略方针和规划时,东南沿海地区的学者不仅需要站在自己的视角,而且要更多地为实现区域协调发展建言献策。在与当地人民银行工作人员、商务部巡视员的交流中,我看到甘肃地区作为"一带一路"建设的黄金带,出台了很多措施与办法融入"一带一路",力图实现产业结构转型升级。

  在将近四年学习知识的同时,我很幸运地担任了经济学院学生会创业部副部长和班级的生活委员。这些经历让我不仅拥有了很多志同道合的好友,也培养了我的责任心。在担任副部长之初,我的心理压力很大,生怕模拟炒股比赛和模拟炒汇比赛期间会出岔子。但一年的时间下来,我的为人处世能力和思考问题的方式都产生了很大的变化。我在思考问题时,会更多从他人的角度考虑,尽可能给他人带来方便;同时,我会更注重交流与合作,遇到问题时积极协商,找到最恰当的解决方案。

在寒暑假期间，我参加了一些志愿者活动。2018年暑假，我作为志愿者参加了"互联网＋"比赛。此外，2016年暑假，我参加了义教活动，教小朋友们学习英语。我在上课的时候会关注到每一个学生，关照年纪小、英语基础薄弱的同学，让他们能够有自信表达自己，提高自己。在2017年暑假，我作为带队老师，带领初高中学生前往日内瓦联合国总部，参加了联合国2030可持续发展计划的学习和讨论。在这次活动中，我负责同学们的安全问题，并帮助大家修改演讲稿。我在活动中感受到了世界对"中国声音"的重视，也意识到作为中国人，无论走到哪里，都要维护中国人的形象，并为世界的发展做贡献。

现在大四，我有更多的空闲时间，我希望能用这些时间做我一直以来想做但没有时间做的事情，比如看一些自己喜欢的书籍和论文等。我也希望能有更多的兴趣爱好，能多利用空闲去各地走一走。在课余，我通常看书、听讲座和锻炼身体。我喜欢看小说，小说中人物优秀的品质，令我暗暗叹服；我也喜欢看经济学书籍，我会关注书中不同人对经济理论和现实的观点，并思考他们的结论是否具有合理性，是否适用于中国社会。我比较喜欢文化类主题的讲座，如果有时间就一定会去听。我希望养成良好的生活习惯，每天早睡早起、锻炼、阅读和思考，让自己的生活过得更充实。

一位名叫卡·冯·伯尔的科学家曾经说过："科学的永恒性就在于坚持不懈地寻求之中，科学就其容量而言，是不枯竭的，就其目标而言，是永远不可企及的。"我喜欢学校，喜欢安安静静的读书的氛围，也喜欢严谨求是的工作态度。因此，我希望在本科之后能继续读研，向更优秀的人，学习更深奥的知识。

大三一年我去了很多地方，也很有幸在学校、参营、外出交流的时候遇到了很多朋友。他们各自有自己的想法和对未来生活的期许，让我体会到了不同人之间个性、选择和价值取向的多样性。谢谢我的家人、师长和同学们这四年来的鼓励、帮助和支持，你们让我的生活更加精彩！

越往前进，我越会认识更多优秀的人，也更加意识到自己身上仍然有很多需要改进的地方，需要继续努力；越往前进，我越能够快乐地生活，因为战胜困难的过程给了我勇气和乐观的态度；越往前进，我越谦卑，也越自信。

回顾大学的四年，我曾在七区的教室奋斗过，曾在樱花树下的小路上奔跑过，也曾在深夜的宿舍失望过。很庆幸，我能在老师、同学的帮助下，在一点一滴的努力和尝试中提升自己，收获成长。在不断地试错和失败中，我也慢慢寻找到了自己对科研的兴趣。未来的路还很长，愿我能继续踏踏实实地走下去！

在追逐小目标的道路上

外国语学院 石珺

石珺,男,汉族,1996年3月出生,外国语学院英语专业2014级本科学生。曾获国家奖学金、校学习优秀一等奖学金、社会实践奖学金、校优秀学生、优秀团员、优秀团干部、优秀毕业生等荣誉称号。

大学是个人发展的重要时期,我们每个人都享有这一段最美好、最具活力的时光。大学生活是需要我们为之奋斗的,靡不有初,鲜克有终,唯有不忘初心,奋力前行,我们才能在新时代里一步一步,越走越远。

从小学开始算起,英语与我们相伴已经12年了。在大学里,无论一个学生是否专攻英语,英语学习依然贯穿始终。如果只看英语专业这个名号,可能让人有些摸不着头脑。和其他专业的学生相比,好像自己也只是和英语接触的时间更多了而已,那英语专业的特别之处到底是什么呢?在大二时,这个问题似乎得到了解答。

小试牛刀

2015年的秋天,我选修了"英语词汇学"。跟随着老师细致入微而生动活泼的讲解,我认识到词汇在语言学研究中的重要地位,也感受到词汇学习的乐趣。学期过半,教务处发布了OUC-SRDP项目的立项通知。老师也鼓励大家在学有余力的同时,可以结合自己的所学和兴趣,组队进行课题研究。课堂上恰好完成了关于词汇习得方法的讨论,我了解到对二语学习者来说如何有效习得词汇一直是一个难题,于是决定从这个角度入手。我和几个组员一起,尝试阅读相关期刊文献，发现在语境中猜测词义是外语学习者在阅读过程中遇到生词时最广泛使用的一种方法，对词汇学习有一定的帮助，对语境猜词方法的学习和能力的培养也具有重要意义。阅读者会使用多种方法策略，但对于这些方法策略的效果判断众说纷纭、没有定论，需要进一步开展具体的过程研究。

经组内讨论，大家一致决定由我担任小组组长，协调带领调查研究。这是组员们对我的信任，也是提升和展现个人能力的一个好机会。为全面了解我校英语专业学生在语境猜词过程中所使用的方法和策略，课题组采用有声思维法为主要实验方法。此外，为最大程度避免有声思维法的弊端，我们还采取了采访法进行协同研究，从而更全面地了解受试者在猜词过程中所采取的方法，为研究提供更具可信力的数据资料。

迎难而上

课题开展后，我们小组在前期的基础上进一步学习，首先是对国内核心期刊相关文献进行阅读和讨论。随着学习的深入，我们意识到，尽管国内对这个话题进行了较为详尽的探讨，但是整体的研究进度仍明显滞后于国外。为了解外国学界最新的理论和观点，我们开始着手阅读外文文献。这确实是一个相当大的挑战，对我个人来说，有关知识储备较为缺乏，对全英文学术文献的理解和消化也有不小的困难。但我没有被这些障碍所阻挡，而是迎难而上，带着百分之百的细心和耐心去解决问题，直到彻底理解为止。

随着对文献的深入理解，我对课题的整体框架有了更清楚的认识。为了给后期的有声思维测试提供相关数据，小组决定先采用猜词问卷进行摸底调查，但这又给我们大家带来了不小的挑战。例如，如何设计猜词问卷，如何控制问卷的难易程度，如何对测试结果进行评价，最后测试的结果是否能达到预期目的，这些都是需要斟酌的问题。在分析整理测试结果后，我们认为课题进展状况理想，也有信心去面对前方的挑战，将课题做到尽善尽美，决定申请2016年度国家级大学生创新创业训练计划"创新训练项目"立项。我代表全组参与了学院的答辩工作，最终凭借较为充分的理论支撑和翔实的实验材料顺利通过审核。前期的基础工作给了我们很好的帮助，我们在国家级项目的进展过程中也做到了举一反三，遇到的难题也都一一迎刃而解。

春华秋实

功夫不负有心人,我带领整个小组把历时一年半的课题划分一个个阶段,同心协力完成了一个个小目标,最后获得结题优秀。这一年半中,我获得了一个理论联系实际的平台,透彻掌握了一个研究项目的全过程,在每一阶段都有新收获。我个人态度始终一丝不苟,在一次次学习和修正中逐步提升科研能力。从猜词文章的搜集,目标词的选取,有声思维录音的转写,对数据的收集整理和录入分析,到最后撰写论文,这一系列流程让我明白在科研中严谨认真的重要性,也体会到发现成果的幸福感。

在一个小组中,凭靠的不是单个人的能力,而是共同的团结协作。在课题开展的过程中,我和组员们不断探索研究方式,确保研究始终朝着正确的方向前进。我作为负责人,要根据每个人的优势特点进行分工,让他们充分发挥各自特长。我需要协调统一小组内部的不同意见,统筹规划项目整体的进展。在进入瓶颈期时,我还需要鼓励大家保持热情,同时也要虚心听取他人对自己的建议,让整个团队保持凝聚力和战斗力。每个人都要发挥自身优势,为小组贡献力量,从而推动整个课题组不断向前迈进。在这个过程中,我们一起不断进步,也体会到了团队合作的强大力量。

凡是过去,皆为序章。回想自己的本科时光,正是因为自己目标明确,勇于尝试,大胆拓展,不怕失败,持之以恒,才能实现自己的一个个小目标。幸福都是奋斗出来的!在研究生阶段,我也会向着自己新的小目标,不忘初心,不断奋斗,继续前进。

山的那边，是海

外国语学院　宋晓涵

宋晓涵，女，汉族，1996年5月出生，中共党员，外国语学院英语专业2014级本科学生。曾获文苑奖学金、杰出学生奖学金、国家奖学金、校学习优秀一等奖学金、社会实践奖学金、文体活动奖学金，2016"外研社杯"全国大学生英语阅读大赛初赛特等奖及山东赛区一等奖、2017山东省首届翻译大赛专业组三等奖、校时政知识竞赛三等奖、校防艾知识竞赛三等奖，山东省优秀毕业生、校优秀毕业生、优秀学生标兵、优秀学生、优秀团干、优秀团员、校研究会优秀会员、党的基本知识学习班优秀学员、2017年度榜样的力量"学习标兵"等荣誉称号。

跨过一座座铁青着脸的山，我鼓足信心向前走去，因为我听到海一直在远方为我喧腾。海如人生，人生如海，身处珍贵大学时光的我们，便是人生之海上驾驭着自己那一叶扁舟的舵手，在潮起潮落中演绎着成长道路上的每一次收获与感动。

流年似水，我已在海大度过了近四年时光；不忘初心，我从未比现在更加清楚自己是谁、要成为谁。我的大学生活可以概括为：读万卷书，砥砺品格，行万里路。

读万卷书，积累集学之大成。我深知自己所学习的不仅仅是一种语言，更是文化交流传播的桥梁与纽带。所以，我保持勤勉的品格，在第一缕阳光扫过的清晨，手捧书本，寻一静谧角落，在鸟鸣附和下放声诵读；在上课铃响起时，以饱满的热情与每一位老师对视微笑，在老师的谆谆教导中实现心灵的升华；在夜色降临时，徜徉于图书馆的浩瀚书海，与智者大师对话切磋。"问渠那得清如许,为有源头活水来。"我如饥似渴地读书,不仅刻苦学习专业知识,也广泛涉猎文学、历史类书籍以丰富知识储备。专业知识与人文知识并进,锻炼了我的思辨能力,以梦为马、以勤为犁,让我收获颇丰:每学期成绩均居英语系第一,平均学分绩达95分,推免综合成绩居院、系第一,保送至中国人民大学,素质测评各项全优。此外,我还将专业理论知识和科学应用实践相结合,主持OUC-SRDP项目,带领小组成员对学校近400名师生进行测试与采访,完成论文《词汇广度与深度知识对大学生英语听力水平的影响分析》,用第一手资料为全校不同专业同学扩大词汇量与提高听力水平提供建议,这些都极大地开阔了我的眼界。我将怀着最初的理想,不断前行,投身于英语语言文学研究,以独到之眼光、犀利之笔触,为学术界增光添彩。

砥砺品格,品性为立人之本。一直以来,我努力提高自己的思想、道德素质,于2017年11月30日成为一名光荣的中共党员,连年被评为优秀学生、优秀团员等。标准工作狂,我的青春忙碌而不盲目。学生会秘书处的历练让我精益求精,为了运动会上外院观众席方案的设计与改进可以通宵达旦;校团委兼职副部长的工作增强了我的细心和耐心,学有余力本应尽己所能助人助己;四年不断线的主要班委及团支书任职锻炼了我的组织能力,我带领大家进行课题调研,提高全班同学的专业技能素养;三年校研究会的经历及主席团任职使我与时俱进、锐意创新,青春歌会、时政知识竞赛、"五四"演讲,每一次活动都是体力、脑力的双重考验。在忙碌中成长,操心却更开心,年轻就该如此。我坚信,每一项任务、每一个活动,都是对个人品格修养、为人处世的历练,激励我成就更好的自己。

行万里路,实践品社会百态。有了知识和技能的积累,我大量参与社会实践、志愿者服务、翻译服务等工作,希望能发挥自己的外语特长,展示海大学子的风采,为社会、为国家尽一份绵薄之力。我曾为第22届中国国际渔业博览会进行口译服务;在国际虚拟现实创新大会负责咨询引导工作;还先后参加了"同节水·水恒流——青岛市水资源利用状况调研""留爱菏泽——留守儿童现状调研"两个"三下乡"项目。在菏泽的走访中,最令我印象深刻的是欢欢小朋友。她自幼丧母,父亲在外务工已达三年,长期跟随爷爷奶奶生活。欢欢成绩名列前茅,严以律己,偶尔考试失利都会偷偷落泪。她对大学十分好奇与向往,立志要考入中国海洋大学,我们一直保持联系,希望在她的成长道路上尽最大可能给予力所能及的帮助与支持。虽然留守儿童缺少父母的关爱,但是他们并

山的那边,是海

不缺少童真童趣,也并不乏对生活的热爱和乐观。正所谓"予人玫瑰,手留余香",在一次次的社会实践中,我也寻得了心灵的一方净土,深谙了"穷则独善其身,达则兼济天下"的真谛。

  人的成长,像树,缺了暴风骤雨,很难壮硕。的确,阳光总在风雨后,不经历风雨,又怎能见到绚丽的彩虹?面对大学,感悟成长,在缓慢而优雅的成长中,伴着潮起与潮落,让似水的年华流出生命的色彩,让我在中国海洋大学的成长之路更加充实。因为年少,所以无畏;因为无畏,所以勇往直前!山的那边,是海。请相信,在不停地翻过无数座山后,在一次次挑战过后,每个人终会攀上这样一座山顶,而在山的那边,就是海呀,是一个全新的世界,在一瞬间照亮你的心房!

人生的意义在于坚持

外国语学院　孙昕潼

孙昕潼,女,汉族,1996年3月出生,中共党员,外国语学院法语专业2014级本科学生。曾获国家奖学金、校学习优秀一等奖学金、社会实践奖学金、文体活动奖学金,第九届"CASIO杯全国高校法语演讲比赛"一等奖、全国大学生英语竞赛C类三等奖、山东省优秀学生、山东省优秀毕业生、校优秀团员、优秀团干部、优秀学生、优秀学生干部等荣誉称号。

加拿大作者、演讲家马尔科姆·格拉德威尔在其作品《异类》中提到过一个1万小时定律。他说,人们眼中的天才之所以卓越非凡,并非天资超人一等,而是付出了持续不断的努力。1万小时的锤炼是任何人从平凡变成世界级大师的必要条件。无论做什么事情,只要坚持1万小时,基本上都可以成为该领域的专家。这一定律一直激励着我走过四年大学时光,直至获得保研资格,走上另一个全新的平台。

然而事实上,一开始的路并非如此顺畅。

从大一开始,身边不断有声音告诉我:语言只是一门工具,毕业与失业无异。身边大多数同学也都因此向其他专业抛出了橄榄枝:ACCA国际注册会计师、辅修双专业、导游证、计算机二级……其实,我也一度非常苦恼,语言真的是一门无用的专业吗?我是不是拿越多证书越好呢?直到有一天,有人告诉了我1万小时定律。从恍然大悟到谨慎尝试,再到小有成就,我最终确定了适合自己的学习方法,大一时的所有困惑也在努力的过程中迎刃而解。在践行这一定律的同时,我发现,其实它还有另一个版本:倘若你所做的事情,与你想完成的目标并无关联,那么做 1 个小时与做 1 万个小时,本质上并无区别。正确且有效地努力,才能不断精进。因此我为自己确立的学习目标就是——用 1 万个小时,让自己在法语领域有所突破。但这并不意味着我只满足于课本的知识,因为坚持一个目标、一项事业不代表死板呆滞、自我设限,而是尽一切可能达到这个目标、完成这项事业。四年的不懈坚持、四年的砥砺打磨最终成就了一个全新的、成熟的、自信的我。

坚持如同一砖一瓦筑楼,基础最重要

从未学过法语的我,在进入大学的第一节课就感受到了巨大的压力。外国语学校的同学早已掌握基本的音标,熟悉法国文化的朋友也对法语词汇略知一二,而我,只是一个对单词死记硬背的新手。初次入门,毫无方法,只能凭着一股不服输、不放弃的劲头不断探索,久而久之,通过时间的积累却也自创出一些方法。从单词到课文,从语法到写作,一点一滴,我逐渐夯实基础,知识愈加丰富。后来,我感觉到自己的知识与见识遇到了"瓶颈",需要新的突破,于是我开启了字幕组之旅。音乐、美食、新闻、科普、电影预告片……各式各样的视频不仅充实、丰富了我的业余生活、让学习充满乐趣,也让我明白语言不只是书面上机械的字母排列,更是一种表达的渠道、心灵的释放。至此,我对语言有了新的看法,寓学于乐,我又有了新的动力。

坚持好比一步一个台阶,阶阶相连

坚持不懈的知识积累、兴趣与专业的完美结合让我更加自信,敢于锻炼自己、挑战自己。也正因如此我才能顺利地通过各项专业能力遴选,成为外国语学院志愿者服务团队的一员。2016 年和 2017 年,我连续两年跟随学院的志愿者团队参加了中国国际渔业博览会,主要负责俄罗斯渔业公司以及美国 Elafood 公司的商务翻译工作。同时,我于 2017 年 11 月参加了法国拉瓦勒虚拟现实亚洲展会,担任法语口译。正是由于扎实的基础知识和不懈的努力,我才能迅速适应新的环境、新的挑战,在口译过程中融会贯通。平日里精益求精的习惯和态度也被我带到工作中去,大量的译前准备和机敏的临场应变得到了客户和老板的一致好评。受到肯定的那一刻我才明白,没有什么事情是可以一蹴而就的,只有知识积累到一定高度,才可以毫不费力地迈向下一个台阶。虽然有时候人们往往会忘记自己到底前进了多少,但是只要每一步都稳扎稳打,一切自然会水到渠成。

坚持应是一步一个脚印地登山,高处的风景才更清晰

有了扎实的知识基础和工作场合收获的专业自信,我的兴趣和志向开始渐渐清晰,对法语的热爱也愈加浓厚。大三时的我已经明确自己要在法语的道路上继续深造,成为一名法语专业研究生,用微不足道的力量,为中法文化的交流增添一分力量。我希望把更多中国能量和中国梦想带到法国,同时让更多的中国人了解法国、走近法国。语言并不是无用的专业,之所以有人说无用,只是因为他们仅知道语言本身,尚未学到精髓、尚未参透其文化含义而已。

我一直谨记,坚持就是永不停歇。学术目标的确立代表着更高的要求和更多的努力。为了提高我的法语学术能力,我开始参与各类笔译活动,协助老师完成科研项目。我的第一份翻译任务是儿童绘本,虽然故事简短,但其中蕴含的道理却值得琢磨、耐人寻味。一幅幅笔触可爱的画作和配文,让我不再故作高深,而是回归简单的表达、原始的传递,让我从另外一个角度再次审视自己。随后,鸡尾酒著作翻译、新闻稿件编译等活动让我在笔译的道路上愈加自信和娴熟。

生活在于一点一滴装饰,多姿多彩才是真

成功的大学生活不仅仅只有学习,我在课堂之外,有着更为丰富多彩的生活。我曾任外国语学院学生会秘书处部长、校长办公室助理,并一直担任班长。大大小小的学生工作和课外活动锻炼了我的心智,让我飞速成长。我一直无法忘却的是运动会超过300人的庞大观众席和方队训练。上百人的配合、上百条的建议、数十次的修改讨论、十几次的训练最终才有了两天里完美的呈现。这让我明白,无论是学习还是工作,没有任何事情是可以随意应付的,没有持之以恒的态度和精益求精的努力,成功永远遥不可及。

有一句话说,"越努力,越幸运"。其实并非成功者天资聪颖,而是他们一步一个脚印走来,从不曾懈怠,持之以恒的努力让他们在每一个机会降临的时候都以最完美的姿态来迎接。人生唯坚持而充满意义。大学四年,我通过坚持,从懵懂的高中生成长为一个可以把握自己命运的自信女孩。我会继续坚持1万小时定律,义无反顾地前行,因为我知道,前方有一个更好的自己在等待着我。

守望海洋,静水深流

文学与新闻传播学院　冯一鸣

冯一鸣,男,汉族,1996年3月出生,中共党员,文学与新闻传播学院文化产业管理专业2014级本科学生。曾获国家奖学金、校学习优秀一等奖学金、社会实践奖学金、海程邦达社会工作奖学金,校优秀学生标兵、优秀团员、优秀团干部、优秀学生、优秀学生干部等荣誉称号。

大学是青春韶光里最美的一块璞玉,美好的时光在上面镌刻着青春记忆。我的大学生活多彩而充实,也不乏学术的沉淀与理性的反思。醉心海洋文化,为的是实现家国大道;静水方能深流,踏实稳健的习惯让我在梦想的天宇自由驰骋。

领悟贯通,做海洋文化的学习者

入学之初,我修读了校海洋文化研究所所长曲金良教授为文化产业系开设的"海洋文化遗产与国际合作"课程。尚力、自由、进取、开放的中国传统海洋文化,使我体验到海洋风物的魅力,更激发出我对海洋文化的自信与热爱。自那时起,我便将推动中国海洋文化发展作为梦想,努力成为海洋文化的学习者、继承者、弘扬者。随着专业学习的深入,我深刻地体会到,文化产业是当代海洋文化发展的重要物质基础。在新时代,要想更好地继承和开发海洋文化,首先要对文化产业这一经济平台有更为全面的了解。为此,我涉猎传媒、旅游、文博、会展、互联网等文化产业的诸多领域。

为夯实文化产业理论基础,我阅读了一些书籍,发表了4篇学术论文。其

中,《中华美食频道:充分发掘"IP+电商"价值》被《中国文化企业报告2017》收录,由清华大学出版社出版。

为了进一步培养以多学科视角研究海洋文化产业的能力,我修读了经济学、管理学、地理学、社会学、艺术学、哲学、历史学、文学等多个学科方向的课程共65门。此外,我联合来自数学科学学院、经济学院、法政学院和管理学院的7名本科生组成了"北冥有渔"研究团队,以传统渔村的数百户渔家乐为对象,以海洋文化主题民宿的运营为问题主线,借助多学科交叉的方法展开创新研究。作为队长,我统筹聚合学科背景不同的团队成员,结合定性分析、定量分析方法,提出"海洋文化生态闭环"发展理念,在"挑战杯"全国大学生课外学术科技作品竞赛中获得佳绩。

在校期间,我参与国家科技支撑计划子课题"移动互联网环境下面向观众的智慧博物馆关键技术研究及示范",在秦始皇帝陵博物院进行了为期1周的现场调研;利用课余时间,前往日照市顺丰海洋牧场、北京798艺术区、江苏广电集团、中国电影博物馆、北京新华1949国际创意设计产业园、北京尚8创意产业园等大型企业进行深入调研,总结其团队建设、营销策略、企业文化、商业模式,撰写内容丰富的调研报告,提升了对文化产业的个案分析能力。

参与上述活动,不仅让我对文化产业的边界划分、发展要素、社会影响有了更为清晰的认知,更让我可以借助文化产业更好地贯通海洋文化理论。

交流共享,做海洋文化的继承者

中国海洋大学是海洋文化研究的高地。因此,我要求自己抓住学术机遇,主动参与各类学术交流活动,努力学习与海洋文化相关的理论知识。

在2017联合国教科文组织教席暑期研讨会上,我发表了题为"传统渔村变迁与社区参与旅游"的演讲,从社区赋权、文化变迁、利益相关方合作机制等角度对沿海村落传统文化资源的开发提出一系列建议,赢得了Lorenzo、Rafael等国际知名学者的关注。在"海洋时代的文化产业:人才·资源·创意"学术研讨会上,我就"中华传统海洋文化走出去"一题发言,向在座学者讨教;在北京烽火文化创意中心第十五届烽火文创论坛上,我就"文化与科技驱动融合"提出自己的思索,得到多位教授的指点;在参与第一期全国文化产业专业夏令营活动时,我向范周、陈少峰、向勇等文化产业专家讨教,对我国海洋文化产业发展之路有了更加深刻的认识。2017东亚海洋合作平台黄岛论坛期间,我作为校方学生代表参与海洋文化教育合作分论坛,认真聆听、积极讨论,并将"一带一路"、民心相通、海洋意识教育等内容传达给我校师生。

实践共享,做海洋文化的弘扬者

从课题、论文、学术会议中汲取丰富营养后,我希望将理论应用于实践,从务实应用的角度助推海洋文化发展。为此,我持续关注海洋文化社会动态,积极申请参与政府机构、社会组织开展的文化产业研究工作。

在参与政府工作方面,我于2016年参与了青岛市西海岸新区影视产业发展规划的制定,撰写多篇文稿。同年,我参与全国政协人口资源环境委员会"中国海洋生态文化"课题(书稿)的编写工作,协助老师查阅资料、校订文稿。

在社会组织方面,我于2016年加入山东省日照市海洋与渔业文化研究会,并担任常务秘书长,参与协会政企合作、学术会议、书籍出版等工作。作为主笔人撰写了《日照市海洋文化展示基地概念性总体规划》,以文化产业集群的思维分五大篇章规划海洋文化生态旅游区;在日照市海洋与渔业局开展的涉渔"三无"船舶整治工作中,我代表研究会申请存留部分依法查处的年久船舶,将其改造为纯观赏性的无动力渔船模型进行公益展示,以留住原始性、真实性、历史性、典型性极高的海洋文化遗存;为弘扬海洋文化视域下的民族精神,我代表研究会多次向各级台湾事务办公室寻求帮助,推动协会撰写、出版海洋文化重要历史人物相关书籍的工作。

作为一名"海之子",我不仅热爱海洋、关注海洋,还要求自己应当以海的胸怀奉献自我、服务他人,在党支部委员、学生会副主席、党员学生带班班主任、班长的岗位上服务师生。我热爱参加志愿服务活动,曾义务献血,并通过培训成为中华人民共和国红十字救护员;在青岛市2015年世界海洋日、中国海洋大学毕业生见面会中承担人员接洽工作。在上述服务过程中,我希望能够传递中华民族世代相传的海洋文化情结,宣传海洋权益、渔盐舟楫、村落变迁等海洋文化热点,提升大众对中国海洋文化遗产的关注度。

经过努力,我获得浙江大学直接攻读博士学位的机会。"长风破浪会有时,直挂云帆济沧海",我将更加积极进取,在奋斗的路上坚定不移地前行,努力成为一名有态度、有能力、有立场,靠得住、顶得上、站得稳的"海之子"。

与海的约定

文学与新闻传播学院　蒋治

蒋治,男,汉族,1995年9月出生,中共党员,文学与新闻传播学院文化产业管理2014级本科学生。获得国家奖学金、校学习优秀一等奖学金、社会实践奖学金、科技创新奖学金、美国大学生数学建模竞赛(MCM/ICM)二等奖、山东省"挑战杯"三等奖、校"挑战杯"一等奖、山东省优秀毕业生、校优秀毕业生、优秀学生、优秀团员等荣誉称号。

时光荏苒。过去的四年,注定是重塑自我的四年,从眼高手低到脚踏实地,在最美的年华,我像一滴水汇入海洋,践行与海的约定。

知识为马,梦想为翼

"海纳百川,取则行远"的校训,时刻叮嘱着海大人勇攀高峰,砥砺奋进,而这也必将成为我一生的追求。

三年来,我认真学习文化产业管理每一门课程,努力提升专业素养。印象最为深刻的,要数2017年春季学期修读的"创意经济"。课程主讲人Aparna Katre博士来自美国明尼苏达大学,采用全英文授课。刚得知此消息时我不免担心,怕跟不上课程进度。然而,上完一次课后,我便对创意经济产生了浓厚的兴趣。来自美国的Aparna Katre博士不懂中文,我便扮演了联络员的角色,协助教授和学院保持联系,并及时反馈课程进展。创意实践展是本课程的核心内容,我在2017年5月21日接到系里通知,需要短时间内设计出5月25日创意实践展的宣传海报,时间紧、任务重。为保证创意实践展的质量,我同几名同学挑灯夜战，用一晚上的时间设计出宣传海报。当我将亲手设计的宣传海报张贴在校园各处时，喜悦与成就感于油然而生。功夫不负有心人，本次创意实践展获得巨大成功，为整个"创意经济"课程锦上添花。结课后，受赵成国副院长、罗贻荣副院长与孟岗老师的点拨，我提笔撰写了《创意经济：点石成金的钥匙——文化产业管理专业2017年国际课程略记》一文，发表于2017年10月12日的《中国海洋大学报》，希望让更多的人了解文化产业、关注文化产业。

兴趣是最好的老师，在保证文化产业管理专业课程学习的基础上，我如饥似渴地摄取更多知识。文化产业管理融汇文学、历史学、新闻传播学、经济学、管理学等众多学科的知识，学习提升了我的专业素养，丰富了我的知识储备，为今后发展提供了多种可能。经过一段时间学习，我找到了兴趣点——经济学。于是，在保证本专业每门课程学习质量的基础上，我修读了数学、经济学、管理学多门课程，践行"通识为体，专业为用"的理念，拓展知识面。由于修读大量课程，繁重的课业成为必须面对的难题，而充分利用时间、实现效率最大化是破解该难题的最佳路径。每当接触到一些课堂上没有涉及的知识，我就会来到图书馆，查阅各类文献资料，累计进入图书馆次数已超过1000次。在这个过程中，我不仅收获了知识，还掌握了正确的学习方法，思维变得更加开阔。

投身学术，其乐无穷

在认真学习各类科学文化知识的同时，我尝试性地开展学术研究。2015年5月，我成功申报国家级大学生创新训练计划项目"青岛市历史文化街区的开发与建设"。出于对青岛这座历史文化名城的热爱，我穿梭于青岛老城区，悉心记录独属于青岛的文化记忆。为加深对历史文化街区的认识，2015年10月，我来到上海，深入了解石库门保护与开发现状，为青岛城市建设总结经验。功夫不负有心人，课题成果《历史文化街区资源禀赋与产业化开发评价——以青岛市为例》一文被中国海洋大学文学与新闻传播学院马树华副教授的论文集收录。在课题研究中，我抓住市场化改革的政策导向，对企业竞合关系多有关注，论文《商业性街区中企业竞合关系分析》于2017年3月发表于《中国市场》杂志。课题结项后，我将竞合关系的研究延展到中观产业领域，论文《产业间竞合视域下工业与农业经济系统间的关系研究》于2017年10月发表于《中国市场》杂志。

在此过程中，我对学术研究的兴趣愈发浓厚，2017年8月以来先后参与了

管理学院秦宏教授组织的水产品市场调研、文学与新闻传播学院张立波副教授的课题"'互联网+'背景下工业企业组织变革趋势研究"、管理学院张樨樨副教授的课题"关于青岛市扩大'一带一路'国际人才交流的探索与思考"。在此过程中,我对社会科学研究方法的认识有了较大提升。

挑战自我,青春无悔

在学习知识、投身科研的同时,我积极参加各类社会实践活动。从国学达人竞赛到趣味运动会,从合唱比赛到企业实习,从校学生会到院学生会,都有我的身影。通过社会实践,视野得以开阔。其中,最令我记忆深刻的,要数参加"挑战杯"的经历。

出于对海洋文化主题民宿的浓厚兴趣,2017年5月,我参加了山东省第十五届"挑战杯"竞赛,小组参赛项目名称为"日照市渔家乐流变研究——基于对渔家村落的调查"。在热烈的讨论中,我们注意到渔家乐对海洋文化保护开发的重要作用,通过实地走访调研,归纳总结渔家乐的流变特征,分析其影响因素和社会功能兼及渔家乐未来发展方向。这个过程不免劳苦,但快乐亦相伴其中,持续近6个月的竞赛,收获的不仅仅是奖项,更采撷到珍贵的友谊,我对海洋文化的兴趣与日俱增。然而,我和"挑战杯"的缘分还在继续。

2017年9月,中国海洋大学"挑战杯"竞赛拉开帷幕,我组建了全新团队。作为中共党员,通过学习党最新的方针政策了解到,区域、城乡发展不均衡是全面建成小康社会必须解决的难题。正是出于这种考虑,我将大学生村官作为核心研究对象。通过借鉴首次参赛的经验教训,我和团队成员一道,从各地村民自治组织争取到更多资料,为撰写报告铺平道路。宝剑锋从磨砺出,2017年12月,调研报告《基于工作嵌入视角的大学生村官组织认同与社区融入研究》获得一等奖殊荣,引起凤凰网的关注。

"我原想收获一缕春风,你却给了我整个春天",感谢中国海洋大学的老师、同学,在今后的日子里,我将一如既往地前行,向海而歌,唱出海的精神,颂出海的气派。

未来的路还有很长,无论前方花丛遍地还是荆棘满布,"既然选择了远方,便只顾风雨兼程"。

这是我与海的约定。

| 幸逢新闻 |

幸逢新闻

文学与新闻传播学院　陆嘉敏

陆嘉敏,女,汉族,1995年10月出生,中共预备党员,文学与新闻传播学院编辑出版学专业2014级本科学生。曾获国家励志奖学金、校学习优秀一等奖学金,校优秀团员、优秀学生、优秀毕业生等荣誉称号。

不知不觉,四年的时间悄然而过。在一千多个日夜里,我在这所大学收获了什么?和四年前的我相比,我又成长了多少?四年前的我怀着忐忑的心情选择了做"新闻人"这条路,这条路如今回头看是走得艰辛还是愉悦?这四年,我不断地否定曾经止步不前的自己,从否定中发现自己在新闻路上取得的进步。看着文件夹里的证书,表格上的成绩,书架上的专业书籍和笔记……我想,我得到的远不止这些。因为新闻追求永无止境。

与之初相见

身为新闻专业的学生,我时刻未忘自己的本职是学习新闻传播专业基础知识。想要做一名优秀的"新闻人",首先最重要的就是夯实基础。通过深入的学习,我了解到许多新颖的传播知识理论,知晓了一代代新闻人为新闻自由所做的努力。

由于大学的学习任务和中学时有着较大的差异,高中所用的学习方法在大学里可能并不适用。我不敢有半点松懈,除了专业课上认真聆听老师的讲授之外,我还在业余时间去图书馆汲取所需的知识,充实自己,争取在专业道路上走得更加踏实。通过阅读,我了解到麦克卢汉的"媒介即讯息""媒介即人的延伸"

理论,了解了保文·莱文森的补偿性媒介理论和拉扎斯菲尔德的两级传播理论等。

而在大学校园里,仅仅依靠课上的知识是远远不够的。大学是注重全面发展的场所,更看中的是自律、自学能力。为了做好每一篇新闻报道,我需要很多方面的知识。所以除了本专业书籍,我也会涉猎社会学、经济学等多领域知识内容。

厚积薄发的努力在期末得到了证明,前三年我的成绩一直名列前茅,各方面也取得了明显的进步。但是我依旧不能懈怠,因为前方的路还很长。一次次的历练让我逐渐体会到新闻人的坚持,这是课本里学不到的。

不忘初心,勇敢逐梦

为了充分锻炼自己,我加入了校报记者团。通过一段时间的系统训练,我迅速掌握了单反相机和摄像机的用法。在这里,我和社团的小伙伴一起采访,一起进行报道策划、专题总结……三年里,我经历了数十次采访活动,每一次都让我获益匪浅。

在大学生艺术团的"器乐专场""舞蹈专场"上,我拍下表演者的精彩瞬间。通过之后的人物采访,我详细记录下他们的幕后故事,并且在《中国海洋大学报》上发表,让师生们了解更多更精彩的细节。在2015届"毕生情·海大梦"毕业晚会上,我和社团伙伴在舞台前方进行拍摄。虽然不能尽情享受晚会的精彩,但能将晚会的精彩细节通过媒体分享给大家,也让我成就感满满。因为是校报记者,我能够深入一场场讲座和会议,能够接触到知名教授,能够参加一次次重大的晚会……在这些事件中,我逐渐提高了自己的采访能力,并反复锤炼自己的文字,每一次的采访都能发现一个更加优秀的自己。

此外,我还充分利用新闻采访知识带领小伙伴成功完成了OUC-SRDP关于闽南婚俗文化研究的社会调查。

这些实践都让我更加接近新闻的本质——真实。尽管随着新媒体时代的到来,人们依托的更多的是互联网上的信息,但是新闻人的角色是不可或缺的,所以在当今这个网络传播时代,我要更加全面地发展自己,适应新媒体的传播环境,争取在未来做一个"全能型记者"。

胸怀热血，无畏前行

2016年8月，我第一次踏上实习岗位。

在《海峡都市报》的这6周，我可以明显感受到指导老师石老师对新闻工作的热情。

闽江村违建拆迁事件中，石老师刚从朋友圈看到这件事，立刻就带着我去了闽江村，连午饭都没顾得上吃。下午一直在村主任家中了解具体情况，出了屋子已经天黑了。我钦佩老师的敬业精神。

石老师时常和我们谈天谈地谈理想。我记得最牢的是他说的"在大学里学的不是知识，而是一种叫作自学的能力"。老师在新闻路上走了10年，并且无怨无悔。

闽江村违建拆迁事件在报纸登出后，引起了市民的关注，有关部门也积极介入，村民们迎来了一个好结果。也是这一次实习让我更加深刻了解了一名新闻人所应该有的素质和品性。对话与沟通是新闻人接触事实真相的必经途径，即使有时候这步难以踏出又或者走得无比艰辛。一代代新闻人以满腔的热情和执着的追寻留下的足迹，渗透着新闻职业精神，更闪烁着理想的光芒。

永远在路上

四年时间，让我蜕变，从懵懂到坚定，一天比一天更自信和努力。这四年，我一直在让自己向着新闻人的理想前进。即使目前还看不清方向，虽然会有困难，但我也不会停下脚步。我会跨越艰难险阻，让内心强大，培养新闻人应有的素质，为自己编织一个在未来触手可及的梦。

以赤子之心,行逐梦之路

文学与新闻传播学院　柴　旭

柴旭,女,汉族,1997年5月出生,中共预备党员,文学与新闻传播学院新闻学专业2015级本科学生。曾获校学习优秀一等奖学金、学习优秀二等奖学金、校优秀学生、优秀团员、优秀团干部等荣誉称号。

如果你问我想成为一个什么样的人,我会毫不犹豫地回答:"我想做一个纯粹的人,纯粹地求学问道,纯粹地帮助关爱他人,纯粹地坚守对公平正义的追求……"

知海无涯,求学问道

"生命的全部的意义在于无穷地探索尚未知道的东西",大学,是我求知的天堂。在过去三年的学习中,我全力以赴地认真学习每一门课程,汲取更多的知识,探求事物发展背后的本质,以求可以更清楚地看待我们生活的这个世界。

大一结束时,行远书院开始招生了,而我又恰好是一个热衷于探索新世界的好奇宝宝,十分向往学习更多理科的知识,成为一个博雅的人。我也深知数学与物理课程的难度,不仅会占用我大量的时间而且也不一定能取得令人满意的结果,我也犹豫过,但我心底的声音告诉我:"去做吧!享受这个过程!"确实,这两年的书院生活非常辛苦,但我真的成长了。我不仅敲开了知识和视野的另一扇大门,而且养成了独立思考和勇于批判的好习惯,书院的课程讨论模式还提高了我沟通表达和团结合作的能力,书院的理念更赋予了我勇于担当的责任感和使命感,让我意识到自己拥有无限的可能性,这些对我来说都是弥足珍贵的礼物。繁忙的行远书院生活并没有使我在专业课上有所懈怠,幸运的是,自己也获得许多荣誉和奖励,这不仅是对我的努力的肯定,也是促使我前行的动力,更是在告诉我坚持纯粹地求学问道是正确的价值追求。

赠人玫瑰,手有余香

爱默生说,人生最美丽的补偿之一,就是人们真诚地帮助别人之后,同时也帮助了自己。我对此深信不疑,生命是一种回声,当我去帮助别人时,我能体验到那种纯粹的快乐。

在过去的三年中,我积极地为团体做贡献,发挥自己的光和热。我不仅担任了三年班级的宣传委员,为班级活动拍图、撰稿,还以身作则,积极组织和参加班级各项活动;多次担任课程设计的组长,严格要求自己和组员,带领本组的队友出色地完成各项任务。此外,作为一名预备党员,我认真践行党"为人民服务"的宗旨,担任文学与新闻传播学院党支部的宣传委员,围绕本支部的中心工作,展开宣传活动,积极宣传党的路线、方针、政策。在日常生活中我也尽自己所能地积极帮助别人,为同学排忧解难。

莫问前程,愿君敢为天下先

大学三年,最令我觉得幸运和珍贵的是,新闻学的学习塑造了我心中的新闻理想,它是一种精神气质,是一种责任和担当,是坚守社会的公平与正义。这样的人往往被定义为具有浪漫主义倾向,那又如何呢?我只知道这理想的图景在我内心闪耀,它是这个社会应有的模样,是每个人都应该有的追求。如果有可能,我想踏遍社会的每一个角落,采访那些最需要关怀和关注的人群,去揭秘社会的冷暖,还原他们的真实模样,促进群体与群体之间的交流与和谐相处。

我也一直都喜欢用自己的眼睛去观察这个社会中的"人",尤其是边缘群体。在2017年2月20日,我和几位同学一起就"青岛外来务工人员的饮食状况调查——以青岛市中韩村为例"进行了调查。那是一个城中村,聚集着青岛很多外来务工人员,我和同学们化作租房的打工者深入他们的生活区,追踪他们的饮食状况,描摹他们的生活状况,我看到了城市中这一边缘群体艰难的生存状态,并启发着我去关注社会上更多的边缘群体,我希望能通过自己的努力引起大众对他们的关注,为改善他们的生活状况及如何管理好"城中村"、管理好流动人口问题提供思路。在周末,我曾去青岛市崂山区锦云村老年公寓陪伴老人,在这里我们发现了一个特殊的群体——阿尔茨海默病患者,他们的纯真深深打动了我,于是我和另外四名同伴完成了一个名为"被遗忘的情感世界"的纪录片策划方案,试图通过我们的一些努力去做一点改变。2017年7月暑假,我在青岛新闻网实习,在完成本职工作的同时,我主动向老师申报选题,获得老师同意后,我在37℃的高温天气下在街上寻找我的采访对象,在采访了多位手艺人之后,最终选定了一位在青岛配钥匙近20年的孙师傅为最终采访对象,在老师的指导和自己的努力下撰写了一篇关于街头手艺人的文章,获得老师和总编的认同和赞扬,并被信网、大众网等多家媒体转载,这段经历对我尤为珍贵,这是我第一次拥抱我所热爱的新闻工作,从中我学到了新闻人应该具备的社会责任感以及积极主动、吃苦耐劳、不浮不躁的品质,我也将永远牢记这些并运用到今后的学习工作中。

不管是外来务工人员还是阿尔茨海默病患者或是街头手艺人,我对边缘群体的关注和关怀都始终如一,他们不仅面临经济上的困难,甚至还面临政治、社会和文化上的排斥,我期望能够记录他们的声音,引起社会对他们更多的关注和关爱,让国家发展的成果真正惠及每一个人。

感谢过去三年的学习生活,将我塑造成为一个有人文关怀精神和社会担当的新闻人,一个勤奋努力、充满热情的青年人。感谢这三年来遇到的每一个帮助过我的人,也感谢自己一直以来的赤子之心。逐梦路上,我不会停。

| 坚定方向，慎独行远 |

坚定方向，慎独行远

文学与新闻传播学院　黄　睿

黄睿，女，汉族，1997年1月出生，中共党员，文学与新闻传播学院新闻学专业2015级本科学生。曾获国家奖学金、校学习优秀一等奖学金、学习优秀二等奖学金、社会实践奖学金、文体活动奖学金、青岛银行优秀大学生奖学金，校优秀毕业生、优秀团员、优秀学生等荣誉称号。

时光的脚步日夜不歇，人生的旅途精彩纷呈，大学是最值得慢慢回味的青春年华。回望我的大学时光，数不清的选择，无数个岔路口，我一步步坚定地向前走着，慢慢探索着方向。我着眼于新闻人的责任与担当，醉心于通识教育的文理兼通，投身于志愿服务的收获和满足。充满不确定的大学之路，在不断的选择中日渐明晰。

选择新闻——明确方向

填报志愿时，在柴静《看见》一书的感召下，我选择了新闻学专业，学习了"新闻学概论""新闻采访与写作""新闻伦理与法规"几门课程后，我对新闻专业产生了浓厚的兴趣，立志要成为一名出色的新闻工作者。普利策曾说，"倘若一个国家是一条航行在大海上的船，新闻记者就是船头的瞭望者。他要在一望无际的海面上观察一切，审视海上的不测风云和浅滩暗礁，及时发出警告"。记者不仅仅是时代的记录者，更是社会进步的推动者。为此，我不断提高自己的专业能力，关注国内外重大时事，并广泛涉猎政治学、人类学、经济学等学科，努力提高专业素养。

为真正提高自己的实操能力,我选择了传统纸媒作为自己的实习单位,在济南时报工作40天发稿34篇,并被评为专业认知实习优秀实习生。记得第一次走进济南时报报业大厦时,"新闻有力,报纸恒温"几个红色的大字闪进我的视线,这是济南时报的宗旨。过去两年中,唱衰报纸的声音总是不绝于耳,而在实习期间,我反而感受到了报纸的一丝生机和活力,也能感受到报纸努力转型的阵痛和无奈。在这40天中,我亲身体会到了一篇报道是怎么产生的,也真正理解了新闻线索、新闻价值、素材选择等课堂上学习过的内容。

随着数字和信息技术的飞速发展,以互动、参与为特征的新媒体方兴未艾。我作为与互联网共同成长的一代人,对新媒体产生了浓厚的兴趣,我主动加入学院微信公众号运营团队,运营学院公众号两年,曾任栏目主笔,熟练掌握微信公众号的运营与排版技巧,紧跟热点并贴近同学们的生活,公众号阅读量长期居于学校前三名。

选择书院——博雅行远

"专业为体,通识为用"一直是中国海洋大学的本科生培养理念,我深刻地感受到这种培养方式的益处。选择新闻专业是我职业生涯的起点,选择行远书院则让我的专业道路更加明朗开阔。

行远书院在官网介绍中这样写道:"增强以宏观的思维分析问题、以微观的思维解决问题的能力,打造'厚基础'的自学根基,提升'宽口径'的从业能力,养成'深识见'的思维自省,以期发掘自我,进而造福国家和社会。"看到行远书院招生简章时,"文理兼备"的理念深深吸引了我。成为行远书院一期生后,我感受到了真正的思维碰撞,体味到了观点交锋的畅快淋漓。在担任"全球化与人类社会"课程助教期间,我协助法政学院崔凤教授确定讨论题目,批改作业,从宏观视角对当下人类社会以及"命运共同体"概念有了更进一步的认识。我可以抬头仰望天空,使用相对论解释一个个问题;也可以俯身关注生活,关注一个个微小的个体。宏观视角,微观切入,从自身出发,从自己所在的环境出发,不断思考,深入自省,终身学习。

思考让我时刻保持冷静,让我抛弃以往的认知经验去看待问题。在我国台湾政治大学交流的7天时间里,我们一行人走过深坑老街、中国台北故宫博物院、十三行博物馆以及宜兰博物馆、林美石磐步道、黄金博物馆等。通过交流,我了解了我国台湾高校教育与通识教育改革的现状。在西安交通大学交流时，我感受到了西安这座城市的文化底蕴，体会到历史和现代交织的冲突感。

走出课堂，走近生活，思考一路随行。我所参与的城市建设课程研究，通过田野调查的方式探究"老人们为什么来到中山公园"，在实际调研的过程中，我渐渐开始理解这些老人的行为和社交需求。在完成人物特稿写作时，我深入清洁工阿姨的生活，跟着清洁工阿姨一起打扫卫生，也正是因为这份真诚打动了清洁工阿姨，她带着我回到了她的住处，我近距离体会到了外来务工人员的辛酸苦楚。写作青岛百年老街黄岛路的纪录片脚本时，在30平方米老屋里居住的爷爷，曾经是南开大学的大学生，却因为种种原因来到了青岛，住在摇摇欲坠的里院里。这些鲜活的人生让我看到了生活的另一面，看到了一个城市的多维样貌。行远书院讨论课中学到的倾听、表达，课程中体现的人文关怀，让我越来越关注社会大众，关注不曾被关注的人群，而这也恰恰是新闻学的核心要义。北京师范大学喻国明教授曾说，"真正的记者，要有俯仰天地的境界，悲天悯人的情怀，大彻大悟的智慧"，行远书院的学习让我更具人文关怀，怀着感恩和尊重对待每一个人。

选择忙碌——乐在其中

选择了新闻学，选择了行远书院，选择了新闻部，也就意味着我选择了忙碌。大学生活的前半段，累并快乐着，每个学期的学分都在30分以上，每周的行远作业累计8000字，还需要完成其他课程的作业以及社团活动。"过了周三就是周末"是很多同学自我安慰的一句话，可对我来说，周三是我忙碌生活的开始。周三、周四两节大课，再加周末的反思作业，每周花在书院课程上的时间就有十几个小时，本专业的课程又不能因此松懈，因此效率变成了我与其他同学竞争的制胜法宝。为了进一步提高自己的效率，我给自己定的休息时间与断电时间一致，这就要求我必须在断电之前完成当天的所有任务。凭着高度的自制力和执行力，每天有计划地完成任务，忙碌的生活也变得井然有序。

忙碌的生活，锻炼了我的时间分配能力，也让我学到了更多本领，例如在院学生会新闻部工作的经历就让我收获颇丰。从大一的干事到副部长，不断地写稿、拍图、想创意以及写文案，让我在专业课学习之余，能够真正理解新闻业务的内涵，提高自己的业务水平和业务能力。为了进一步提升自己的PS技能，我参加了学院的职业技能培训课堂,跟随路越老师学习了两个月的PS课程,掌握了更多的操作知识。另外我还学习了摄影摄像以及剪辑,获得了中国海洋大学"舌尖上的年味"第二届美食摄影摄像比赛二等奖、海大印象视频制作比赛三等奖、青岛新媒体创意大赛优秀奖等多个奖项。

正是由于在新闻部工作的经历,我以志愿者的身份参加了2016年高校科学营中国海洋大学分营并担任宣传工作,负责新闻采写和每天的活动总结。热心于志愿服务活动的我还参加了2016年海峡两岸海洋文化交流活动以及2018年上海合作组织青岛峰会,为活动的顺利召开贡献了自己的一分力量。

人生路上,选择无处不在。不断地思考,为的是清楚自己该何去何从;稳健的步伐,为的是一步一个脚印向着目标不断前行。经过不懈的努力,我获得了中国传媒大学推荐免试研究生资格,我会更加积极进取,不断突破自我,努力成为一名有态度、有立场、有担当的优秀新闻工作者。

仰望星空，甘做工匠

法学院　孟超

孟超，男，汉族，1995年12月出生，中共党员，法学院法学专业2014级本科学生。曾获国家奖学金、杰出学生奖学金、校学习优秀一等奖学金、社会实践奖学金、文体奖学金，校优秀学生标兵、优秀学生优秀团员等荣誉称号。

懵懂之中，笃定方向

2014年9月，一个刚结束军训的懵懂少年终于步入了渴望已久的大学教室，这次班级同学的集聚无关课程，而是进行班委成员的竞选。紧张、激动和胆怯在心里翻涌着，同台竞选班长的是演讲能力出众、学生干部经历丰富的实力派。我参加竞选的想法很简单，只是希望在处理班级事务的同时和同学多接触、多交流，大学能为班级多做点贡献，多几个知心的朋友。在竞选之初我对自己要不要参加竞选纠结了好久，因为时间是有限的，倘若让班级工作占据太多时间，学习的精力会减少许多。当初的我认为大学生活只有两个方向，一个是认真做好学生工作，另一个便是做一个"学霸"，并且这两个方向看起来是截然相反、不可兼得的"鱼和熊掌"。

不幸的是，我落选了。但这次落选并没有让我偃旗息鼓，而是使我更加虚心地汲取知识。来到海大以后，我一直在想：我能为海大做点什么？既然不能以班长的方式发光发热，我便下定决心充分利用学校的资源努力用知识武装自己。除了教室、宿舍之外，我去得最多的就是图书馆。回想起来，大学三年最幸福的事就是在书海中遨游了一天后，一个人走在梧桐大道上，摘下眼镜眯着眼看着微

光,深深地打个满意的哈欠。书成了我的挚友,去图书馆也成为我的习惯。

目标之下,甘做工匠

之后,我更加注重自己的学习方法,培养自制、专注、坚持的习惯,努力脚踏实地,学习工匠精神。在接下来的生活中,我开足马力、认真学习。理科生向文科生身份的转变,让我压力倍增。课前预习、课时笔记、课后复习工作我都会悉心准备,或许正是压力让我有了更多的耐心。一步一个脚印走过来,才发现自己竟走过如此多荆棘丛生的路途,丰硕的学习果实给我带来了感动、欣慰和继续勇敢前行的动力。在之后的学习中,我带头争先树优,带动其他同学共同进步。我创办民法学习会,组织并鼓励同学们汲取知识、启思明智,学习会为基础较好的同学提供了一个思想碰撞的空间,为基础相对薄弱而又缺乏自制力的同学送上一个耐心学习的平台。我清晰地记得一句话:目标在山顶的人从不会被山腰的风景所诱惑,志在远方,仍须努力。

一次"海之子"优秀学生标兵的访谈促成了我对成为标兵的向往,激励我立下三年将自己塑造成优秀学生标兵的小目标,这也让我接下来的大学生活更加丰富,学习之外别有洞天。

学习之外,全面提升

大学生的本职是学习,但是在刚入大学时,学长学姐告诫最多的便是让我们过一个丰富充实的大学生活。在学习之余,我开始思考如何做到跻身学生骨干、勤勉工作,如何加强社会实践、服务社会,如何做到学以致用、用以促学。

大学时光匆匆,将重心从图书馆转移到大学生活动中心是另一个学习的开始。组织策划、创新活动、宣传推广、沟通协调都是这一年的付出馈赠给我的最好的大学财富。校级社团工作的经历也带给了我更多的机会去学习工作方法和技巧,让我接触到更高的平台。后来我有幸参加了大学生"青马工程"骨干培训班,通过专著研讨、演讲比赛、心理讲座、素质拓展等培训,努力提升素养、跻身学生骨干。期间,为了提升英语能力,我申请成为国际教学办公室助理,无论值班与否,都细心为每一位外国留学生选课、解决生活中的问题。工作中的成长让我在香港回归20周年之际,有机会赴我国香港进行学习实践交流。这些不经意间的历练让我更有信心担当起更大的责任,有更强的能力来为同学和老师服务。

大学中的学生工作经历似乎违背了我最初的想法，偏离了我最初的方向，但是回头望去才意识到，合理的时间安排能够让我们兼顾学习和工作，大学中的"鱼和熊掌"是可以兼得的。

社会一隅，勇担责任

三年过后，我在思考：我对学校的贡献是什么？我对社会的贡献是什么？"心系国家、情系社会"一直是我的目标，在大学生活中我不断地践行这一目标。在岛屿争端、海洋权益纷争的国际背景下，我将知识技能应用于实战，在国家助力扶贫、切好"蛋糕"的政策号召下我将法律知识普惠社会。

南海仲裁案裁决后，我积极响应国际大法官的号召，在专业内组建海洋法模拟法庭比赛队伍，利用海大海洋知识库的资源优势全力准备，代表学校参赛并获得二等奖，我将继续丰富海洋法知识，助力海洋强国梦。向海而兴，背海而衰，我不断关心海洋渔业发展，实地了解渔民生存状态，研究渔业发展"瓶颈"。除此之外，我还关注弱势群体，走访失地农民家庭并研究政府征地补偿措施，服务阿尔茨海默病患者，同时研究社区养老的法律保障措施。

全民守法是依法治国的重要一环，我多次进行社会普法宣传，走基层、进校园，涉及范围广泛，在国家宪法日之际被学校党委宣传部聘为"中国海洋大学普法使者"，努力传播法治成果，为社会主义法治进程增添力量。

"不放弃便无失败可言"，一直以来，无论是在学习还是工作中，我都始终坚持积极奋进、锲而不舍、不言放弃，在失败中总结经验、吸取教训，努力提升自己并回报社会。在大学生活中，我努力以服务大众的情怀在同学间、校园中传递正能量，努力将扎实的法学知识和优良的法学素养应用到依法治国、海洋强国伟大战略中。我也将以梦为马，继续前行，为不久的将来能挥法律利剑、持正义天平，为守政法圣洁、昌法治文明而不懈努力。

风物长宜放眼量

法学院　孙　瑜

孙瑜,女,汉族,1996年2月出生,中共党员,法学院法学专业2014级本科学生。曾获国家奖学金、国家励志奖学金、校学习优秀一等奖学金,全国海洋法模拟法庭比赛二等奖,山东省暑期"三下乡"社会实践活动优秀学生、校优秀团员、优秀学生、优秀毕业生等荣誉称号。

四年时光,转瞬即逝。翻开一页页的日记,这些平凡却又极富生命力的日子就像一条蜿蜒的小路,让我看到那个在迷茫中惊醒、在失望中自勉却一直坚持走在路上的自己。

总有一段路,教会你成长

2014年8月31日,我带着高考的挫败感夹杂着对志愿被迫修改的无奈来到中国海洋大学,所以现在想想那时候上课坐在后排玩手机,周末躲在宿舍睡觉,不参与班级活动,也就是内心最无力的倔强和反抗吧。

那时候的我,仍然带着从小到大的"好学生"的标签每天坚持上课,却不再认真听课;仍然把父母的期许看在眼里,却压抑着放纵四年的冲动;仍然带着对最好的朋友去北大的羡慕,却没有一点点想要与他并肩的行动。这种想要放弃却又不敢彻底放弃的纠结困扰了我一整个学期,每天一个人浑浑噩噩地上课,不去结交朋友,也没有人注意到我。就这样,第一学期匆匆而过,我也迎来了大学的第一个考试周。面对崭新的课本,七零八落的笔记,我突然手足无措,但是慌张的补救永远赶不上最初的觉悟,不算好也不算差的成绩给了我重重的一击。我很感激在这个时候遇见一位优秀的学长,在后来的大学生活中他也给了我很多的帮助和鼓励,记得当时他告诉我,"风物长宜放眼量,既然现实曾给过你当头一棒,你就要让它看看你真正的实力"。我把这句话小心翼翼地记在日记本上,暗暗下定决心,剩下的三年半,我要过最不一样的生活。

于是从大一下学期开始,我不再昏昏欲睡,而是保持每日自习的习惯,坚持用零碎的时间来阅读充实自己,图书馆和自习室成了陪伴我时间最长久的地方。教室里第一排最中间也成了我的"专属"位置,与老师高谈阔论的队伍里也多了我的身影,学校各类活动名单中也有了我的名字,国奖答辩台上也出现了从容自若的我。当我看到老师习惯性地与我交流时赞许的眼神,看到班级同学开始借我的笔记、问我的想法,看到排名第一的成绩单和国家奖学金的证书,我才知道,原来,这些努力都在未来的路上开好鲜花迎接我。没有那段让我突然惊醒的路,也就不会有现在的我。

总有一些人,教会你爱

如果说大一一整年我都在迷茫和努力中挣扎,那大二、大三的我才真正找到了最适合自己的地方,让生活逐渐变得丰盈而有意义。我渐渐明白,当一个人变得自信乐观,就会把对自己的爱倾注于更多的地方。

2015年,我开始走上普法之路,这是义务,也是梦想。从干事到法律协会副会长,三年的时间,我参加并组织了普法活动十余次,普法脚步踏遍青岛各景区、社区、中小学,被聘任为"中国海洋大学普法使者"。其实投身普法的决心源于与农民工交谈的经历,他们背井离乡、辛苦劳作却因为拖欠工资走投无路、以身涉险。当我告诉他们要寻求法律的帮助时,他们冷漠而无奈。从那一刻,我明白了普法任务刻不容缓。于是,我努力投身到任重而道远的普法行动中,让更多的人相信法律、信仰法律。三年的时间,我们普法服务累计500多人,带动同行者100多人,在得到学校和社会肯定的同时,我的伙伴们也教会了我什么才是真正的大爱。

2016年,我一直关注海洋民俗文化的生存困境,不甘于家乡文化随着时间的流逝而消失,于是和朋友组队参加了"三下乡"活动,希望借这个机会能为家乡做一点力所能及的事。我们8个人走进田横岛,调研祭海政策,走访当地渔民,惊叹于老渔民勇敢无畏的精神,也为祭海文化面临的困境感到心酸。这段时间,流过汗也流过泪,我们依旧坚持走访,查阅资料,联系媒体,为政府部门提建议,向普通民众宣传祭海文化。当我接到学校和省宣传部给予的各种奖项,收到相关部门的致谢,看到海洋民俗文化的宣传时,我知道一切坚持都是值得的,以后我们会带动更多的朋友投身海洋民俗文化的传承与保护。我很感激我的队友,他们的坚持让我明白了人内心深处最柔软的地方永远住着对家乡最真切的爱。

除了爱社会、爱家乡,人最真诚的情感也应该倾注在身边的人身上。2016年9月,深知兼职不易的我和几位朋友成立了法政学院勤工助学中心,立足于为同学提供有效的兼职、实习和志愿者信息。通过联系学校周围各商铺,走访或者电访各大企业及事业单位,建立专门的信息群,在群内定期发布兼职、实习和志愿者信息,惠及百余人。虽然法政学院勤工助学中心刚刚起步,但我认为这是一个适合大家交流学习与分享的好平台。我会带着为同学谋福利的初衷继续努力下去,我相信在不久的将来,会有越来越多的人得到帮助,也有越来越多的人愿意帮助,愿意分享,愿意把勤工助学中心当成他们情感的寄托和分享的平台。只要做到心中有他人,眼前的整个世界都会变得开阔。

总有一颗心,要永远在路上

回想起这四年,从大一的跌倒,到大二的追赶、大三的冲刺,再到现在在终点平静地回顾这段路,我很庆幸这一路上遇到那么多陪伴和帮助我的人,让我在迷茫中醒悟,在跌倒时站起,能有机会前往中国政法大学继续我的法学梦。我也会时常怀念这些日子,怀念帮助我、鼓励我的师长,陪伴我一起奋斗的伙伴,和始终坚持走在这段或平坦或坎坷的路上的自己。但更重要的是,我会带着这些幸运继续在新的征程上奔跑。以后的日子里,我也会始终坚守自己的信念,心怀社会,在普法和服务的道路上永远向前。

人们总说,要往前看、往前走,仿佛"过往"在人的一生中从未扮演过最重要的角色。但是现在的我却无比感激和想念过去的四年,想念有一段给过我教训、教会我成长的路;想念有一群给过我感动,教会我爱的朋友;也想念在这四年经历过的点点滴滴。风物长宜放眼量,这个世界上有无数的风景,我也要始终保持前行的心。无论走到何处,我始终感谢在这里遇见的一切。

不知足而常乐

法学院　李　睿

李睿,女,汉族,1997年11月出生,中共党员,法学院法学专业2015级本科学生。曾获国家励志奖学金,第十一届"挑战杯"大学生创业计划竞赛铜奖、"创青春"·海尔山东省大学生创业大赛金奖,山东省优秀毕业生、山东省"三下乡·千村行动"优秀学生等荣誉称号。

"一所大学会在很大程度上决定你之后的气质、态度、观点,甚至是未来的每一条路。"我很庆幸来到了中国海洋大学,然后成长为现在的我。

惠特曼曾说过:"没有信仰,就没有名副其实的品行和生命;没有信仰,就没有名副其实的国土。"我在入学之初就向党组织提交了入党申请书,渴望成为一名优秀的中共党员。一直以来,我也时刻以一名党员的标准来严格要求自己,在同学中争当先锋模范,终于在大三上学期成为同级同学中的第一批预备党员。我一入学便担任班级团支部书记,这段经历让我成长,我明白了一个标准的邮件如何发送、一篇合格的班级总结如何建构,我明白了一个有趣的团日活动如何开展、一个优秀的支部如何组建。红歌会、学院健美操比赛、合唱比赛、运动会,见证了我们支部的成长。我很荣幸能够带领支部获得学院先进团支部称号,我也很感激自己在竞选时的毅然决然,让我和集体一起成长、蜕变。

青春的意义在于用自己的视野去体会这个世界,用自己的脚步去丈量这个世界。每年的寒暑假对于我来讲都是意义非凡的,大一的暑假带领几个同学走进平度市,进行乡村企业劳动者法律意识调研以及普法宣传。这次调研给我以深刻的触动,一些基层劳动者法律维权意识薄弱,这让我切实感受到国家的普法宣传和法制教育还有很长的路要走,而这需要每一个法学学生承担起自己的责任。在大二的暑假我参加了山东省的"千村千项"暑期社会实践,和志同道合的同学一起在临沂市郯城县调研走访,感受到了基层翻天覆地的变化。我们对当地的基层管理、产业发展、社会民生进行一系列的调查,我们也尽自己最大的努力为社区做一些力所能及的事情:普法宣传、旅游产业宣传、营养知识宣传等。现在回忆起来,那15天虽然每天都疲惫不堪,但却成为让人格外怀念的奋斗时光,最终被评为山东省暑期社会实践重点项目。在大三假期,我参加了中国海洋大学"一带一路"赴越南调研的社会实践,在越南河内国家大学进行一系列课程的学习,与越方教授以及驻越大使共同探讨"一带一路"的现实意义。我还利用课下的时间与当地的学生老师进行了充分的交流,整个调研期间,强烈的民族自豪感始终伴随着我们。

在中国海洋大学的学习和生活中,有太多人给予了我爱和帮助,我很感恩一路走来鼓励、支持我的师长,我也想把这份温暖传递下去。在大二学年,我竞选成为新生班级的班导生,一下子多了40个弟弟妹妹。班导生的工作就是帮助新生适应大学生活,当他们习惯这里的一切后,我就要从他们的生活中逐渐退出,但我仍然很感恩有这样的一个机会,能够帮助那些刚入学、有着懵懂迷茫的学弟学妹,帮助他们找寻方向,实现他们高飞的梦想。成为班导生已经三年了,三年间我从班导生的角色转变成为他们无话不说的好朋友,他们也给予我许多的温暖与支持。

大三的时候,一次偶然的机会我参加了"挑战杯"全国大学生创业大赛,负责公司的法律风险分析和知识产权保护。在准备比赛的半年时间里,从作品立意到完稿立项,再到校外的比赛,一路走来付出了很多的心血和汗水,当然最终也收获了友谊和令人欣喜的成绩。在"挑战杯"的备战过程中,我首次接触到一个全新的技术领域,"智能化算法""图像去模糊""消费级机器人"这些和我的专业没有任何关联的词汇第一次出现在我面前,队友们对于卓越技术的无限追求也深深打动了我,而我们团队一行人,也因比赛结缘,建立起了深厚的友谊。在准备比赛的同时,我也在备考法律职业资格考试,经常会有这样的时刻,晚上团队开会直到宿舍关门,我回到寝室整理修改材料后,还要拿起书本完成今天的学习任务。功夫不负有心人,大四上学期我已经以较高的成绩通过了首届法律职业资格考试。

我喜欢尝试新鲜的事物,我也珍惜每一个可以提升自己的机会,在大三学年,有机会跟随学院老师进行课题的学习与研究,参加了"教育行政执法体制机制改革研究"课题,在法律法规的汇编与梳理过程中,对于专业知识有了更深层次的理解,尝试写分析报告的过程让我对于研究报告的架构和语言的组织也有了更深的体会。

我喜欢探求各种可能性,我希望在中国海洋大学这个承载我梦想的地方,拥有多姿多彩的大学生活。我连续三年获得学习奖学金,专业排名8%,20门专业课获得95分以上的成绩,三年的素质测评12项,其中11项为优秀;参加了学校和学院学生会,参与了众多活动的宣传组织,自己也在这个过程中逐渐成长,组织能力和沟通能力也得到了提升。曾担任中国海洋大学首届行政综合能力提升训练营主席团成员,组织过模拟招聘、简历制作等系列活动,自己也从中受益颇多;参加了中国海洋大学啦啦操比赛,身体的伤痛是和朋友们一起拼搏的见证,我们也用汗水浇灌出了胜利的花朵;参与并顺利结项本科生研究发展计划(OUC-SRDP)调研项目,针对当前大学生普遍存在的"拖延症"现象进行问卷调查和调研走访;参加了山东省朋辈辅导技能大赛,获得山东省二等奖,也因为这样一份独特的经历,自己也掌握了更多的心理学知识;在法院实习时,每日坐着校车穿梭于崂山和鱼山校区,浩瀚的案卷文书,唇枪舌剑的法庭辩论,让我觉得每天自己都有所提升;积极参与社会志愿活动,曾作为海洋文化节、科技文化节的志愿者,组织并参与了"普法进校园""宪法日普法"的宣传活动,带领班级获得中国海洋大学优秀普法班级的称号,本人也获得了"中国海洋大学普法使者"的荣誉称号。

海子曾经说过,我们最终都要远行,最终都要跟稚嫩的自己告别,也许路途有点艰辛,有点孤独,但熬过了痛苦,我们才能得以成长。在成长的过程中,学会不知足,不给自己设限,才能去挑战各种可能性。

青春匆匆,在海大的四年,我学到了很多,收获了很多,获得的荣誉对我而言,是一种肯定。也感谢陪伴我的师长,他们是我大学的指路人,这一路走来无论做出怎样的取舍,我坚信没有白走的路,每一件事情都有其独特的意义。一路走来,坚持不懈的是信念,永不言弃的是追求。海大,如今我要毕业了,我将继续逐梦远航。

用四年完成一次小"逆袭"

国际事务与公共管理学院　赵丹阳

赵丹阳,女,汉族,1996年6月出生,中共党员,国际事务与公共管理学院政治学与行政学专业2014级本科学生,曾获国家奖学金、校学习优秀一等奖学金、文体奖学金、社会实践奖学金、杰出学生奖学金,山东省"纪念抗战70周年"胜利演讲比赛三等奖,山东省优秀学生干部、山东省优秀毕业生、校优秀学生标兵、优秀团员等荣誉称号。

优秀学生标兵、优秀学生干部、清华大学保送生……每每在聊天时,身边的朋友总会拿这些光环来调侃,把我吹捧得天花乱坠,羡慕着我的大学生活如鱼得水。然而,只有我自己知道这表面上的"顺风顺水"实则是一次充满挑战的逆袭之路。

在高中,我的大部分课余时间都用于学校的模拟联合国社团。作为国家代表在模拟联合国大会里发表演说、与相关国家就决议草案内容展开斡旋,在模拟的世界里体验各种行为体之间微妙而又复杂的关系,激发了我浓厚的兴趣。得益于自主招生的政策,高考成绩并不理想的我有幸来到海大学习。正是自主招生的资格,让我可以较为自由地选择专业,于是我便听从内心,毫不犹豫地选择了政治学与行政学,并决心要通过努力攻读国际关系专业的研究生。这样的想法如同灯塔一般,指引我走过了四年的大学生活。

专业为用，当精于所学

经过向学长学姐讨教、咨询老师以及研读海大的学生政策等方式，我最终的决定是先努力争取保研机会，同时做好需要考研的心理准备。作为"双一流"大学，海大有着比普通学校更多的保送名额，但若想提高自己被录取的概率，首先必须拥有优异的专业成绩。

于是，从大一开始我便认真对待每一节课堂、每一次作业。表达能力是文科生的必备素养，因此我们平时的作业大多是通过PPT展示所学。每一次的作业我都将其分解为两步，即：选择合适的展示形式，提高展示内容的质量。四年以来，我在这两个方面不断提高自己的能力、不断寻求创新。当大多数人认为这就只是一个课堂展示的时候，我会把它当成在正规场合的一次演讲来做。在演讲形式方面，我不断提高对自己的要求，当PPT不能清晰展示逻辑思路的时候，我开始自己学习新的程序，提高演讲的吸引力；在演讲内容方面，我会尽力网罗搜索到的全部资料，没日没夜地去阅读和理解，思考展示的方式，经常为了准备一个5分钟的演讲而熬夜。

久而久之，我的进步慢慢地变得可以感知，在成绩上也得到了很好体现。四年下来，我可以很自豪地说，当年那个"赚了"60分才得以来到海大的同学经过四年的学习达到了全部课程在85分以上、平均分94分的成绩。正是由于这些成绩，加上身边不断的支持鼓励让我两次获得了国家奖学金，取得了校优秀学生标兵的荣誉称号。当然，只有成绩对于取得保研资格来说是远远不够的，所以我用四年的时间提高自己的成绩、提升综合素质、加强体育锻炼等等，最终取得了清华大学的保送资格。这一切，起始于兴趣，成就于努力。

通识为体，当勤于开拓

学习成绩的优异并不足以达成目标，过硬的能力与较高的综合素质更是核心因素。因此，除了加强对于所在专业的学习，我还有计划地针对自己的表达能力、双语运用能力以及其他知识领域方面进行了锻炼，弥补不足，发展长处，开拓自我。

记得大一时，为锻炼英语表达能力，我鼓足勇气报名了学校的英语表达艺术班。虽很幸运地通过面试，但第一节课后我便惊讶于身边同学出神入化的英语运用能力，羞愧于自己生怕被人"揭穿"的实力与胆量。我永远忘不了那节课上因为担心老师提问自己时的战战兢兢,害怕老师的严格要求,恐惧老师的失望眼光,我一度纠结是否应该继续这个课程。后来,为了可以在英语能力上有所突破,我决定索性一试,将这场"战役"当作一次竞技游戏。之后,从一开始在课上跟丢老师的思路,到后来日复一日地背单词、读名篇演讲、模仿名人演说,到再后来我竟可以根据一个问题进行即兴演讲,用英语与人进行观点上的交锋与辩论,完成我从未预料到的蜕变,这让我在获得进步的同时,也收获了成就感。

抱着这种应对挑战的态度,用四年的时间我学会了制作网页、使用基本的数据分析软件、完成精美的PPT制作、瑜伽、游泳等我之前从未敢想过的技能。甚至,由于这种涉足多个领域的学习,我开始用不同的思维方式考虑问题,更好地认识到了这个多彩的世界。

躬行实践,当知行合一

当代中国政府与政治所讲到的"精准扶贫"政策,管理学中所讲到的团队人员构成,心理学中对于人们性格及微表情的把握……每每学到这些知识,我都试图在生活里去运用与实践,并在实践中进一步挖掘这些论断的价值。

记得在学院弓联兵老师的课上,老师通过讲解我国政府的构成、政策、改革等让我们对当代中国政治进行更深层次的学习与研究。其中,"精准扶贫"政策成为我期末论文研究的方向。按照以往的做法,我找出了相关的诸多著作与学术论文进行研读。翻阅完之后,我仍觉意犹未尽,于是便有了去实地调研采访的想法,从不同的角度深入学习党的这一项政策。最后,功夫不负有心人,我联系到了一些基层工作者,并对他们进行了采访,得到了许多一手的资料。当把这些实际情况与学者的分析进行汇总观察后,我得出了自己的结论并用于论文中,那时候体会到的,是一种满满的成就感。

慢慢地,当把实践变成一种习惯,我会在生活中想到所学,用到所学。甚至有一次在公交车上看到情侣吵架,我却在脑海中闪现国际关系中的博弈论,顿时觉得知识让生活充满趣味。

四年下来,我得到了一些肯定,也收获满满。这一切的一切,都源自开始的那个梦,成就于后来的毅然决然。对于目标的坚持,让我在进行"逃避还是迎难而上"的选择时毫不犹豫,就这样,一步一个脚印地走过了那条看似艰难的逆袭之路。

不畏严寒，不负春光

国际事务与公共管理学院　陈肖涵

陈肖涵，女，汉族，1997年6月出生，中共党员，国际事务与公共管理学院公共事业管理专业2015级本科学生。曾获国家奖学金、校学习优秀奖学金、社会实践奖学金、鲁信奖学金，校"挑战杯"一等奖，校优秀团干部、优秀学生干部、优秀团员、优秀学生、优秀毕业生等荣誉称号。

陈同学是一个有故事的女同学，她的故事叫时来运转，苦尽甘来。小学的时候，陈同学因为完不成作业被叫家长；初中的时候，陈同学因为看了几本故事书被老师训到不想上学；高中的时候情况有变，陈同学不仅没犯错误，成绩还持续上升，高考考出了18年人生中最好的成绩。陈同学很欣慰，她的大脑终于在高中阶段发育完善了。但是她高兴不起来，时来运转、苦尽甘来的只有成绩，自己从头到尾都是一个不敢表达、不会社交的人，大学让性格内向的陈同学有点害怕。

小荷才露尖尖角

2015年，金秋九月如期而至，陈同学下定决心做点改变，她使劲扯着脸颊上的肌肉让它不颤抖，微笑着跟同学打招呼，笨拙地跑前跑后帮学姐做着班级工作。竞选班委的时候，她暗自一握拳，深吸一口气，上台竞选了团支书。虽然声音有些颤抖，但是同学们被她的真诚打动。团支书当上了，为此她激动地一晚上没睡着，那应该是她第一次当选主要学生干部。

一鼓作气，校学生会也参加，院学生会也参加，社团也参加，大一课又很多，陈同学每天马不停蹄奔波于课堂、班级和社团。班级工作和社团工作跟她想象的不太一样,只要认真和负责就能做得不错,恰好这两项特质她都有。渐渐地,她认识的人越来越多,工作越来越得心应手,同学们有什么问题都来找她,这种日子她以前都不敢想。

生活已经很忙碌了,但是陈同学还有更重要的事情要做,她一直觉得,人生是父母给予的,对老陈同志和老李同志,她心存无限爱意,并在高中定下了宏伟目标:在父母20周年结婚纪念日当天,用自己赚来的钱送他们一套婚纱照,而大一上学期是实现这个目标的最后时间。不问不知道,婚纱照还挺贵的,学生陈有点头大。推销类的工作她做不来,于是,家教成了唯一的经济来源。时间紧迫,陈同学几份家教同时做,周一到周日每天都安排上了,连轴转的滋味虽然不好受,但是陈同学每天都很有力气,吃得香、睡得好。终于,目标在两位家长貌似生气、实则开心的唠叨声中实现了,陈同学陪着穿婚纱的老李同志,觉得自己简直走上了人生巅峰。

晓窗分与读书灯

大学的第一个晴天霹雳在大一结束时来临了,虽然因为工作兢兢业业拿到了一些荣誉称号,但是陈同学的成绩着实让她没眼看,高中时听惯了前五名的老陈同志在听到第16名时沉默了半晌,虽然他对情绪低落的女儿说了好多次"没关系",但是陈同学很清楚老陈同志有多失望。

于是,陈同学打算发愤图强,勤奋学习。本想辞掉全部工作,但是她对班级感情深厚,社团的小伙伴也舍不得说再见,于是留下了团支书和校创业协会外联部副部长的职务。接下来的故事就有点枯燥了,无非是早出晚归、勤奋刻苦云云,好在陈同学喜欢她的专业,也喜欢专业课的老师们。功夫不负有心人,陈同学在大三开始的时候拿到了国家奖学金,总算能给刚上小学的弟弟小陈同学做个榜样。她喜滋滋地拨通家里的电话,是老李同志接的,陈同学偷偷清了清嗓,压低声音讲话:"老李同志您好,您的女儿陈肖涵同学在2016—2017学年获得国家奖学金、校学习优秀一等奖学金、实践奖学金以及优秀学生干部荣誉称号。"老李同志一愣,回头喊老陈同志:"老公,你快来,听一听是不是诈骗电话!"

吾将上下而求索

时间飞快,陈同学本来在路上遇到人就叫学长学姐,现在遇到人多半是被喊学姐。

"学姐陈"裹在被窝里刷着电视剧,感觉日子有点空虚。被窝是青春的坟墓,闲下来绝对是不正确的!于是陈同学报名参加了"挑战杯"、SRDP、案例分析大赛,做得津津有味,熬夜到脸上爆痘都不停歇,倒不是说陈同学多么热爱她的项目,主要是因为申请了就得在截止时间前提交成果。她一边做着项目一边发现,在她生活的这个社会中,存在的问题还有很多,不完善、不公平的地方还有很多,她的专业就是为了发现和解决这些问题设立的。渐渐地,陈同学觉得自己应该读研究生,因为学习更多的知识才能有更高的本领,才能做更多事情,才能有知识的产出,于是陈同学立下目标,期待着能做一个学者。

那段时间,陈同学身上还发生了一件大事,她从初中开始就梦想着加入中国共产党,大学里,她在一次次的党课和培训中端正入党动机,提高党性修养,越来越认同党的路线、方阵、政策,终于在大三的冬天被党组织批准为中共预备党员。陈同学暗暗下定决心,一定要为国家出一份力,一定创造属于自己的价值,一定不辜负党组织对自己的期望!她斗志昂扬,用满腔的热血点燃了寒冬。

雪晴云淡日光寒

第二个晴天霹雳在2018年的秋天打响了,这是一个积蓄已久的雷,充满了负能量。她有一个项目申请失败了,有一项荣誉申请失败了,保送研究生的条件也有些达不到。这些都是小挫折,她都可以自我调整,压死骆驼的最后一根稻草,是班上同学对她工作方式的质疑,她们甚至在电话里爆发了争吵。其实事情是一个误会,那名同学也只是因为生气说了严重的话,但是敏感的陈同学还是在电话中情绪失控了,她一直以来的坚持,为班级操心出力,为大家鞍前马后,到头来竟然被质疑用心,她很委屈,她真的是一直在为同学们着想啊。那以后的半个月,她做班级工作都有点打怵,发通知总是确认好几遍用语是否得当,跟同学们讲话总是思虑再三,曾经那个唯唯诺诺、不敢抬头的陈同学好像在复苏。

陈同学决定回家找老陈同志聊一聊,打电话跟他说好下午自己从火车站坐公交回去。傍晚时分,陈同学一出站,一眼就看到老陈同志牵着小陈同学在出站口的一旁朝她挥手,两个人露出了一模一样的大白牙,夕阳将他们映得金灿灿的。陈同学跑过去一把抱起小陈同学,把眼泪逼进眼眶里。

晚饭过后,小陈同学去摆弄玩具,老李同志去洗衣服,陈同学跟老陈同志在餐桌旁例行聊天。陈同学说:"爸,我又不想读研了,也不想奋斗,就想找个安安稳稳的工作,安逸地过日子,人生在世不容易,还是活得舒服一点吧,我这性格也做不来什么大事,不过你放心,我绝对可以自己养活自己,不用你养。"老陈同志呷了一口茶,长嗟一声:"噫!年纪轻轻,朝气何在!"老李同志把俩人的话听了个七七八八,凑过来摸着陈同学的脑袋说:"闺女,是不是学校里发生啥事儿了?你还记不记得妈跟你说的,腊月里虽然冷,但是忍一忍就是春天了。"

春来更有好花枝

陈同学在家充满电,回到学校继续着忙碌的日子,一天又一天,老李同志的话逐渐应验了。陈同学的认真和坚持被越来越多的人看到,她跟那名同学默契地选择忘记那天的事情,关系又回到了从前;虽然成绩不是很理想但保送研究生成功了;班上的同学时不时会拍一拍陈同学的肩膀,道一声"辛苦了";老师们欣赏她,总会在学习和生活上帮助她;"挑战杯"拿到了一等奖,也获得了各种荣誉称号和奖学金。几个月前那些灰暗的日子,现在想起来简直是她小家子气地自找烦恼,付出过的努力怎么会白费呢?总有一天能看到收获。陈同学重新笑起来,她其实也很有人气,内敛的性格就是她的招牌,她就是这样的陈同学。

陈同学翻出记着自己目标的小本子,心里有些不好意思,差一点就要放弃了,还好她有老李同志和老陈同志,还好她内心足够强大。现在她知道了,不管性格是怎么样的,只要她心怀真诚并积蓄足够的能量,什么困难都无法将她打倒。

这就是还在继续着的陈同学的故事,这个故事其实不叫时来运转、苦尽甘来,它没有那么多转折和跌宕起伏,只是平凡中前进,只是感恩中快乐,只是不畏严寒,不负春光。

姑娘，希望你能永远不甘心

国际事务与公共管理学院　史　楠

史楠，女，汉族，1997年2月出生，国际事务与公共管理学院政治学与行政学专业2015级本科学生。曾获国家励志奖学金、"锦绣前程"励志奖学金、学习优秀三等奖学金、实践奖学金、科技创新奖学金，2018年度"创青春"山东省大学生创业大赛银奖，校优秀学生干部、优秀学生等荣誉称号。

三年多前有一个土里土气的姑娘，迷茫地来到中国海洋大学，来到国际事务与公共管理学院，开始了她的大学生活。这三年多来，她经历过困惑迷茫，但慢慢变得目标坚定；她感受过大学新生活带来的激动和喜悦，也在低谷中纠结并怀疑自己；她有过欢笑痛苦，也收获了成长进步。这一路走来，收获满满，但她还是有很多的不甘心。

你好啊，迷茫的姑娘

2015年夏天，像无数刚刚步入大学的懵懂学子一样，那个姑娘怀着巨大的好奇心和对未知生活的憧憬开始了她的大学生活。尽管是被调剂的专业，她也希望能学有所得，有所收获。可是，或许是大学校园活动太丰富、太精彩，那个姑娘在大一选了许许多多的课程，却没有能好好学习，学年结束时成绩一塌糊涂。这让她感到愧对自己，也感到十分迷茫，开始怀疑读大学的意义，也开始去总结自己忙忙碌碌却一事无成到底是因为什么。

学生会和社团活动教会了她很多从前不曾参与过的工作，晚会筹划、活动策划、志愿服务等有趣又有意义，还认识了许多志趣相投的新朋友，但是也占用了很多时间，消耗了很多精力。成绩是不会说谎的，付出多少便会收获多少。于是，那个姑娘下定决心努力，不甘心被贴上一个"不善文科的落榜理科生"的标签。

加油啊，努力的姑娘

大二这一年，她依然选了很多很多的课程，但开始摸索如何合理利用和安排时间。那个姑娘做出了取舍，放弃了许多课外实践活动，专心投入学习。她一次次地试着去改变，改变自己听课的习惯，改变思考的方式，保证课堂出勤率并认真听讲，在课后也阅读与专业相关的书籍来弥补大一落下的基础知识，在这个过程中，她开始理解政治学并对政治产生兴趣。

她也开始改变自己的外表来获得更多信心，因为不甘心，她真的尝试改变一切她认为应该改变的地方，她希望那个土里土气的自己能变得更好。还是那句话，成绩是不会说谎的，付出多少便会收获多少，这个姑娘在这一学年成绩进步巨大，并获得了国家励志奖学金，这份荣誉也让她更加坚定，学习要有兴趣，学习永无止境，把不擅长的事情做好真的会收获满满的幸福。

探索吧，奋斗的姑娘

政治学大家庭的成员们因为各种机缘巧合走到一起，团结友爱，互相帮扶。那个姑娘在两年里得到了很多关怀，这让离家的她十分感动，她希望回报这个家庭带给她的温暖，于是她决定竞选班长为大家服务，而这也得到了全班同学的支持。担任班长让姑娘再次忙碌起来，如何按时保质保量地完成各项工作，如何发动同学开展各项活动，这些问题让姑娘头疼的同时，也激励她不断去探索，磨炼、培养出了领导能力，也收获了多项新技能。这一年的工作成果也得到了大家的一致认可，姑娘获得了优秀学生干部的称号。

此外，姑娘也对校外更丰富的社会生活产生了好奇，她组织带队同几位同学一起完成了一项OUC-SRDP项目，主要研究在"互联网+"大背景下，青岛市基层治理受到了什么样的影响并做出了何种改变，在调研和实践过程中，她对青岛这个城市有了更深刻的了解和认识，也对这个城市更加喜欢。

她还同大学结识的新朋友一道,参与了大学生创新创业项目实践,基于中国海洋大学优美的校园环境、完善的教学设施、丰厚的学术氛围,共同创立"学在大学"中学生课外辅导空间项目,以定制教育为主线、学在名校为特色、勤工助学为依托,提供沟通式教育服务并成功运营获利,在为学校勤工助学提供了众多岗位的同时,也同海尔集团联合开发了"大胆问"APP,开展线上教学活动,源源不断地创造社会价值。这个创业项目获得了巨大成功,斩获2017年度学校"挑战杯"大学生创新创业大赛二等奖、2018年度"创青春"山东省大学生创业大赛银奖等奖项,这让姑娘对未来步入社会充满信心。

振作啊,坚强的姑娘

那个姑娘小时候有一个完整幸福的大家庭,她从不相信命运这种虚无缥缈的东西。然而一位又一位亲人相继患病和离世,这残酷的现实让她内心偶尔动摇,或许真的有命中注定这回事。在2018年的新年愿望刚刚许下不足半月的时候,那个姑娘生病了,是和她幼时患病离世的母亲一样的病。在那个姑娘20年的生命里,生病的次数屈指可数,每一次身体不舒服很快便会恢复健康,然而这一次一眼望去看不到尽头,那一段住院治病的日子真的是姑娘人生中最黑暗的一段时光,黑暗到那个姑娘不愿意去回忆一分一秒。

不过好在还算足够乐观,她一直试图在命运的漩涡中抓住一些东西,在调养两个月之后,她再次回到了学校。无论在生命的什么阶段,无论面对怎样的挫折,去学习总归是没有错的。那个姑娘懂得,如果一个人能够把思绪放到精彩纷呈的书本世界当中、复杂却又稳定运作的社会机制当中、对抗竞争却又和平合作的国际政治当中、浩瀚无边又充满未知的广阔宇宙当中,便不会再去纠结感慨生命有时、命运无常。不过,偶尔午夜梦回,那个姑娘仍会泪湿枕巾,因为她还有很多不甘心,她还有很多书想读,很多人想结识,很多地方想去;却囿于身体,有心无力。然而这些不甘心,也让那个姑娘充满了要好好生活下去的勇气和动力,也不会再轻易被打倒。

向上吧,美好的姑娘

如今,那个姑娘即将告别大学生活,在中国海洋大学学习和生活的日子,将会是她一生中最美好最宝贵的时光。她一个人孤单又倔强地成长起来,虽然命运又同她开了一个很大的玩笑,但她并没有被打倒。她不知道下一个玩笑何时会来,但她会对生活充满希望,对知识充满渴望,对爱和家庭充满盼望。她会无比珍惜生命中的每一天,她会尽力去实现所有的目标和梦想,她会热爱这个教会她如何去爱的美好世界。

  那个姑娘是我,虽然我曾无比希望她不是我。我一直在心里为她加油打气,我希望她能够永远不甘心,我希望她能永远热爱生命和生活,我希望她能变得更加充实而丰盈,在每一天清晨都能默默对自己说一句:"向上吧,美好的姑娘!"

如果还有梦,就追

数学科学学院　李喆民

李喆民,男,汉族,1995年12月18日出生,中共预备党员,数学科学学院信息与计算科学2014级本科学生。曾获国家奖学金、校学习优秀奖学金、校社会实践奖学金、校科技创新奖学金、2016年全国大学生数学建模竞赛山东省三等奖、2016年亚太地区数学建模竞赛三等奖、2017年美国大学生数学建模竞赛M奖,校优秀学生等荣誉称号。

时光似水,转瞬即逝,恍惚间,大学生活已流进昨日。这四年来,从迷茫懵懂的少年到逐渐拨开云雾的合格毕业生,我想感谢的人有很多,其中有老师、家人、同学,但最该感谢是那个在艰难时候咬牙坚持而未曾放弃的自己。正是因为那时的坚持,才能让我此刻问心无愧地说——"我做到了!"

2014年8月底,拿着录取通知书,怀着对未来美好的憧憬,我以一名大学生、国防生的身份进入中国海洋大学。到校后,我记住的第一句话是:"一颗红星一杆枪,青春无悔献国防。"这句沉甸甸的话让我倍感荣耀的同时,也令我感受到了压力。记得在第一次国防生体能测试之后,6项不合格的成绩一度使我不知所措,我不禁开始怀疑自己当初的选择是不是错了,甚至产生了复读的念头。但从内心深处来讲,我不愿意这样彻底地否定自己,于是想到进校后刻在心中的第一句话,那句话让我依然坚信自己身上是存在无限可能的。在稍做思考和调整后,我选择了从头开始:每一次训练,整理内务,我都以自己能达到的最高标准要求自己。不言放弃并坚持努力的成果是显而易见的。不仅如此,我在前两个学年没有因为任何自身原因放弃过训练,即便达到身体承受极限也咬牙坚持了下来。我害怕哪怕放弃一次,来之不易的进步就会付之东流。所以现在的我,无时无刻不在感激着那个一路走来咬牙坚持的自己,正因为我不断突破自我,才让所有流过的汗都变得有意义。

在文化课方面,大二的我怀着对数学专业的热忱,在一些基础课程上取得了较为可观的成绩——这间接解决了体能测试所带来的困惑和苦恼,并增强了我进步的自信心。体能测试成绩的稳步提高使我越发坚信,只要竭尽全力、踏踏实实去做一件事情,就一定会有所收获。于是我开始着手解决学习上不温不火的状态。我制定了短期计划和长期规划,同时定小目标,设大方向,坚持做到当日事当日毕。我时刻提醒自己端正学习态度,努力保持积极向上的心态和谦虚谨慎的作风。在大二、大三学年的素质测评中,我的文化课成绩取得了大幅的进步。然而,我深知这只是开始,光学好书本上的知识是远远不够的,还必须提高自己专业技能的应用实践能力。2016 年 9 月,我和同年级两名同学组队参加了全国大学生数学建模竞赛,三天三夜的竞赛是一个考验学习能力、合作能力和个人耐力的过程。在比赛前,我们三人根据个人意愿和特长分配好了各人负责的相关部分的准备工作,并约定:上好数学建模理论课程,提前学习各种数学模型,为参赛打下了良好的基础。在比赛的过程中,我们团结协作,利用每个人的优势,群策群力解决问题。最终,在通力合作下,我们获得了山东省三等奖。但是我们的建模之旅并没有结束,我们趁热打铁,凭借在这次实践中取得的经验继续报名参加了 2016 年亚太地区数学建模竞赛和 2017 年美国大学生数学建模竞赛,分别再次取得了三等奖、一等奖的良好成绩。这些经历使我能够将数学基础理论知识有效地与实践相结合,在这个过程中我也找到了适合自己继续发展、研究的方向。2017 年 9 月,我有幸拿到了学校推荐研究生免试资格,参加国防科技大学的推免复试并被成功录取,我也做好了在研究生阶段安心科研、为我国的国防事业做出自己应尽贡献的心理准备和打算。

2017 年 6 月,我成为一名中共预备党员,我明白这是学校在思想政治领域承认了我的进步,然而我亦深知,这仍只是一个"开始",这意味着中国共产党员——这个光荣的称号,将成为我的一盏指路明灯、一份荣耀,影响着我今后的学习和生活。在大三学年,我在国防生大队中担任副班长一职。在完成学习任务的前提下,我认真履行本职工作,以身作则,在训练、内务方面为本班同学树立了标准和榜样,并竭力争取和激发他们的进步欲望,最终达到了共同进步的效果。

普通大学生的四年或许只有同窗情,而我们,不仅有同窗情,更是多了一份战友情。犹记得在济南暑期集训中的第一次实弹射击训练,我们唱着军歌列队前往靶场,准备就绪之后,每人领五发子弹。到我上阵地匍匐准备射击之前,天突然下起瓢泼大雨,震耳欲聋的枪声让我的内心激动不已,倾盆的大雨让这一幕显得更加的壮观。我们扛着枪,唱着歌,并肩走在雨中,这是一幅令人永生难忘的画面。"一颗红星一杆枪,青春无悔献国防"又一次回响在耳畔。我想那时的我也更能理解这句话了。在那一个月里,我们的人生多了一份锤炼,多了一份执着,是军营让我们学会用青春去体验直线加方块的生活,是军营让我们学会刚毅、勇敢和坚强,是军营告诉我们军队的庄严与神圣。还有那时刻处于战备状态的军容、纪律让我们发自内心地感受到自己肩上的责任与使命。这一段时光也汇成一段永不能被代替的岁月,指引着我们在这条路上继续散发我们的光和热。

大学四年行将结束,这也许只是人生长河中的一个水花,但它注定是我们最美好、最宝贵的年华。在那段最好的时光里,我们奋力去做过那些想做的事,无论成功与否,我们都曾为之付出过努力,并毫不后悔——这就是美好年华给我们的印记吧。青春也许会散场,但我们的时代才刚刚拉开帷幕。

众人皆言数学难，我道数学确实难

数学科学学院　谭嘉伟

谭嘉伟，男，汉族，1996年7月出生，中共预备党员，数学科学学院数学与应用数学专业2014级本科学生。曾获国家奖学金、李小勇团体奖学金、社会实践奖学金、科技创新奖学金，全球认证杯数学建模一等奖、美国大学生数学建模二等奖、亚太地区数学建模二等奖、青岛市数学建模竞赛一等奖，山东省优秀学生、优秀毕业生、校优秀共青团员、优秀团干部、优秀学生、"三下乡"先进个人等荣誉称号。

人生如梦亦如幻，此时不搏何时搏。从儿时起，周围的人便不断叮嘱我要努力学习，但那时的我却很不以为然。时至今日，再回首看走过的路途，知识的重要性被烙在了每一个脚印之中，我想改变命运，想用数学改变命运！

亦余心之所善，悟大学真谛

"学长，你的大学迷茫过吗？"这曾是一个学妹问过我的问题。当时，听到这个问题，我沉思良久，因为我不知道怎么去回答她，不知如何去寻找一个合适的答案。诚然，青春年少的我们，有懵懂、有迷茫是再正常不过的事情了，但是那时的我却无法洞悉"迷茫"的心境，更无法回答这一关于"迷茫"的问题。

当时，我只是匆匆回复她几句话，无非是"谁的大学不迷茫"以及其他诸如此类的泛泛之谈，但这个问题却让我思绪万千。迷茫往往是个体压力过大的客观表现,就我而言,大一大二没有那么多波折,如同暴风雨前的宁静,当"迷茫"的飓风出现在我面前时,我发现自己竟无法招架。终于,饱经风雨的大三来了,那真的是一个转折,一个影响一生的转折。我确实颓废了好久好久,当时我不明白自己为何如此,直到有一天,辅导员对我说:"因为之前的路都是别人引导你去做的,而大三,是要你自己去搜寻路了。"我现在也无法想象,我这一路到底充满了多少坎坷与荆棘,在大二结束,摆在我面前的路是那么宽阔,无论是成绩保研、竞赛保研还是工作,我都可以去选择,但是随着时间的一步步推移,我发现,我的路越来越窄:六级一次次卡住我,成绩保研越来越渺茫;竞赛保研在新文件的出台后也渐行渐远;找工作与"筑梦十年数学"的梦想有所偏离。

有那么一刹那,我感到自己的前路黯淡无光,没有了任何的驱动力,自己大学拼搏了两年的成果,似乎荡然无存。最终,国赛的成绩变成了压死骆驼的最后一根稻草,那一晚,我哭得撕心裂肺,感到似乎所有的路都被堵上了,仅剩的窗户也骤然关闭。我已不再手握诸多选择,留在我面前的只剩下了考研一条路,既然如此,我便尽力一搏,在复习中逐步疗伤,逐步走出迷茫。风雨之后是彩虹,我拿到了保研名额,并成为数学科学学院团委副宣传委员,之后被评为山东省优秀毕业生。只要希望之烛不灭,成功之炬总会被点燃。

在与数学相识相伴相随的日子里,我经历过太多风雨。但我始终相信着天道酬勤,我始终怀着对数学的赤诚与热爱。也正是份无可替代的热忱,不断激励着我,让我明白了成功可能会迟到,但却永远不会缺席!大学的磨砺,让我去触碰风雨彩虹的缤纷;数学的魅力,让我去体会人生的价值。

路漫漫其修远,展公益光辉

"求学不是求分数,读书不是读死书",以我之见,如果大学只是禁锢于课本,那将毫无用处,为此,我去寻找了一条将理论与实际结合的道路——知行合一,数学公益。

在 2016 年 11 月,我与四个同学自发组成了一个公益平台——"辅助线数学公益平台",由我担任总负责人。我们最初的梦想仅仅是希望通过自己的所学、对数学的认识,让身边的同学去重新定义数学,不再觉得数学那么迷茫。而现在,我们的平台已经被全校越来越多的同学所认可。

截止到 2017 年 11 月,我们的公共号已经有了近 2000 关注。2000 关注,对我们公益平台每个人都是一个振奋人心的消息。熬夜解题直至凌晨的挑灯夜战,助教与答疑教室"两点一线"的来回奔波,团委老师协商计划草案的反复斟酌——我们有过疲惫,有过心酸,但更多的是无私奉献的喜悦,我们班的几个保研的同学,也自愿加入我们这个平台。于我们而言,这不仅仅是一份公益,更是对大学四年所学的检验与回馈。

在平台刚刚成立的几天,每个夜晚都会被压力惊醒。在压力爆发的那一晚深夜我给朋友打了一个电话,朋友说我为什么那么傻,把自己天天搞得那么累,还要承受那么大的压力,去做没有任何回报的事情。现在这个问题,我依旧没有任何好的解答,我觉得并不是同学有多需要我们平台,而是我必须去做同学们所需要的!

当那天晚上的委屈、无奈发泄完之后,第二天早晨登录后台,我却惊喜地发现,关注人数距离2000大关已经触手可及。那一刻,我释然了,感觉自己所做的一切都有了意义。以前当一道数学题解答完毕,自豪感很强烈,但我现在发现,当一个个学弟学妹在我的讲解下,把某类型的知识点搞清楚,自豪感远比自己做出题更多!我所做之事,不图私利、不谋虚名,只求能为有需之人创造便利、带来快乐。让更多同学开心,我亦开心,这便是最好的回报。

我把我的经验分享给你,你我都快乐,这是我一直以来的理念。"学数学可以不严肃,但一定不能不严谨!"我力求用幽默诙谐的方式,让更多同学打开数学心结,去尝试让更多的同学重新认识数学,希望让数学不再是他们的绊脚石,不再是大学的噩梦!逆风的方向,更适合飞翔,我要用数学公益的方式,让逆风中的你我一起飞翔!

独好修以为常,炼数学躬行

数学难,不是难在晦涩难懂,不是难在不知所云,是难在任重道远,是难在责任重大!数学,是一切科技生产力的源泉,是一切学科的基石,"不忘初心,牢记使命"不仅仅是中共十九大主题,我更将它看作我前进路上的鞭策:数学,从小的兴趣所在,初心依旧;数学,国家振兴的内核,使命永存!

我的人生,已经因为知识改变,也同时因为数学绽放,现在的我已然明白了当初家里告诉我"知识改变命运"这句话的含义,知识改变的不只是我一个人的命运,因为我将把它延续,薪火相传,让数学之乐得乎众人!

  我的人生之路还漫长而充满未知的冒险,与其担心未来,不如现在加倍努力。跌倒过,失望过,但我从来没有放弃过希望。我坚信,我的执着会有收获;我坚信,灿烂的阳光会在某一个特定时刻照亮在我身上!我提醒自己记得坚守住内心的淡泊与平静,我要在茫茫的人生旅途中欣赏属于我的风景!我将会前进,以昂扬的斗志不断前进!

  四年海大,我将其化为一首诗,想仅以此献给我这四年乃至一生所爱——数学!

仰望高斯,

心已然收敛;

没有你的日子,

发散已成必然。

留下的,

只是一个可积;

我的存在,

愿成为你的函数值。

巴拿赫

为我们驱散了距离;

拉格朗日

为我们定义了可积;

我愿为你,

化为 e 的 x,

无论可微还是可积,

始终不变地守护着你。

思念已然无界,

但却是可测集。

我仰望,

黎曼最后的猜想;

我俯瞰，
欧拉内心的彷徨。
柯西不是你，
一个可数子集，
一次次泰勒展开，
用多项式逼近你的心里，
而我的灵魂融在，
与你的交集。

努力的蚕茧，终能化蝶

数学科学学院　刘倩倩

刘倩倩，女，汉族，1996年9月出生，中共预备党员，数学科学学院信息与计算科学专业2015级本科学生。曾获国家奖学金、国家励志奖学金、校学习优秀一等奖学金、校社会实践奖学金，第十二届全国大学生数学建模竞赛国家二等奖、第八届全国大学生数学竞赛专业组国家二等奖，校优秀学生、优秀团员、优秀毕业生等荣誉称号。

寒窗苦读

我出生自一个偏僻的小村庄，在那里度过了十几年的时光。四五岁时，爸妈外出打工，我跟随爷爷生活。爷爷是个勤俭的人，他的勤俭来源于他年轻时过的苦日子。耳濡目染之中，爷爷的吃苦耐劳、勤俭持家成为我潜意识中的人生法则。

乡村的教育设施并不完善，一个小操场与几间大大的空屋子便是学校的标配，教室中桌椅板凳各不相同，高矮不一。无论刮风下雨与否，道路泥泞与否，我都要跨过层层阻碍去学校；也无论天气炎热与否，寒冷冻伤与否，我都要在简陋的教室中学习。艰苦的条件不能阻止我求学的脚步，为了爷爷的期望与我的梦想，我也会坚定地迈出每一步。没有人生下来就懂得努力，我亦是如此。努力的动力最初源自获得好成绩时爷爷欣慰的笑容，慢慢地它源自我内心的一个个小目标，源自我对未来的美好憧憬。条件艰苦没有关系，只要我还能努力；竞争激烈也罢，我只求自己无悔。

12年间，在一个小县城中，一个小小的我，为了自己的梦想埋头苦读。我懂得自律,懂得学习,安排好自己每天的时间,一点点地朝着未来前进。而我清楚地看见那个未来,慢慢地向我靠近,12年的刻苦积累,只为这一天对我的考验。那年高考,我自信地进入考场,满意地走出考场;那年夏天,我多年的努力,得到了满意的答复。

破茧而出

我进入了大学,那时的我还没有从高中的习惯中解放出来,又因自己来自一个小县城而变得内向。我不曾主动与人打交道,活在自己的小小世界中,每天专心学习。现在的我虽对当时的自己不太满意,但也很感谢当时依然努力的自己,在进入这个很不一样的学习阶段之时,找到了适合自己的学习方式,给未来的我打下良好的基础。每周末完成学习任务的我,都会把本周学过的内容从头复习,我的方法很笨,只是抄书,在这个过程中理解数学的思维,直到都记在脑中。虽然我的天赋比较普通,方法也比较原始,但我的努力有了收获,我十分惊喜。我从不怕吃苦,总觉得肯付出多少努力,就会收获多少成果。事实告诉我,我的想法是正确的。

大一的我取得了骄人的学业成绩,得到学院及学校的肯定。同时,我开始与同学们熟络,帮助同学们学习,慢慢地与大家交往。我开始担负起其他的责任,担任班级的学习委员,担任辅助线数学公益平台的小组长,发挥自己的特长,帮助同学。

展翅而飞

大学真的很不一样,我们都没有了高中时的禁锢,可以自由翱翔,但我们又还拥有着单纯的心灵,互帮互助,共同成长。我结识了许许多多、各式各样的人才,他们都有很多的爱好,有高远的目标,参加各类活动发展自己。于是我开始反思自己,我不能只做理论上的巨人却成为行动上的矮子,接下来我要全面发展自己,开始接触学习之外的世界。

我参加数学竞赛,运用自己扎实的数学功底,灵活运用解题方法,获得全国大学生数学竞赛专业组二等奖。我与队友参加数学建模竞赛,每次的经历都不同,但每次我们又都同样努力地奋斗。我们熬夜、写代码、学习算法,几天几夜,往往都是折腾好久却没得到我们想要的结果,但是我们仍在努力。就是靠着这样的努力与经历我们成长了许多,每次都有不一样的收获,也最终获得了全国大学生数学建模竞赛国家二等奖,惊喜到自己都不敢想象。想想当初就快要放弃的我们,仍然坚持的我们,这一切的一切都让人回味无穷。我们参加OUC-SRDP项目,从起初一支队伍小小的想法,到我们延伸出的千思万绪,我们为了实现每一个小小的目标用尽全力,将每个小小的想法付诸实践,获得成果。我知道,这才是大学,这个地方不仅仅教会你知识,更教会你要具备学习的能力、实践的本领、合作的意识。

但这些并不是全部,还有很多方面需要我去努力。我加入了班委这个集体,在这里我的角色并不是最重要的,但我却愿付出自己最大的努力做好,因为这是我的工作。也许我没有经验,没有别人的许多新奇想法,没有他们那么敢于实践,但我并没有安逸于此,我在看,在听,也在学。我不会轻易尝试,但我也不会畏惧,我希望把自己变成一块海绵,用力地去吸收周围一切值得我学习的事物。我会把它们都变成我的资本、我的能力,总有一天我会想要亲手去接下我今天不敢接下的重担。因为我始终相信站在多高的位置就要担负多大的责任,我并不想止步于此,所以我在努力朝着自己想要的方向迈进。即使艰难,即使遥远,但也并不是不可能,不是吗?

斑斓满园

三年过去,我凭借自己的竞赛成绩获得保送资格,又凭借自己优异的学业功底成功获得中国科学院大学的研究生录取资格。回首这段时光,刚进入校门时我四处张望的场景还历历在目。我们已经与这个校园共度了近四载春秋,我感叹时光飞逝,再一转眼也许我们就要离开。但仔细回想,我们在这里所度过的每一天,都不曾浪费,每一刻我们都在为自己的未来所努力。我们收获到的远远比我们人生中的四年时光要珍贵,当我要为大学生活画上一个句号时,我希望能实现今天所说的每句话,我希望大学生活的结束是不留任何遗憾的一个全新的开始。

原来,我是个没有自信的人,但也因此,我变得更加努力。我在努力地走好当下的每一步,努力利用当下的每一分时间,用百倍的辛苦来弥补那些不足。但我也知道人不可能完美,我只想当以后在某个阳光明媚的午后回想现在的时光,内心是想对着现在这个努力的姑娘说一声:加油!将来的你一定会感激现在努力的自己。

仰望星空,不忘脚踏实地

数学科学学院　杨倩倩

杨倩倩,女,汉族,1995年10月出生,中共党员,数学科学学院信息与计算科学专业2015级本科学生。曾获国家励志奖学金、李小勇奖学金一等奖、学习优秀二等奖学金、社会实践奖学金、科技创新奖学金、全国大学生数学建模竞赛全国一等奖,山东省优秀毕业生、校优秀学生、优秀团员、优秀青年志愿者等荣誉称号。

初见海大,投入蔚蓝的怀抱,想把最美的年华送给她;再回首,感受海纳百川的情怀,想用一生的时间赞扬她。四年时光匆匆,从懵懂到稳重,海大带给我的不仅是知识,更是态度,那将是我一生的财富。坚定信念,心怀感恩,仰望星空,不忘脚踏实地。

学业为主严律己,天道酬勤明理想

也许数学在许多人看来如"拦路虎",是一门枯燥无味的学科,其实不然。我喜欢她的简洁,喜欢她的质朴,同样也喜欢她的深邃与优雅。我始终坚信"天道酬勤",往往你付出的越多,最后得到的也就越多。关于数学,我始终做到认真踏实、严谨对待。课堂上,我认真做笔记,从不放过任何一个细节;课下及时对所学知识进行反思总结,提出自己的疑问向老师同学请教。"问为什么"促使我不断地深入思考与理解,更好地领略数学之美。

我一直将"比你牛的人比你还努力"作为自己的座右铭,这句话也伴随着我经历过大一的懵懂、大二的焦虑与大三坎坷。这一路,虽荆棘遍地却是我看过最美的风景。图书馆是陪伴我三年的存在,在这里,我如饥似渴地读书学习,丰富着自己的专业知识和人文知识,而纷飞的数学题思路交织起清脆的闭馆铃声,便标志着一天常态的终结。就是这样,凭借自己对知识的追求和不懈的努力,我以优异的成绩被保送至中国科学院大学数学院攻读应用统计专业硕士学位研究生。

我积极参加数学建模竞赛,它也进一步丰富了我的思考方式,启发我将数学与现实问题联系起来。凭借着对数学理论的扎实基础,以及对现实生活的创新思维,我曾在国赛、美赛及其他竞赛中获得佳绩,获得"高教社杯"全国大学生数学建模竞赛国家一等奖及优秀论文奖,论文被发表在中文核心期刊《工程数学学报》上。在这成绩和荣誉背后,是学校的发展给我创造的良好条件,是老师的悉心指导与同学的默默支持,也有我踏踏实实的付出和永不言败的执着。除此之外,我参与了OUC-SRDP"基于微课的数码产品购买模型研究",将微课与建模联系起来并获校级优秀课题。这是理论与实践的融合,亦是合作与灵感的碰撞。也就是从那时起,我渐渐明白了数学带给我的不仅仅是一种方法,更是一种思维,一种集抽象与深邃、简洁与实用于一体的思维方式。

克己奉公勇担当,热心公益正能量

"我们或许不会成为英雄,但注定不会平庸。"公益的种子从大一便已种下,并不断生根发芽。

丰富多彩的大学生活里,总会有一些片段令人记忆犹新。"关爱自闭症儿童"活动给我留下了深刻的印象。起初,一看到我们的到来,孩子们略显腼腆,但经过与我们的亲切交流,他们逐渐向我们敞开心扉。他们就像一个个折了翼的小天使,用纯真无邪的笑来掩饰对这个世界的恐惧。我感动于孩子们童真的神情,感动于队员们耐心的陪伴。这次活动或许不能帮助孩子们告别自闭症,但是我希望我们的到来可以让他们感到些许关爱与温暖。

做公益,我一直在路上。大二时,与其他几位志同道合的小伙伴共同组建"辅助线数学公益平台"。从创始人之一到总负责人,我带领团队不断探索,创新小组职能、提高工作效率,从课后题解答、章节总结到期末冲刺再到线上线下答疑,时刻以同学们的需求为先,兢兢业业认真工作。功夫不负有心人,团队获得春华奖学金团队提名奖和李小勇奖学金一等奖。我一直相信公益不是一个人做了许多,而是许多人做了一点点,秉承着这样的理念,平台在数学学子的基础之上,又吸引了40位来自全校9个不同院系的热爱数学的同学加入,且目前平台公众号已拥有4000多的关注量。从当初组建时的诚惶诚恐,到现在的稳步推进,我认为自己在做的不仅仅是一份公益,更是一份爱心。

在公益服务的同时,我从未忘记将投入其他社会实践中。时至今日,我依然记得担任学生会权益部部长的历程,这一年的历练,使我在服务同学、帮助同学的意识上有了质的突破,并获得优秀部长称号。作为中国海洋大学"毕生情·海大梦"2018届毕业晚会的学院节目负责人,我带领团队演绎创意节目"青春万花筒",通过镜面原理和图形对称展现数学的魅力。

牢记使命心向党,修德正身立榜样

学生党员,是大学校园里的先进群体,承担着更多的期待与责任。入学伊始,我便主动学习党的基本知识,向党组织递交了入党申请书,规范自身行为,努力向党组织靠拢。作为一名中共党员,除了思想上积极进取,我还时刻用高标准严格要求自己,连续三年素质测评12项全优。

作为数学科学学院本科生党支部书记,我认为"责任"二字最重要,一定要做到率先垂范、以身作则、先严己再律人。我以"精致化"和"高效率"努力将党支部工作开展好,在思想上教育党员、在行动上督促党员,当好支部砥砺前行的"掌舵人",努力将支部建设成一个"学习型、服务型、创新型"的党支部。为积极培养支部党员的公益服务和先锋模范意识,我组织全体党员开展青岛二中数学建模需求调研"三下乡"活动,并在上学期开展"数学建模公益讲堂",每周一次的讲课活动获得了青岛二中师生的一致好评。

作为2015信计团支部书记,我致力于创新团日活动,提高支部同学思想素质,引导支部同学向党组织靠拢,目前支部共有中共党员4名,中共预备党员5名,入党申请率达100%。三年以来,我与其他团支委共同带领支部取得多项荣誉称号,曾获全国高校活力团支部、校级红旗团支部、校级先进团支部等荣誉称号,支部所在班级获山东省先进班集体、校级先进班集体标兵等荣誉称号。

在我看来,成功没有捷径,对待每一件事情的态度决定了一个人能在人生的道路上走多远。不久之后我将会踏入新的学府,但这份深海蔚蓝永不会忘。我将铭记"海纳百川,取则行远"的校训,仰望星空,脚踏实地。

一路荆棘,一路高歌

材料科学与工程学院　孙宇

孙宇,女,汉族,1995年5月16日出生,中共党员,材料科学与工程学院高分子材料与工程专业2014级本科学生。曾获国家奖学金、国家励志奖学金、校学习优秀奖学金,校优秀学生荣誉称号。

人生路上的荆棘

在我的人生记忆里,印象最让人深刻的既不是哪一天我突然见到了一个什么样的人,也不是长久以来的心愿一下子被满足,而是高中时代的某个晚上,来接我放学回家的父亲的背影和当时撒了一路的灯光。回忆里的东西总是显得不真切,况且有被大脑美化或者夸张的嫌疑。但我总是能够清楚地记得,那天晚上呼啸的北风狠狠擦过脸颊,昏黄的路灯果真像郭沫若笔下天上的街市般绵长而没有尽头,我哈口气试图温暖冻僵的手,却在这短暂的温暖所带来的水汽氤氲中突然意识到了父亲是怎么样的存在。

路灯的光只能照亮附近一小片区域,在两盏路灯之间灯光所不能及的地方,他的脚步坚定而有力。我跟在他身后,看着旁边居民区的灯一盏盏亮起来,想象着灯光底下热气腾腾的饭菜和暖融融的笑脸,对比之下我们的境况实在是惨淡。我透过他的背影看着无尽的路灯,突然觉得我可以这样跟在他背后一直走下去,也是一件幸事。我的父亲,不善言语但只凭一个背影就能让我安心。我跟在他身后,满身寒气、风尘仆仆而又坚定有力地去赴那一盏灯的约。

那晚的路灯昏黄暗淡,居民区的灯星星点点,却照到了我心里。我一直希望我也能够带给身边的人这种安全感,尤其是在父亲突然大病、经历一场重大手术之后。我突然间发现,生活原来不只会给你温暖和惊喜,更会给你心惊、错愕、痛苦、坍塌和满地鸡毛。我迫切地希望能够接过父亲的担子。人生路上的荆棘,让我与成长不期而遇。

学习科研之歌

假如生活跟你开了个玩笑,不要悲伤,不要心急,痛苦的日子总会过去,只要你好好做你应该做的事情。处境艰难而又荆棘丛生,我不知道应该怎么办,我能做的只有做好眼前的每一件事。生活艰难,但我也要尽全力去生活。

一进入大学校园我就知道,成绩很重要。大学生活与初高中很不一样,没有人监督鞭策我,自己永远是自己最忠实的伙伴和敌人。我努力充实自己,把时间表排得满满当当,时常以钱钟书横扫了清华图书馆的故事勉励自己。在考试周之际图书馆是第二宿舍,三楼的走廊和顶楼的过道,总有一种属于我的亲切感,它陪伴我走过了一个个冬夏,陪我迎来送往了一个个90+。听过晚上九点半的闭馆音乐,也见过早上空无一人的教室。我喜欢没几个人的自习室,一个人坐在窗边享受阳光、微风和带着油墨味的书籍;我也喜欢座无虚席的阶梯教室,抬头总能看见密密麻麻的笔杆,听见沙沙作响的写字声。

我喜欢自习,我喜欢在列满事项的计划本上画上一个个对勾。我从来不认为自己是那种不用看书不用听课轻轻松松就能拿到高分的人。总有人会问你是怎么拿到好成绩的,其实我没有任何窍门和捷径,不过是在应该做什么的时候做什么罢了。记课堂笔记,课下认认真真复习回顾,老师布置的习题仔细理解,有疑问及时找同学沟通,这永远是取得好成绩的最好方法。努力总会有回报,科学文化连续两年排名第一就是最好的证明,拿到了奖学金,这既是奖励又是鼓励我在学习之路上继续高歌的动力。

小时候的梦想是做科学家,但那时候的我从来不知道要怎么做科学家,科学家要做什么。直到我选择了工科,选择了高分子材料与工程专业,选择了走进实验室,这时,我看到了小时候梦想的影子。我喜欢实验室的工作和氛围,我也喜欢通过自己的研究做出一些成果。从大一暑假开始进入实验室工作,接手的第一个工作是在导电玻璃表面制备氧化锌的纳米玫瑰花形貌,度过了学习生涯中第一个只有两个周的暑假。大三的时候,我作为组长申请了OUC-SRDP

项目,主要研究低铂及非铂合金在雨水发电中的应用。起初三个月进展仍旧不顺利,我要合成的合金薄膜始终不能长成。在一次次的失败之后终于放弃了原来的方法,结合与师姐的讨论终于解决了合成问题。实验,表征,数据处理,接下来的工作按部就班。万事开头难,科研之路也是布满荆棘,从中我学会了科研不能急功近利,面对问题不能心慌心急,我学会了平静对待接连的失败,我学会了新的思维方式。

社会实践之歌

在大学中,学习不是生活的全部,大学生活还有很多值得尝试值得体验的事情,全面发展、综合提高是新时代大学生的成长目标。

因此我积极参加了材料科学与工程学院的学生会组织。我知道自己不善于言谈,不能够融洽地处理与陌生人的关系,所以我参加了实践部,想通过锻炼提高自己与人交际的能力,也收获了很多志同道合的小伙伴,我们一起执行任务或是解决问题,有过辛苦,但也确实锻炼了自己。

此外,我还参加了许多志愿活动。2016年9月,在青岛即墨的海洋国际高峰论坛,我负责协助会场布置和引导来宾等工作。工作虽然简单琐碎但是要照顾到方方面面却非易事,在会场站一整天也让人很辛苦,但收到来宾一句"谢谢"的时候又感觉所有的辛苦都很值得,这大概就是工作的魅力。2017年7月,我参加了第十届海外高层次人才座谈会暨海外院士青岛行志愿服务活动,负责在院士港引导前来参观的院士。能够近距离地接触各行业的精英人士让人很兴奋,见到他们对我而言就有足够的激励作用,我想要努力学习认真工作积极探索,我想要离他们更近一些。

因为家庭经济的原因我也做过兼职工作。从发传单到做家教再到后来的导购,每份工作有每份工作的辛苦。刚开始做导购工作的时候,我不好意思去主动招揽顾客,店长和其他同事给我提各种各样的建议。爸爸告诉我,真正优秀的人无论做什么都会是最好的。慢慢接受了新工作之后我开始希望自己可以做好,努力地适应工作,时时刻刻提醒自己工作中注意的事项,虽然很累很辛苦但感觉很充实。第一次拿到工资很兴奋,那是一种来自心底的踏实,可以凭借自己的能力来得到一些回报,这种感觉很棒。

除此之外,我喜欢画画,喜欢写字,喜欢的一切都主动去接触、去学习、去争取。每次天黑之后回宿舍远远看到星星点点的灯总会从心里升腾起幸福和充实感。

泰戈尔说,世界以痛吻我,要我报之以歌。我想,我应该算是踩在荆棘里并且想要高歌了。

可期的未来

大学生活有点像昙花,盛放时绚烂璀璨而花期太短。四年时间转瞬即逝,我已经接近这趟行程的终点。但是一段行程的终点往往是另一段旅程的起点。站在本次旅程的终点,我对下一段旅程翘首以盼。我热爱我的专业,所以我想进入研究生阶段并进一步学习。在此期间,我会一如往常严格要求自己,努力勤勉积极思考,怀抱科研兴趣和激情,志向远大立足实际,有计划、有目标地踏踏实实地展开实验工作,并多与同学老师交流想法。认真完成学习课程,认真撰写文章,合理规划时间,尽可能丰富充实自己的生活。

回首我的大学生活,一路走来我很高兴自己有所收获,不虚此行。在可期的未来,我也会努力回报所接受的帮助和温暖。生活不只是美好的,也不总会是糟糕的。纵使一路荆棘,我也想一路高歌。

越努力,越幸运

材料科学与工程学院　高　寒

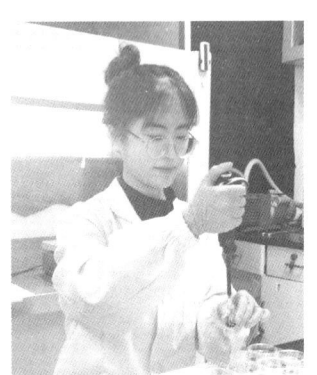

高寒,女,汉族,1998年1月出生,中共党员,材料科学与工程学院材料化学专业2015级本科学生。曾获国家励志奖学金、校学习优秀奖学金、校社会实践奖学金、校科技创新奖学金,校优秀学生等荣誉称号。

时间如白驹过隙,我已在海大步履匆匆地走过了三年,回首过去,我没有虚度年华、蹉跎岁月,而是为自己留下幸福而满足的回忆。刚入大学时,我就默默地对自己说"在未来遇见更好的自己",现在回想,我很幸运地做到了这一点,这是大学送给我最好的礼物——在最美的年纪收获了最有价值的人生经历。

幸运,遇见海大

我的童年没有无穷无尽的兴趣班,只有和小伙伴们满村跑着捉迷藏,坐在田埂上陪着爷爷奶奶劳作,躺在房顶上看云卷云舒和月夜星空,我的童年就这样无忧无虑地度过了。我很幸运,爸爸妈妈虽然对我寄予厚望,却也没有对我进行"虎爸狼妈"式的教育,一直在用最合适的方式引导我,在我心中他们是最成功的"教育家",让我养成了良好的习惯,树立了正确的学习态度,所以我从小就懂事而努力,按部就班地循着正常的轨迹读书,从来没有让父母为我的事情操心过。最终,我考入了中国海洋大学,在求学路上走得很顺利。现在的我,无比感谢那个一直默默努力、认真学习的自己,正因如此,我才有机会遇见海大,看到更精彩的世界;有机会学习更多的知识,去探索人类社会未知领域的奥秘。

幸运，遇见陪伴

步入大学后，我很幸运在这座象牙塔里，遇到了传道授业、关爱学生的老师们，遇到了志同道合、意趣相投的同学和朋友们，遇到了能带给我归属感的团队，这一切让我的生活变得更加丰富而充实。我曾向老师感叹这份幸运，老师告诉我这些幸运不会平白无故地降临，这一切都是我努力的结果。

刚入大学，我加入了学院的辩论队、学生会新闻部，课余时间过得忙碌而充实。但由于精力有限，我要做出取舍，出于热爱与责任，我选择了把重心放在辩论队上，在这里我和一群志趣相投的队友们一起学习辩论、讨论辩题、准备比赛。经过大一一年的训练，我们迎来了中国海洋大学第19届大学生辩论赛。准备辩论赛的那段日子最为难忘，在课业繁重的大二上学期，想要将学习与辩论兼顾是个极大的挑战。在课堂上，我高效地上好每一节课，把知识点消化和作业完成都在上课时解决，和队友们抓住一切可以利用的时间查阅资料、讨论思路、整理论点。经过我们的共同努力，材料科学与工程学院辩论队进入了校辩论赛"四强"，我和队友在辩论赛场上为学院赢得了荣誉。大三上学期，我们指导2016级的辩手们，重走我们前一年的道路，在他们困惑时带去指点，松懈时带去鞭策，迷茫时带去鼓励，焦虑时带去宽慰，陪着他们模拟辩论，最终成功进入了辩论赛决赛，取得了亚军的优秀成绩。与辩论队相遇相识，是我在大学生活中最珍贵的经历，在这里收获的不仅仅是能力的提升，更是找到了自己的"归属"，结识了一群可以称之为"兄弟姐妹"的人。

除此之外，我还一直担任班干部，从团支部组织委员到2015级材料化学班的副班长，尽职尽责地做好每一份工作，协助团支书和班长进行团支部和班级的建设工作。在与同学们相处的过程中，我为同学们带去力所能及的帮助，同时也有了被需要的满足感。另外，我还担任过学院办公室的四助，在这里遇到了像家长一样的老师，在学习和生活中给了我许多的鼓励、督促和帮助，在我迷茫的时候总能在第一时间为我指点迷津。这段经历带给我的不仅仅是劳动收获的果实，更增加了我的生活阅历，锻炼了我的人际交往能力，也让我感受到了来自学校的人文关怀和热情帮助。我真的很幸运，队友、同学和老师的陪伴让海大成为我记忆中永远温暖而难忘的地方。

幸运,遇见未来

大学四年级,每个人都在为自己的未来做打算,我也早早地就开始为自己的将来谋划——在更高学府里继续深造。

对待学习,我始终保持认真踏实的态度,刻苦钻研每一门课程,争取做到深刻理解、牢固掌握、灵活运用。大学阶段的学习培养了我良好的学习习惯,使我对材料专业产生了浓厚的兴趣。大学前三年,我的成绩稳步提高,总成绩位列专业第四,多次获得校学习优秀奖学金和国家励志奖学金。当然,学习的过程并不是一帆风顺,不论是情绪还是学习效果都会有跌宕起伏的过程,但好在我能够在低沉时迅速调整自己的状态,把自己拉回正轨,这种自我调节能力对我的生活帮助很大。

另外,材料学科是以实验为基础的学科,如果未来想要继续深造,仅仅学习专业知识是远远不够的,科研训练也十分重要。所以大二伊始,在崔中雨老师的指导下,我担任了中国海洋大学大学生创新训练计划项目的主持人,和其他项目成员一起对304不锈钢在混凝土孔隙液中的腐蚀行为和表面改性进行研究,并且在2017年11月成功申请为国家级项目。项目开始之后,空闲时间我基本都泡在实验室里,经常匆忙赶在晚上10:30的门禁时间回到宿舍,整个周末都耗在实验室里也是家常便饭。从制备试样到数据测试,从查阅文献到分析数据,从整理实验结果到撰写结题报告,所有的过程我都乐在其中,也从中学到了许多知识。更重要的是,这段经历让我对科研过程有了更深入的了解,也激发了我对实验探索的兴趣,实验中的失败与挫折更让我练就了"行到水穷处,坐看云起时"的良好心态。现在这个让我投入了大量心血的项目已经顺利结题,我和指导老师合作完成了一篇英文研究论文,我也体验了一次完整的科研之旅,让我面对未来的科研之路时有了更多的底气。

通过不断努力,我的学业成绩、科研能力等方面得到了极大的提高,在2018年9月成功拿到了学校推荐免试攻读研究生的资格,并在夏令营中以优异的成绩拿到直博名额,被南京大学现代工程与应用科学学院录取,为自己找到了未来的方向。

一路走来的努力,让我收获了成长,也收获了未来。所以,我一直相信——越努力、越幸运,努力不一定成功,但这段经历一定美好。我们常常感叹他人的优秀和幸运,却不曾注意他们背后曾经付出的汗水和心血,正是这些努力让他们得到了应有的回报。未来,我要继续努力,不断走向下一份美好与幸运。

青春，向上的信念

材料科学与工程学院　孟　刚

孟刚，男，汉族，1997年4月出生，中共党员，材料科学与工程学院高分子材料与工程专业2015级本科学生。曾获国家奖学金、国家励志奖学金、校社会实践奖学金、校科技创新奖学金、大学生行远励志项目奖学金，全国大学生数学建模竞赛山东省二等奖，校优秀学生等荣誉称号。

青春是人生中最肆无忌惮、无所顾忌的日子，也是生命中最美丽动人的阶段。青春像一部结局未明的小说，行走其间，我有的只是向上的信念。

初见海大，少年的憧憬与迷茫

2015年8月末，3800多名本科新生入学海大，我也是其中的一员。宽敞而美丽的校园，路上谈笑风生的同学，空气中弥漫着自由而欢快的气息。报到结束后，我和几个小伙伴一起去了海边，蔚蓝的海面无边无际，在迷蒙的雾气里若隐若现，更让人感受到她的浩瀚与神秘。我在心里告诉自己：你不必再憧憬那些青春小说里的大学了，因为属于你的大学已经开始了，明媚或忧伤，都由自己决定。

时至今日，我仍对开学典礼上演讲的前辈们印象深刻，他们目光有神、神态自信、举止从容，我知道支撑他们的是他们在大学里的努力与奋斗。当时我就问自己：三年后我能像他们一样吗？当这个问题出现在我的脑海中时，我也觉得自己有些异想天开了，但我当时心里想即便无法达到他们的高度，我也绝不会荒废大学时光，我一定要在大学里做几件让自己满意事情，不负韶华时光。

来到大学之前,我就给自己灌输了大学生活与以前的生活完全不同的观念,我不能惧怕改变,我要做好改变自己的准备。尽管如此,我还是在万花筒般的大学生活里有些迷失。每天上课、参加学院或社团的活动,没事就待在宿舍,我感到有些空虚了,必须找些事情填充自己的生活。于是,我参加班委竞选,积极参加社团活动,去帮助别人,做一些力所能及的公益。做这些事情的时候,我发现自己是快乐的,我越来越喜欢这种感觉,我越来越觉得应该就这么走下去。我至今还记得三年前为了那两分钟的竞选稿子我在教学区无人的地方练了一遍又一遍,我还记得站在很多同学面前的紧张和兴奋,我也记得我们社团举办活动时我的欣喜与激动,这些鲜活的回忆是我人生中很精彩的一部分。

格物致知,倾听自己内心的声音

小时候,大人问我你长大后想干什么,我说我想成为一名科学家,因为我觉得科学家不仅学识渊博、上知天文下知地理(当然我现在知道科学研究是更看重深度的),而且极富创造性、可以做出很多有趣的东西。然后在大学里真正地接触到"科学",我喜欢用"科学"语言去描述和解释现实世界,我喜欢"科学"中包含的人类理性思维和批判精神,这让我感到满足和心安。周国平把人形容为"一根会思考的苇草",可见思维才是一个人的内核。我希望我一生从事的职业能够带给我思维上的乐趣。

我深知,扎实的学科基础是以后从事相关工作的基石,而本科期间是进行系统的学科学习、培养学科兴趣的重要时期,所以三年来我始终把学习摆在最重要的位置。我力求把老师上课讲过的问题都想明白,这个过程虽然有些艰难,我却也从中感受到柳暗花明、峰回路转的乐趣。三年下来,我的加权平均成绩居班里第一名。

大二的时候,对科研有一定兴趣的我申请了我们学院的 OUC-SRDP 项目——基于发电涂料的全天候太阳能电池,并在后期升级为国家级大学生创新创业训练计划项目。我们从查文献、读论文开始,从刚开始的什么都不懂、只知道机械地操作,到后来逐渐熟练,开始思考相关现象的规律和理论基础,真正地体会到了做实验的艰辛与不易,但实验背后的规律对我们的诱惑也随着实验的深入而不断加深。尽管最后实验结果不甚理想,但这段经历作为我对科研的初探索,于我而言是很有意义的。在这一年多里,我们三个成员相互鼓励,相互监督，取长补短，体会到合作的重要性，我知道这个实验我们三个中的任何一个人都无法独自完成，但当我们三个合作起来，这对于我们来说就不会过于艰难了。

大三下学期，我们开始申请夏令营，此时一个问题摆在了我的面前：是继续申请本专业的方向还是申请自己更感兴趣的方向？通过三年的学习我发现我对物理与材料结合紧密的交叉学科比较感兴趣，但如果申请类似的方向会有很大的风险。最终，我还是觉得我应该听从我内心的声音，我收到了很多老师的拒信，但幸运的是，中国科学技术大学的一位做计算研究的老师同意了我的申请，这很大程度上得益于我的几次数学建模竞赛经历。一切尘埃落定之后，我突然觉得所有的一切都不是偶然，而是自己内心的渴望成为现实。

珍惜当下，快乐就在此时此刻

大学四年看似轻松随意，但这四年却会对我们的未来产生很大的影响。有些感情只能在大学里拥有，有些事情只会在大学里去做，一旦错过，再不会有曾经的动人与纯粹。

来到大学之后，我很想去支教一次，但一直没有机会。我们学院自强社的社长有两次支教的经历，社团里也有同学可以联系贵州的小学，我又萌生了支教的想法，于是我们一拍即合，开始着手组建一支支教队。活动策划、资金申请、队伍组建、成员培训，一切都在一点点地进行。出发之前我们在学校西门合影，我感觉像是有什么东西诞生了。

我原本以为支教并不是一件很难的事情，但真正开始着手准备我才发现要做大量的工作。这需要比较长的时间，但我觉得这是有意义的，因为我们想带给孩子们一次有趣且有意义的经历。就这样，我怀着满心期待和兴奋踏上了这次贵州之行。支教旅途中我看到了许多动人的风景：绵延起伏的大山，山巅之上火红的落日，绿得出油的稻田，半绿半白的河流，不知名却让我很喜欢的植物，奔腾着冲向谷底的瀑布。与孩子们相处是一件让我身心愉悦的事情，我清晨和孩子们一起跑操，课上与他们分享我喜欢的诗词，课间和他们一起踢足球，夜晚和他们一起看星星，谈论星空和宇宙，这大概是我做过最浪漫的事情了。而孩子的心境也会感染我，让我忘记一些事情。支教这件事情过后，我越来越觉得有想做的事情就不要犹豫，快乐就在此时此刻。

未来可期，一切都是最好的安排

不知不觉间，已是大学的第四年，我又站在了人生的十字路口上。与三年前相同，依旧觉得前路漫漫、不可预知，但正是这种未知对我有很强的吸引力。我可以很自信地说，大学三年来我成长了很多，我感觉自己变化很大，正是这种变化让我逐渐收获自信。三年间我做了一些我以前渴望却没有勇气去做的事情，在做这些事的过程中我感受到满足和快乐。关于未来，我找到了自己感兴趣的方向，最近也在自学一些课程，越发庆幸自己当初的坚持。

青春有很多种选择，可以是激昂的，也可以是舒缓的；可以剑走偏锋，也可以波澜不惊；只要有一股向上的信念，一切都在意料之中。

勿忘初心,奋勇前行

基础教学中心　甄园宜

甄园宜,女,汉族,1996年11月出生,中共预备党员,基础教学中心教育技术学专业2014级本科学生。曾获得国家奖学金、校学习优秀一等奖学金,山东省优秀毕业生、校优秀学生、优秀团员等荣誉称号。

回想三年前,我满怀憧憬、兴致勃勃地踏入了中国海洋大学的校门,告诉自己:我将要在这个地方默默耕耘,成就自我;两年前,我第一次拿到了国家奖学金,满心欣喜,告诉自己:努力就一定会有收获,勿忘初心,继续前行;而现如今,我已是第三次获得国家奖学金,也收到了北京师范大学研究生院的拟录取通知,我忽然意识到中国海洋大学为我提供了充分成长的平台,而我也即将怀揣母校的恩赐,在几个月之后离开这个美丽的校园,我告诉自己:勿忘初心,奋勇前行。

翻开大学生活的画卷,我看到了自己努力拼搏、踏实前行和面对挫折迎难而上的身影。

成长砥砺初心

当高考填报志愿时,我怀着对教育事业的憧憬,懵懵懂懂地填报了教育技术学,但一入学,就受到了全班近四分之一的同学都转专业的当头棒喝,我不由地质问自己:"你喜欢这个专业吗?这个专业真的有发展前景吗?"经过几天的纠结,我没有盲从,也没有很快地做出决定,我决定试一下,给自己、也给当时的选择一个机会。在这个专业里,我学到了计算机、教育学、心理学、多媒体等多个领域的知识,慢慢地在学习过程中我也喜欢上了自己的专业,坚定了自己继续前行的决心。

此外,我想的更多的是:如何凸显这个专业的价值?如何使它能够在教育学和计算机两个足够成熟的学科中脱颖而出?所以,在学习过程中,我更加注重学科知识的交叉,记得在教育哲学课堂上我用数据结构中的递归概念理解并用伪 C 代码实现了《大学》中的"三纲领,八条目";在教学设计课堂上用 AOV 图实现项目进展计划,并用 PR 等多媒体软件进行教育资源的开发……慢慢地,我意识到,这个学科除了知识外,给予我更多的是思维的碰撞、看待问题的角度和灵感,能够让我以不同的视角解读生活中的事情。

正因为我的坚持,才能够幸运地遇到 2014 级教育技术学班级里可爱的人儿。记得王老师在项目指导过程中,让我明白了要有大格局,做事要自主自信;记得吕老师在大一时找我谈话,让我坚定了大学的目标和方向,随后又让我接触到了学术科研;记得在保研面试时,由于自己的疏忽和大意并没有准备好简历,刘老师发现后督促我赶快做好并一次次地帮助我修改,让我更加自信和轻松地应对面试……这些都构成了我大学生活中最美好和温馨的回忆。

正因为我的坚持,才能发现自我。由于自己对科研有了兴趣,所以我主动申请进入了教育系的人工智能实验室,研究流程、实验设计、处理数据等,这些无疑给我打开了一扇新的大门,让我明白了对待学术要严谨、要求真,也明白了自己在学术方面还有很多差距需要弥补,在继续学习中,我坚定了学术科研的信心。

在成长道路上,我明白了不要在他人的非议声中茫然失措,要用奋斗和静思做出决定。

笔墨浸染青春

一支笔、一方砚、一张纸,中国书法和花鸟画是我课余生活的寄托。而中国海洋大学书法协会是我大学生活中最难忘的记忆了,在大一下学期我接到了书法协会会长的任命通知,深感自身力量薄弱和责任重大,但在思考之后我决定接受任命,不敢有丝毫的掉以轻心。

面临书协自身没有特色活动的难题,我们一起联系指导老师并和她商量工作计划,确定了我们的特色品牌活动——五四书展,并积极联系青岛市书协的老师们参加我们的第一届书展活动中;面临改进书协日常活动的问题,我们重新制定了组织架构,将协会成员分成了欧体、颜体和隶书等组,定期在大学生活动中心1106开展集体练习活动和书法史的交流活动;面临书协影响力低的问题,我们积极与青岛市高校共同举办书法活动,树立海大书协的对外形象……我们尽自己最大的努力为海大校园营造着书画氛围,仍记得办完活动之后,几个人在大学生活动中心门口相拥大笑的场景,而自己在这过程中不仅对从小练习的书法也有了新的领悟,也收获了大学里最珍贵的友情。

在中国花鸟画技法这一通识课的课堂上,遇到谷宝玉老师、左华昌老师、谷鹏老师和王军老师等,也是自己大学里的小确幸,他们为我打开了花鸟画的大门,让我更深地理解了"书画同源"这一含义,明白了"业为人先"和"德艺双馨"的做人准则。一幅幅花鸟画作品也让我如痴如醉、留恋不已,但这不仅仅是一种艺术技艺,更是一种审美与品质的提升,一种对中国传统文化的担当和传承,让我明白了画外的东西比画本身更加重要。

理想坚定担当

我的职业理想是尽自己绵薄之力为改变中国教育生态做贡献,而在海大教育系里,我收获了教育情怀和社会责任感。当王老师提出对农村小学的扶贫计划后,我被老师的热情和教育激情所感染,积极报名参加了这个项目,和班里的同学们一起去日照市岚山区巨峰镇六甲小学进行实地调研。我们了解到六甲小学的现状后,不由地引起了我的深思,当我们在城市地区大张旗鼓地搞智慧校园、翻转课堂、未来教室、创客教育等先进技术的研究时,然而在离我们仅有200公里的农村小学,却连最基本的信息技术课程都无法保障。

而促进教育公平、利用技术改变教育,正是我们教育技术人的责任和使命。我和班里的同学们一拍即合,决定为六甲小学开设一门线上的信息技术课程。选教材、联系线上平台、录视频、配音、上传材料、第二次实地调研……我们在天天在线海豚课堂平台上开设了一门Scratch课程。最后获得了六甲小学校长和老师们的一致好评,校长也提出了要将该课程设为他们校本课程的想法。

因为保持着对教育事件的敏锐观察力,我们聚焦到了中国海洋大学的通识教育基地——行远书院,在王老师的指导下,我们申请了行远书院发展纪实的OUC-SRDP项目。在项目进展过程中,我们有机会接触到了钱致榕院长、侍茂崇、邓红风、崔凤等各位老师，感受到了身边人为通识教育所做出的努力，感受到了学者们的赤子之心和惺惺相惜，通过团队的共同努力我们的项目最后也被评为校级优秀项目。

不管外界环境如何，都要在学习专业技能的同时尽力充实自己，在自己可控的时间里，提升自己对生活和生命的感受力，让自己成为一个人格、能力、情趣更加健全的人。要对自己的学习、生活设立目标和底线，才能不至于在诱惑和非议中迷失自己、茫然失措。

正如那句话所说："少一点功利主义的追求，多一些不为什么的坚持。"勿忘初心，奋勇前行，怀揣老师、同学们的恩赐，我将继续走在实现自己人生价值和理想的道路上。

后　记

最近看到一句话："什么才是最好的教育？不是给人看最好的景色，而是给人可以努力的目标。"深以为然！

学校每年都有200多名优秀的本科学生获得国家奖学金，400多名家庭经济困难的优秀本科学生获得国家励志奖学金，他们的在校经历和成长故事，具有很好的模范、示范和教育、引导意义。鉴于此，为进一步鼓励和肯定他们所做出的努力和取得的优异成绩，持续充分地发挥他们的引领、辐射和带动作用，学校坚持以两年为一时段，从国家奖学金、国家励志奖学金获得者中遴选优秀的事迹材料，持续编辑出版《海之子风采录》，目前已经出版三辑。《海之子风采录》（第四辑）入选事迹材料是从2017年、2018年国家奖学金、国家励志奖学金获得者中遴选的，共计81篇。我们仔细地进行了校对和修订，并反复多次与各文稿作者们进行沟通和交流，力图使这些事迹材料更加富有特色、更加真实，更有感染力、感召力，具有可学习性。在材料编辑的过程中，在与这些优秀学生的交流过程中，我们也时时地受感动、受教益，我们由衷地希望这些同学的经历，能够让广大海大学子们有所参照、有所启示、有所借鉴、有所感悟，从中汲取经验和力量，为他们的成长与发展提供切实的帮助。

本书在编辑过程中得到了各学院（中心）党委的大力支持和帮助，在稿件组织、初审、修订等方面凝结了各学院（中心）辅导员们的大量心血。在此，谨对他们表示衷心的感谢！

由于入选的事迹材料时间跨度长，编辑工作量大，书中难免存在未尽如人意之处，敬请读者见谅。

编　者
2019年12月